AF462196

LYON SOUS LOUIS XIV

4e PARTIE

1686-1695

Tiré à part de *La France Littéraire*, recueil mensuel publié à Lyon, sous la direction de M. PELADAN.

NOTES & DOCUMENTS

POUR SERVIR A

L'HISTOIRE DE LYON

DEPUIS LE 1er JANVIER 1686 JUSQU'AU 30 DÉCEMBRE 1695

PAR

ANTOINE PERICAUD L'AINÉ

BIBLIOTHÈQUE IMPÉRIALE IMPR.

ACQUISITION N°

Patriæ..... Scribere jussit amor.
OVID., HEROID., IV, 10.

ROANNE

IMPRIMERIE SAUZON, RUE IMPÉRIALE, 70

1867

NOTES ET DOCUMENTS

pour servir à l'histoire de Lyon sous le règne de Louis XIV.

QUATRIÈME PARTIE.

1686.

Prévot des marchands : *Claude Pecoil* (élu en 1684), négociant en gros, né en Auvergne, établi à Lyon dès 1621 (1).

Echevins: *Louis Ravat*, conseiller en la sénéchaussée, fils d'un notaire de Lyon ; — *Benoit Gayot* , sieur de la Claire , ancien marchand ; — *Claude Basset* , avocat et secrétaire de l'archevêché (2) ; — *Gaspar Genevey* (3).

Janvier. Le premier de ce mois, on s'apperçut d'un vol considérable fait pendant la nuit dans l'église de Saint-Nizier , à l'autel de la Vierge. *Mercure galant* , p. 115.

Même mois , 24. Le corps du maréchal de Villeroy, décédé à Paris, le 25 novembre dernier, ayant été transporté à Lyon dans l'église des Carmélites , on y fait ses obsèques et le P. David, de l'Oratoire, prononce l'oraison funèbre de l'illustre défunt (4). — Quatre membres de sa famille lui succédèrent dans le gouvernement de Lyon :

1° François de Neufville , duc de Villeroy, mort le 18 juillet 1730 ;

2° Louis-Nicolas de Neufville , duc de Villeroy, mort le 22 avril 1734 ;

3° Louis-François-Anne de Neufville, duc de Retz , mort le 13 décembre 1765 ;

4° Et Gabriel-Louis-François de Neufville , marquis, puis duc de Villeroy, mort, à Paris, sous la hache révolutionnaire, le 28 avril 1794. Voyez ci-dessus, à la fin de 1675, la liste des gouverneurs de Lyon depuis 1462 jusqu'en 1790, époque de la suppression de cette magistrature.

Février.... *Pierre Cardin Lebret*, maître des requêtes, est nommé intendant de Lyon, en remplacement de M. *Malon de Bercy*, « qui étoit fort mal avec l'archevêque. » *Journal de Dangeau*, 28 février ; *Gaz. de France* du 16 mars. V. *infra*, année 1687.

(1) V. sur sa fin horrible, les *Mém*. de Saint-Simon, XIII, 122 et 348, ci-après, 14 déc. 1719.

(2) Voyez sa notice dans la 2e édition de la *Biogr. univ.*

(3) Voyez, sur cet échevin et sur les trois autres, *Les familles consulaires de la ville de Lyon* , par M. de Valous ; ci-après , 30 déc. 1687 et oct. 1691.

(4) Voyez les publications de cette année.

Mars 2. Entrée solennelle à Lyon du duc de Villeroy, gouverneur de cette ville. — Le 14 de ce mois, le Consulat arrêta qu'on lui payerait la pension de six mille livres sur les surtaux dont jouissait le feu maréchal.

Même mois 15. Dom Michel Germain écrit de Florence à Dom Claude Bretagne : «..... Il fait aussi froid ici qu'à Paris ;..... la bise m'a sollicité, tout le long du chemin, de lui céder mon chapeau et une partie de mon manteau lorsque j'en avais le plus besoin... A cela près, le trajet de Rome à Florence s'est fait assez heureusement.....

» Dom Jean Mabillon étoit en calèche avec M. *Anisson* (1), qui n'a pris, depuis Rome jusqu'à Florence, que sept œufs..... » *Correspondance de Mabillon et de Monfaucon*, publiée par M. Valery, t. 1, p. 231. — Les savants voyageurs étaient encore à Florence le 26 avril. Voyez ci-dessus, 6 août 1682, et, ci-après, 10 janvier 1687.

Même mois, 20. Le Consulat, mu depuis longtemps moins par l'exemple de la Capitale, que par l'extrême désir de laisser à la postérité, dans la ville de Lyon, un monument éternel de la gloire immortelle de son auguste et incomparable monarque,.... arrête que, des deniers de la ville, il sera érigé sur la place de Bellecour, une statue en bronze représentant *Louis-le-Grand* glorieusement régnant, monté sur un cheval de bataille ; le tout élevé sur un piedestal du même métal. Voyez, ci-après, mai 1681.

Même mois 29. Le cardinal *Barbarigo* écrit de Padoue à M. *Magliabechi*, bibliothécaire à Florence : «.... Rincresce a me, come deve rincrescere a chiunque ama le buone lettere, la perdita che si è fatta di due sogetti di tanto valore, come eran il **P.** *Possino*, e il signor *Spon* : ma piu abbiamo perduto in questo secondo, mentre n'abbiamo perduto l'anima (*Clarorum vir. ad Ant. Magliabechium, nonnullosque alios Epistolae*, II. 22.)..... » — Le

(1) Probablement *Jean*, l'éditeur et le collaborateur du *Glossaire grec* de Du Cange , du *Dictionnaire étymologique* de Ménage, etc. Voyez les P. de 1688 et de 1694.

P. *Poussines*, loué dans cette lettre, est né dans le diocèse de Narbonne, en 1609. Cet érudit jésuite a composé un grand nombre d'ouvrages; celui qui a pour titre *Catalecta* (Rome, 1674, in-8), contient une paraphrase en vers latins des deux premiers chapitres du Cantique des cantiques, la parodie d'une ode d'Horace, la 21e du 1er livre, deux odes dédiées au P. *Jonin*, un des bons poëtes lyriques du 17e siècle, deux pièces à l'éloge du P. *Jean Filleau*, qui fut provincial dans la Province de Lyon; enfin un distique sur S. Placide, qui nous offre une heureuse imitation de la 70e épigramme du 5e livre de Martial :

Dans Placidus linguam tortoribus : Hactenus, inquit,
Verbis; nunc opus est lingua, cruore loqui.

Quant à Spon, voyez ci-dessus, 25 déc. 1685.

Juillet..... *Gilles Rousselet*, graveur au burin, membre de l'Académie royale de peinture, meurt à Paris, où il était né vers 1640. « On remarque, dit Mariette, dans le Catalogue de son œuvre, 1° La Vierge considérant avec douleur le corps mort de N. S. qui est étendu sur ses genoux, à l'entrée du sépulcre, d'après un tableau de Lebrun, que ce dernier a peint pendant son séjour à Rome, et qui est dans l'Hôtel-Dieu de Lyon, lequel a dû être gravé avant 1660 ; 2° Jésus-Christ apparaissant à sainte Thérèse, d'après le tableau du Guercino, qui est dans l'église des Carmes déchaussés de Lyon. Voyez l'*Abecedario*, t. 5 ; Clapasson, *Description de Lyon*, p. 53 et 189.

Août 29. On lit à cette date dans le *Journal de Dangeau*, t. 1, p. 576 : « Le duc *de Villeroy* est parti pour Lyon ; il y va prendre connaissance de toutes les affaires de la ville qui sont assez embrouillées. Sa Majesté lui laisse une autorité entière ; il a même des arrêts du Conseil par lesquels il a un plein pouvoir de faire rendre les comptes à la ville d'une assez longue administration, et d'apporter tout l'ordre qu'il jugera convenable. Cela rend son voyage très-agréable, car il marque la pleine confiance que la Cour a en lui. » — Voici la remarque que *Saint-Simon* a faite sur cet article : « L'archevêque de Lyon, oncle des deux maréchaux de Villeroy, commandoit à Lyon et dans tout son gouvernement avec une autorité d'autrefois. Les intendants souffroient impatiemment de n'y être rien ou fort peu de chose, et l'archevêque étoit en attention continuelle sur eux pour les contenir, et ne leur rien laisser passer. Ces dispositions réciproques en avaient fait rappeler beaucoup (1) à mesure qu'ils se brouillèrent avec l'archevêque. Le Roi, las enfin d'en changer sans voir cesser ces démêlés, envoya le duc de Villeroy, gouverneur de la province, à Lyon, avec tout pouvoir, et en même temps le chargea d'une liste entière du Conseil pour la montrer à son oncle, afin qu'il y choisît pour intendant qui bon lui sembleroit, et qu'après cela, au moins il vécût en repos. Le duc, depuis maréchal de Villeroy, partit tout bouffi d'une distinction si extraordinaire, et ne douta pas que son oncle ne s'en trouvâ comblé; mais le petit bonhomme lui dit d'abord qu'il n'étoit qu'un sot; qu'il n'avoit qu'à rempocher sa liste, et dire au Roi qu'il estimoit tant tous ceux de son conseil, qu'il n'y pouvoit choisir personne, et que tous lui seroient également bons ; puis il ajouta qu'il ne seroit pas la dupe d'en demander aucun pour qu'on lui fermât la bouche sur ce choix dès qu'il s'en voudroit plaindre ; qu'il se plaindroit de tous quand et comme bon lui sembleroit, et toutes les fois qu'il voudroit ; que c'étoit une porte qu'il ne se fermeroit jamais, et le moyen de les tenir de court ou de les faire ôter, et lui cependant de demeurer le maître. Il tint parole, et le demeura si bien, qu'en aucun temps personne n'a été si maître ni si universellement que lui jusqu'à sa mort et sous son gouvernement, où qui que ce soit n'avoit pu conserver l'ombre de l'autorité de sa charge. »

Même mois.... Parmi les prisonniers du dey de Tripoli, qui furent rendus au duc de *Mortemart*, général des galères de Louis XIV, *empereur de France et roy de Navarre*, se trouvait un mousse, *Jean de l'Etoile*, de Lyon, que l'on avait fait renier par force ainsi que trois autres mousses. *Mercure galant*, aoust 1686, p. 104 de l'édition de Lyon.

Octobre 31. *François Henri*, avocat en parlement, meurt à Paris où il s'était lié avec les hommes les plus savants de son siècle. Ce fut lui qui disposa avec Montmor, l'édition des OEuvres de *Gassendi* publiée à Lyon, en 1658; il fut un des exécuteurs testamentaires du docteur *Jean de Launoy* dont il avait été l'ami le plus intime. Ce n'est pas, comme on l'a dit, le *P. Théophile Raynaud* qui lui dédia ses *Exuviae panis et vini in eucharistia*; cette dédiace est du P. *Henri Raynaud* et de *L. F. Reynaud* neveux de l'illustre jésuite ; on y trouve quelques notions sur les ancêtres de *François Henry*. Le 28 octobre 1647, Guy Patin écrivait à M. Belin : « Votre M. Henry est un lyonnois fort entendu à beaucoup de choses. Voyez Le Laboureur, *Mazures*, II, 566-70 ; la *Biogr. univ.* et la *Biogr. Didot*, ci-dessus, août 1666, et les *P.* de 1645, *Corpus*.

Decembre 21. L'abbé *Pierre L. L. de Valle-*

(1) Sous Camille de Neufville, Lyon eut pour intendants : 1° Louis Fauleon de Ris, nommé en 1643, en remplacement de François Bochart de Sarron ; 2° en 1648, François Bochart, réappelé; 3° en 1666, François Dugué de Bagnols ; 4° vers 1679, Henri Lambert d'Herbigny ; 5° en 1682, André Lefebvre d'Ormesson ; 6° en 1684, André Jules Louis de Malon de Bercy; 7° en 1686, Pierre Cardin Le Bret ; 8° en 1687, Pierre Bérulle.

mont, docteur en théologie, prononce l'oraison doctorale, et reçoit une gratification de 115 livres. V. les P. de 1687, *Panégyrique*.

Même année. Le prince d'Harcourt, qui s'était mis au service des Vénitiens, et qui était revenu en France, après la paix de cette république avec les Turcs, ne pouvant vivre avec sa femme, ni s'accommoder de la Cour ni de Paris, vint se fixer à Lyon, avec du vin, des maîtresses du coin des rues, une compagnie à l'avenant, une meute et un jeu pour soutenir sa dépense et vivre aux dépens des dupes, des sots et des fils de gros marchands qu'il attirait dans ses filets. Il y tirait toute la considération que lui pouvait donner là le maréchal de Villeroy, et il passa de la sorte un grand nombre d'années (environ 17), sans s'imaginer qu'il y eût en ce monde une autre ville ni un autre pays que Lyon où il resta jusqu'en 1702, époque à laquelle il retourna dans la capitale. Il mourut à Monjeu, chez sa belle-fille, en 1719. Saint-Simon, t. 2, p. 413, et t. II, p. 81.

— Vers la fin de 1685, ou vers les premiers jours de 1686, le cardinal *de Bouillon*, exilé de Paris, obtint la permission de se retirer à Lyon, et s'y établit dans le château de la *Duchère*; il paraît qu'il y resta jusqu'en 1698, époque à laquelle il fut envoyé à Rome pour l'affaire du Quiétisme. Baluze, attaché à ce prélat, dut faire de longs séjours auprès de lui pour y travailler à l'*Histoire généalogique de la Maison d'Auvergne*, qui, supprimée en 1710, fut cause de la perte de sa chaire de droit canon et de son exil. Comme il avait un prieuré à Taluyers dans le Lyonnais, il est à croire qu'il y fit quelque résidence et qu'il eut des relations avec diverses personnes notables de notre province. Déjà, en 1700, il avait fait des excursions dans la Bibliothèque du Collége de la Trinité et il y avait fixé l'âge de plusieurs vieux manuscrits. Voyez Saint-Simon, t. 4, p. 158, et ci-dessus, les P. de 1661, de 1666 et de 1683.

Même année. J'ai donné dans mes *Documents*, page 184 de 1685, des vers sur le Rhône; ceux qui suivent sont d'un poète anglais, milord *Roscomon*, mort en 1685, et qui a dû séjourner à Lyon, en allant ou en revenant d'Italie; ils se trouvent dans son *Essai sur les traductions en vers*, qui a été traduit par A. de Charbonnières, à la suite de l'*Essai de Pope sur la critique* (Paris, 1812, in-18), p. 239 :

Du Rhône impétueux j'ai vu l'onde fougueuse
Traverser en courant la Saône paresseuse.
Dédaignant sa compagne, et faisant lit à part,
Le fleuve, que peut suivre à peine le regard,
Franchit en un clin d'œil cette faible barrière,
Et laisse loin de lui la tardive rivière.
Tels, dans leur vol rapide, on voit les Anciens
S'affranchir quelquefois de liens vulgaires.

Despréaux, contemporain de Roscomon, a dit dans son *Art poétique*, chant IV :

Quelquefois, dans sa course, un esprit vigoureux
Trop resserré par l'art, sort des règles prescrites,
Et de l'art même apprend à franchir les limites.

Je pourrais rapprocher de ces vers les deux belles strophes de J.B. Rousseau qui terminent son Ode au comte du Luc, mais elles sont dans la mémoire de tous les amis des bonnes lettres.

PUBLICATIONS DE 1686.

Abrégé de la morale de l'Evangile (par le P. Quesnel...) Lyon, *Baritel*, 1686, in-12. Edition citée dans la B. janséniste.

Biblia sacra. Lugduni, *P. Guillimin*, 1686, in-8. Voyez les P. de 1692.

Le Chrestien prédestiné par la dévotion a Marie, Mère de Dieu, par le P. *Antoine Boissieu*, de la C. de J., Lyon, *Ant. Molin*, 1686, 2 vol. in-12. — Né, en 1625, à Saint-Germain-Laval en Forez, Antoine Boissieu prit l'habit de S. Ignace en 1645, et professa la Rhétorique au collége de la Trinité; il était fils de Jean, secrétaire de Marguerite de Valois, première femme d'Henri IV, et mourut en 1691. Sa vocation provoqua celle du P. *de la Chaise*, son ami et son compagnon d'études. Voyez Colonia, II, 755, et la B. Backer, t. 1. — Ajoutez aux P. de 1680 : *Défense de la virginité perpétuelle de la Mère de Dieu*, selon l'Ecriture et les Pères, par *Etienne Le Camus*, évêque de Grenoble; Lyon, 1680, in-8.

Eloge funèbre de..... Nicolas de Neufville, duc de Villeroy,... prononcé le 19 février 1686, dans l'église des Cordeliers de Montbrison,... par *Jean-François Duguet* (1), prêtre de l'Oratoire; Lyon, *Ant. Jullieron*, 1686, in-4. — Il y a, dans cet Eloge, quelques détails assez curieux; je n'en extrairai que ce passage : «.... Les grands hommes n'agissent qu'avec prudence; une vaine ardeur de gloire ne les aveugle pas; ils délibèrent à loisir, et, quand une fois la résolution est précise, ou que leur devoir les appelle au combat, c'est alors qu'ils donnent des marques de cette mâle vigueur qui les anime. Ainsi agissoit, dans ses expéditions militaires, notre illustre gouverneur. Après avoir fait son apprentissage militaire en Italie, sous Monsieur le maréchal *de Lesdiguières*, et y avoir donné des preuves d'une valeur extraordinaire dans plusieurs siéges où il se trouva, il fit paroître ce qu'il sçavoit faire pour la première fois, en France, aux siéges de Saint-Jean-d'Angély, de Montpellier, de Montauban. Ce fut devant cette dernière place, qu'à la tête du *Régiment lyonnois* (2), qu'il commandoit, il fit des choses incroyables; on

(1) Cet oratorien, omis par les biographes, était probablement le parent du célèbre moraliste Jacques-Joseph Duguet, né à Montbrison le 9 déc. 1649, mort à Paris le 24 oct. 1733.

(2) Voyez ci-dessus, année 1670, à la fin.

le vit, dans les occasions, forcer, rompre, briser tout ce qui s'opposoit à lui, monter, l'épée à la main, sur les remparts, chasser les ennemis, et montrer au reste de l'armée le chemin de la victoire. Ainsi commençoit la ruine de l'*Hérésie* par la valeur de ce grand homme, qui devoit, un jour, apprendre à un autre *Hercule* à donner le coup mortel à cette *Hydre* (1). Il étoit juste que Monsieur de Villeroy consacrât les prémices de son sang à la Religion à laquelle il devoit être si fort attaché toute sa vie, et pour laquelle il auroit voulu le répandre tout entier.... »

Les Eloges des hommes célèbres tirez de l'Histoire de M. *de Thou*, par *Antoine Teissier*. Lyon, 1686, in-12. — Edition citée par Niceron, t. 9, p. 555. — J'ai eu plusieurs fois l'occasion de renvoyer à l'Histoire de de Thou, notamment à l'année 1572, où j'ai reproduit sa relation des *Vêpres lyonnaises*. Si j'ai donné la préférence à son récit, c'est parce qu'il a séjourné à différentes époques dans notre ville, où il a dû recueillir des renseignements exacts sur ce déplorable événement. A son retour d'un voyage en Italie, il trouva son frère aîné et il y fit ce qu'il avait fait à Venise; il y acheta beaucoup de livres chez *Jean de Tournes* et chez *Guillaume Roville*. A son retour d'un autre voyage en Allemagne, il s'arrêta de nouveau à Lyon, où il logea pendant trois jours, chez *Louis Chateigner d'Abin*, commissaire du Roi pour la visite des provinces; il y passa la plus grande partie de son temps à visiter les imprimeries des deux typographes déjà nommés; il y revit *Jacques Dalechamps*, qui travaillait sur Pline, et qui corrigeait l'*Historia naturalis plantarum*, que Roville imprimait. Le 1er novembre 1582, jour auquel Dieu retira du monde Christophe de Thou, Jacques-Auguste, son fils, était encore à Lyon; comme il ne sut rien de cette nouvelle jusqu'à son arrivée à Paris, il s'arrêta à Villefranche, à Mâcon, à la fameuse abbaye de Tournus, etc., etc. (2). Il nous apprend que son père et le chancelier de Birague aimaient tous deux les *petits chiens de Malte et de Lyon*, qu'on a depuis nommés des *bichons* (3). On lit encore à la fin du 58e livre de son Histoire : « Je me souviens que le jour même que le Roi (Henri III) entra à Lyon (le 6 septembre 1574), je me trouvai chez *Jean de Tournes*, à qui la république des lettres est si redevable. *Simon Dubois*, lieutenant-général de Limoges, célèbre par ses écrits, et plus encore par son habileté dans les affaires, s'y rencontra; il me dit que bien des gens ne pensaient pas du Roi comme le commun, et qu'ils assuraient qu'on le verrait dans la suite tenir une conduite dont la fin lui serait funeste.... » Je terminerai ces extraits par celui-ci, tiré du livre 125. « L'Eglise de Lyon est la première et la plus illustre de toutes les églises de France par l'antiquité respectable dont elle a retenu plusieurs usages qui se sont altérés dans les autres. Aussi la plupart des Eglises, non-seulement du royaume, mais même des pays étrangers, ont par estime et par respect contribué à son ornement. Réciproquement elle leur a accordé de grands honneurs, etc. » — J'ai cité, p. 295 de *Lyon sous Louis XIII*, la traduction faite par Laplace, d'un distique latin sur Cinq-Mars et de Thou (le fils de l'historien); en voici un extrait de l'Almanach des muses de 1810 :

> De tous deux la mort fut semblable,
> Mais le sujet bien différent :
> L'un, en se taisant fut coupable,
> Et l'autre le fut en parlant.

Epicedium piis manibus Claudii Pellot, senatus Rotomagensis principis, auctore D. D. T. F. (*Charles de Ferrare du Tot*). Rotomagi, 1686, in-4. Voyez le J. des Sav. de 1686, p. 149, et ci-dessus, 5 août 1683, date à laquelle a été placée, peut-être fautivement, la mort de C. Pellot.

L'Imitation de Jésus-Christ, traduction nouvelle par J. C. I. A. A. P. (*J. Cusson*, imprimeur et avocat au parlement). Lyon, 1686, in-24. — La première édition de cette traduction est de Paris, 1675, in-12 ; J.-B. Cusson, fils de l'imprimeur, la retoucha et y joignit des prières et des pratiques composées par le P. Gonnelieu, de la Soc. de J. (voyez Barbier, n. 8559). — « On compte, dit *Nicolas Catherinot*, p. 55 de son *Prest gratuit* (1) dans notre diocèse (celui de Bourges), 900 paroisses dont il y a la belle moitié qui n'a pas chacune la valeur d'une portion congrue ; on devroit les fortifier par la réunion des prieurés simples et oisifs pour ne point rester dans ce désordre que S. Paul blâme : *Alius quidem esurit, alius autem ebrius est* (ad Corinth. I, XI, 21). Cependant le cinquième Evangile (je n'entends ni la Prophétie d'Isaïe, ni la Règle

(1) Le passage de Bourdaloue que j'ai cité, p. 97 de l'année 1684, *l'Hérésie abattue*, etc., se trouve dans son Sermon sur la Nativité, t. 1 des *Mystères*, Lyon, *Anisson* et *Posuel*, 1711, in-12.

(2) Voyez les *Mémoires* en tête de la traduction de l'*Histoire*, années 1572, 74 et 82.

(3) Le Consulat de Lyon fit présent à Henri III de deux petits chiens que S. M. lui avait demandés. V. *supra*, 6 déc. 1688.

(1) Catherinot, dans son opuscule, *Le Journal du Parlement*, nous apprend qu'il était fils de Denys, conseiller au présidial de Bourges, et de Michelle Riglet, alliée à un grand nombre de bonnes maisons. Dans un autre opuscule, *Les Eglises de Bourges*, il nous apprend, p. 5, que S. Aoustrille, évêque de Bourges (mort le 20 mai, vers 628), qui avait été abbé de S. Nicaise de Lyon, en apporta une relique de sainte *Blandine*, et que, depuis ce temps, cette sainte y est honorée; il nous apprend encore, p. 9 des *Sanctuaires de Berry*, que le peuple de Bourges va, la veille des Cendres, visiter, au château de Bourges, une grotte appelée du nom de cette sainte, qui fut égorgée, à Lyon, le 2 juin 179.

de S. Benoist, ni l'Introduction à la vie dévote, et bien moins les Offices de Cicéron, mais l'Imitation de J.-C.) dit l. 5, c. 5 : *Pro modica praebenda longa via curritur.* Je ne puis autrement citer ce livre, car le nom de l'auteur est devenu aussi problématique que la patrie d'Homère. S. Benoist tient pour *Jean Gersen*, S. Augustin pour *Thomas à Kempis* ; feu M. Labbé, avocat de Paris, natif de Bourges, pour *Jean Gerson* ; le sieur Blaise, chapelain de la Sainte-Chapelle de Paris, pour *Thomas Gerson* (1), neveu de Jean. Peut-être que ce passage des *Prébendes* et la préface que je trouve seulement dans l'édition de Bresse, en 1485, et qui commence *Ut tibi sollicitudo dulcescat*, pourroit servir à deviner l'auteur ; elle a quelque rapport à ces *Pia documenta*, qui sont entre les œuvres de S. Bernard, et commencent : *Si plene vis assequi.* Le plus expédient est de revenir à ce que dit Salvien : *In omni volumine profectus magis quaeritur lectionis quam nomen auctoris. Qui profectum in scriptis invenit, superflue nomen scriptoris inquirit* (2)... » — On lit dans une lettre de Lamonnoye (t. 2 de ses OEuvres, p. 270) : « Il s'agit présentement de vous nommer l'auteur des Stances qui ont pour titre *L'Occasion perdue et recouvrée.* Le croiriez-vous ? c'est l'auteur du *Cid*, des *Horaces*, de *Cinna*, le fameux *Pierre Corneille* ; il eut beau tenir la chose secrette, le chancelier Seguier, protecteur alors de l'Académie, ayant su de qui étoient ces Stances peu édifiantes, qui couroient partout, en fit une douce réprimande au poëte, et lui dit qu'il le vouloit mener à confesse ; il le mena de ce pas à son confesseur, le P. Paulin, religieux tierçaire du couvent de Nazareth, qui ordonna par forme de pénitence à Corneille de mettre en vers françois le premier livre de l'Imitation de J.-C. La reine Anne d'Autriche l'ayant lu, en fut si contente qu'elle lui demanda le second, et, dans une dangereuse maladie qu'il eut quelque temps après, il promit le troisième qu'il donna depuis (3). » — Il faut ajouter aux éditions de la traduction de Corneille : *Le Chemin du salut*, ou *Guide des âmes sincères et pieuses*, par *Pierre Corneille*, avec des méditations et maximes choisies, Paris, Société typogr. (Berne, imp. de L. Hignon), an IX, in-8 carré. A la p. III de sa *Dissertation* sur 60 traductions françaises de l'Imitation, Barbier indique une autre édition du *Chemin du salut* sous un titre un peu différent, quoiqu'aussi bizarre pour le moins (4). — Neuf traductions en vers latins ont été décrites dans l'Imitation polyglotte; on m'en a signalé une dixième qui serait d'un P. *Jean de Toul* ; mais je n'en sais pas davantage. — On lit dans le Catalogue de la B. de Carpentras, t. 3, p. 405 : « Le chevalier Pougens, de l'Institut, affirme, dans sa *Bibliothèque française* (1800-1805), avoir rencontré un manuscrit de l'Imitation avec cette signature : *Ego Johannes scripsi.* Ce Ms. qui ne s'est pas retrouvé, serait une preuve de plus en faveur de l'opinion qui attribue à Jean Gerson ce fameux livre, opinion qui, de nos jours est la plus accréditée. On sait que l'illustre chancelier, par une lettre datée de Lyon, au mois de novembre 1498, légua au monastère des Célestins d'Avignon qu'il affectionnait, ses livres et ses manuscrits ; cette lettre est imprimée dans l'*Hist.* du Collége de Navarre, par Launoy. — Sous le nº 89 du Catal. des livres du Docteur Michelin (Paris, Potier 1854), figure l'article suivant : *De Imitatione Christi* translaté de latin en françoys (à la fin) : Cy finist le livre *de Imitatione Christi et de Contemptu mundi* translaté de latin en françoys : Et imprimé à Paris par *Jehan Lambert*, le XXVI de novembre mil CCCC quatre-vingts et treze, pet. in-4 goth., fig. sur bois. M. Potier y a joint la note que voici : « Seconde édition de l'Imitation en » françois ; M. Brunet qui l'a décrite dit que » le text est chiffré de II à CX, et suivi de 4 ff. » de table. Notre exemplaire n'a pas de table; » mais il possède un premier feuillet dont » M. Brunet ne parle pas. Le reste de ce feuil- » let est occupé par le titre ci-dessus.... Au » verso est une figure représentant le Christ » portant sa croix, suivi du Fidèle qui marche » sur ses traces; avec ces vers :

Bien je ne puis, Seigneur, sans toy
Penser, parler, ni bien ouvrer.
Pourtant après toy tire moy,
Et t'en suivray sans point errer.

Se tu veux venir après moy,
Charge la croix incontinent.
Tes concupiscences et toy
M'ensuyvras en mortifiant. »

Je terminerai cet article par une dernière remarque : Sous le n. 451 du Catalogue d'une vente faite par M. Silvestre, en 1842, figure un exemplaire de l'*Internelle consolation*, Lyon, *François Juste*, 1540, que l'on donne à *Emond Auger*, qui n'avait alors que dix ans. — Voyez ci-dessus, les P. de 1577, de 1608, de 1609, de 1676, et de 1678.

Medicinae septentrionalis Collatitia.... opera *Theoph. Bonneti*, D. M., cum indicibus.... Ge-

(1) V. son article dans la *Biogr. ardenaise* de l'abbé Boulliot.

(2) Texte abrégé. Voyez la lettre à Salonius, t. 2, p. 428 du Salvien de Lyon, 1833, in-8.

(3) Voyez et conférez l'*Hist. de P. Corneille*, par M. Taschereau, p. 155 et 334.

(4) Corneille, en 1669, publia un volume dont j'ai déjà eu occasion de parler, *l'Office de la Sainte Vierge*; on y trouve, p. 267 à 362, des Instructions et des Prières tirées de l'Imitation. Voyez les P. de 1685, *Mercure*.

nevae, sumptibus Leonardi Chouet (1), 1686, in-fol. — Ce livre a fourni à Bayle l'occasion d'un fort curieux article.

Mercure galant. Lyon, *Th. Amaulry*, août 1686, in-12. — On y trouve, p. 52, la *Ballade* de *Ch. du Périer* adressée à Mme *des Houlières*, et à la p. 106, le Couplet suivant de l'abbé *Benigne de Bacilly* :

Café délicieux, dont la douce amertume
M'a su garantir tant de fois
D'un impitoyable rhume,
Qui venoit désoler ma voix,
Je serois un ingrat
Si je ne chantois à ta gloire.
Nargue du chocolat!
Je n'en veux jamais boire.
Fi du thé ;
Et vive le café (2) !

De la Modestie des femmes et des filles, dans leurs habits et dans leur extérieur, par *Thimothée Philarète.* Lyon, 1686, in-12. Catal. L. Cailhava de 1862, n. 640.

Moyen court et facile de faire l'oraison (par Mme *Guyon*). Lyon *Ant. Briasson*, 1686, in-12. — Ce livre est l'un des trois de Madame Guyon qui furent condamnés par l'archevêque de Paris. Voyez Saint-Simon, *passim*, ci-après les P. de 1686 et de 1694.

Le *Nouveau Panthéon*,..... par Monsieur de *Vertron*..... Paris, 1686, in-12, fig. de *Sauvé*. — L'auteur a loué dans ce livre le P. *Menestrier*, avec lequel il paraît avoir eu les liaisons les plus intimes ; il lui adressa, le 15 juillet 1689, une lettre qui a été insérée dans les *Mémoires de Trévoux*, au sujet des louanges qu'on l'accusait d'avoir trop prodiguées à Louis XIV. J'ai cité ci-dessus (1680), le distique latin qu'il fit pour l'Académie de Villefranche. Son *Nouveau Panthéon* a fourni à Graverol la matière d'une Dissertation insérée dans le *Sorberiana* de 1695.

Nouveau traité de la Civilité qui se pratique en France parmi les honnêtes gens. Nouvelle édition revue et augmentée. Lyon, *Claude Martin*, 1686, in-12. — La dédicace au duc *de Chevreuse* est signée I. M. (3). Le privilége est daté de Paris, le 16 novembre 1670. Voici quelques passages du chapitre qui a pour titre: *Ce qu'il faut observer à table* : « Il ne faut point quitter son manteau ou son épée pour se mettre à table, parce qu'il est de la bienséance de les garder..... Si une personne qualifiée vous demande le chapon bouilli, la poitrine passe pour le meilleur endroit; les cuisses vont après; l'opinion commune est que la cuisse vaut mieux que l'aile (1), c'est pourquoi je la nomme la première..... Pour ce qui est des viandes que nous appelons volatiles, et qui se servent rôties, la maxime la plus constante des gens qui se connoissent en bons morceaux, et qui raffinent sur la délicatesse des mets, est que, de tous les oiseaux qui grattent la terre avec les pieds, les ailes sont toujours les plus délicates, comme, au contraire, les cuisses sont les meilleures de tous ceux qui volent en terre; et comme la perdrix ne s'élève pas fort haut, elle doit par conséquent être mise au nombre de ceux qui grattent la terre..... Il faut se souvenir de ne pas prendre les olives avec la fourchette, mais avec la cuiller, car il s'en fait quelquefois un sujet de risée quand cela arrive..... Il ne faut pas manger vite (2) ni goulûment, quelque faim qu'on ait, de peur de s'engouer..... » — En voilà assez pour donner une idée de ce livre, où l'on ne se serait pas douté de trouver les premiers éléments de la Gastronomie.

Oraison funèbre de Monseigneur le duc de Villeroy, prononcée le 22 décembre 1685, dans l'église collégiale de Villefranche, capitale du Beaujollois, par M. *Humbert Terrasson*, docteur en théologie, et prestre et religieux de l'abbaye de Joug-de-Dieu, de l'Académie de Villefranche. A Villefranche, chez *Etienne Martin* (3), imprimeur et marchand-libraire de la ville, 1686, in-4. — Ne contient, ainsi que celle qui suit, que des lieux communs. Le maréchal était mort le 28 novembre 1685. Saint-Simon lui attribue cet apophthegme : « Il faut tenir le pot de chambre aux ministres tant qu'ils sont en puissance, et le leur renverser sur la tête sitôt qu'on s'aperçoit que le pied commence à leur glisser (tom. 3, p. 75). » Cette basse et dégoûtante maxime, a dit Prost de Royer, s'est vérifiée bien des fois (*Dict. de Jurisprud.*, t. 2, p. 554).

Oraison funèbre de Messire Nicolas de Neufville, duc de Villeroy,.... prononcée le jour de son enterrement, dans l'église des Carmélites

(1) Plusieurs typographes du nom de *Chouet* ont exercé leur art à Genève, au 17e siècle ; je les crois d'origine lyonnaise. Vers 1848, M. *François Chouet*, un de leurs descendants, a fondé, à Lyon, une librairie, qui compte, dans le clergé, de nombreux clients.

(2) Voltaire et La Harpe ne sont pas les seuls qui ont avancé que Mme de Sévigné avait dit que l'on se dégoûterait de Racine comme de Café ; Suard, dans ses *Mélanges*, a dit la même chose, en ajoutant qu'en cela, Mme de Sévigné avait fait une double méprise. V. l'*Improvisateur français* de Sallentin de l'Oise, t. 3, p. 399, et mes *Docum.*, P. de 1671, p. 85, où j'ai reproduit le couplet de Coulanges sur le café, et des vers latins d'Huet sur le thé.

(3) Ce Traité a échappé à Barbier, qui en a cité un autre publié en 1675 par Ant. Courtin. V. les P. de 1681, *Traité.*

(1) Qui ne connaît ces trois vers de Berchoux :
L'un préfère la cuisse, et l'autre la carcasse ;
Offrez en général les ailes du poulet,
Le ventre de la carpe et le dos du brochet.

(2) Gardez qu'en votre bouche un morceau trop hâté
Ne soit en son chemin par un autre heurté.
Le même.

(3) Voyez sur le plus ancien typographe de Villefranche, les P. de 1669, *Projet de l'Histoire*....

de Lyon, par le P. *Joseph David*, prêtre de l'Oratoire, en présence de Mgr. l'Archevêque, le 24 janvier 1686. Lyon, *Antoine Julliéron* in-4. — En tête du texte est une vignette de *Blanchet*, gravée par *Mat. Boulanger*. A la suite est une *Relation des funérailles de M. de Villeroy et de Madame son épouse, Magdeleine de Créquy*, morte à Paris, le 21 janvier 1675.

Oraison funèbre de Messire Armand Mitte de Chevrières, marquis de *Saint-Chamond*, par le P. *Archange*, de Lyon, capucin, prononcée le 24 octobre 1685 dans l'église collégiale de Saint-Chamond. Lyon, 1686, in-4. — Le P. Archange, un des bons prédicateurs de son temps, a été loué par le comte de Bussy (lettre du 19 mars 1686), et par Madame de Sévigné (lettre du 9 avril 1687); on a encore de lui l'Oraison funèbre de Jean de Maupeou, évêque de Châlon (Châlon, 1677, in-4), et peut-être, suivant M. Lalane, celle de Mme de Thiange. Biogr. Didot.

Plaidoyé pour sœur Marie-Claudine Vernat, novice dans le monastère de Saint-Pierre, contre ses père et mère. Lyon, 1686, in-4. Deuxième Catal. de M. Bergeret, n. 2595. Voyez ci-après, 10 mai 1689.

Préjugés légitimes contre le Jansénisme,..... par un docteur de Sorbonne (*François de Ville*) (1). Cologne, Abraham Dubois, 1686, in-12. — Bayle a consacré un très-long article à ce livre (*OEuvr. div.*, I, 572); il paraît qu'il en avait dejà été publié une édition à Lyon, car « la fuite du libraire, l'emprisonnement des ouvriers et le tumulte qui en est arrivé, » avaient obligé l'auteur d'envoyer une seconde copie à Genève qu'on y a imprimée fort tranquillement, et cependant les attaques de l'auteur n'étaient pas moins dirigées contre les Jansénistes que contre les Protestants; mais alors le Roi avait défendu d'écrire pour ou contre le Port-Royal, et le libraire avait imprimé sans permission.

Prioli (Benjamini) ab excessu Ludovici XIII de Rebus Gallicis historiarum Libri quinque. Lipsiae, 1686, in-4. 6e édition. J'ai parlé de l'auteur à la date de sa mort (2) arrivée à Lyon dans le palais de l'Archevêché, en 1667. Si j'y reviens, c'est pour reproduire une critique de cette histoire qui se trouve p. 95 des *Essais* de lettres familières recueillies par l'abbé Cassagne et publiées par Furetière (3), Paris, 1690, in-12 :

« L'Histoire de Priolo a produit en moy le bon effet que j'en attendois; elle a dissipé la mélancolie que m'avoit laissée celle de M...... (1). Si celuy-cy est trop retenu dans ses paroles, et ne nous apprend que ce que l'on apprendroit dans les gazettes d'où il semble qu'il a tiré sa longue Histoire, Priolo, son compétiteur, donne dans l'autre extrémité. C'est un singe de Tacite, qui ne se contente pas de le contrefaire, mais qui renchérit sur tout ce qu'il y a d'impertinent dans les affectations de C. Tacite. Je compare Priolo à Fagotin, ce magot fameux, qui, en dansant sur la corde, a deux seaux pleins d'eau dans les mains, jettoit ces seaux qui lui servoient de contrepoids sur la teste de son maître qui est en bas. Voilà justement ce que fait le prétendu Vénitien; il loue son héros, et j'appelle cela danser sur la corde d'une manière tout-à-fait pantalone; puis tout d'un coup, lorsqu'on y pense le moins, il lui jette, non un seau d'eau sur la teste, mais le sel à pleines mains, et d'un trait de plume gâte un éloge qui tient plusieurs pages. C'est un masson (qu'est-ce autre chose ?) qui fait et défait continuellement son ouvrage. Il est incroyable que l'égarement de l'esprit humain puisse aller si loin. Mais ce qui l'est davantage, est que M...... (Mazarin, croyant faire de l'honneur à son maître, ait donné dix mille écus à Priolo pour publier la plus sanglante satire qui ait été jamais faite contre luy : *Gaudeant bene nati*...... Quant au fond de l'histoire, c'est moins que rien; celle de M...... est infiniment meilleure, et peut au moins servir de répertoire, au lieu que celle de Priolo n'est de nul usage qu'à faire rire ceux qui la lisent;..... »

Le Recueil de l'abbé Cassagne contient trois lettres de Mlle *Descartes* à Mlle S*** (*Scudéry*); celle-ci lui avait dit dans sa première lettre : « Je vous envoie quatre vers d'une amie qui est bien digne d'être la vôtre;..... elle s'appelle Madame de *Plat-Buisson*, voilà ses quatre vers qu'elle engagea dans un billet fort galant qu'elle m'écrivit :

Où peut-on trouver des amans
Qui nous soient à jamais fidèles ?
Je n'en sçais que dans les romans
Et dans les nids de tourterelles (2).

« Tout le monde a sçu ces quatre vers. Si Voiture ou Sarrasin ressuscitoient, ils voudroient les avoir faits.... » Mlle Descartes lui répond : «.... Votre illustre amie Mme de P. a beau nous dire des merveilles dans ses quatre

(1) Le nom de François de Ville ne figure dans aucune des Biographies que j'ai été à portée de consulter. On trouve, à la fin du 17e siècle, Louis de Ville, custode de Sainte-Croix, vicaire-général de Camille de Neufville depuis 1671; un libraire du même nom, qui se trouvait à Rotterdam en avril 1699, et qui est loué par Bayle dans sa lettre à Mazauges du 3 de ce mois.

(2) V. Niceron, t. 30, p. 304, et Saint-Simon, t.1, p. 42.

(3) V. Barbier, *Examen critiq. des Dict.*, art. FURETIÈRE.

(1) Il serait assez difficile de dire quel est cet anonyme; ce ne peut être ni *Guillaume* Morel, ni Mezeray, à moins que ce soit l'*Abrégé* chronologique de ce dernier. — Saint-Simon, qui avait connu Priolo, a parlé de son Histoire et en a fait l'éloge. Ch. 12, t. 1er, p. 42.

(2) Ce quatrain est attribué à *Pelisson* dans le Dict. de Trévoux.

vers qui sont inimitables, on les voudra croire, et le cœur ira son chemin :

« La seule tourterelle en amour est fidèle :
Mais quand notre cœur est charmé ;
L'objet dont il est enflammé
Nous paroît constant tout comme elle.

« Ainsi, Mademoiselle, il vaut mieux que je n'aie jamais eu d'amans que de n'avoir eu pour préservatif que la vue de leur inconstance... » — Répondant à la 3e lettre de son amie, Mlle Descartes termine ainsi sa lettre :

« Pour moi votre commerce est honorable et doux ;
Je reçois chaque jour de vous
Des vers que tout le monde admire ;
Mais malgré cet honneur, dont je me sens comblé,
Je ne puis m'empêcher de dire :
Heureuse à qui vous voulez bien écrire ;
Plus heureuse cent fois qui vous entend parler.

« Quand je vois que ce qui ne vous coûte qu'un quart d'heure à faire, fera mes délices toute ma vie, je dis avec cette fameuse Sapho que la Grèce a tant chantée :

Quand au rare mérite on est sensible et tendre,
Et que, par la faveur des Cieux,
On peut souvent vous voir et souvent vous entendre,
C'est un plaisir plus grand que le plaisir des dieux. »

Recueil historique tiré des anciens et nouveaux auteurs grecs, latins et françois, par C. P. L. J., divisé en deux tomes. Lyon, *Jacques Lions*, 1686, in-12. — Dédicace de l'auteur à *François de Neufville, duc de Villeroy*, gouverneur de Lyon. Cette espèce de polyanthée a été inconnue à Barbier, et rien ne nous apprend quel est le nom de l'auteur, qui, dans sa dédicace, dit qu'il n'est qu'un petit citoyen de la ville de Lyon, et le moindre de tous ceux qui sont soumis au noble duc.

Retour des Pièces choisies, ou Bigarrures curieuses. A Emmerick, chez Toussaint Vadius, 1686, in-12 (1). — C'est dans ce livre qu'a été reproduite une lettre sur un sermon du P. *Begat*, prêché à Lyon le 21 mars 1681, et dont j'ai parlé à cette date, d'après Bayle, qui a donné l'analyse de cette lettre (2). — Lorsque j'ai rendu compte (P. de 1618 et de 1643) de deux traités sur les *écrouelles*, j'aurais pu dire que Bayle (*OEuvr. div.*, I, 667) rapporte avoir ouï dire à un célèbre médecin, qu'il avait guéri d'une tumeur écrouelleuse, la fille d'un seigneur de la Cour, en lui appliquant sur cette tumeur la main d'un homme mort d'une maladie lente. J'aurais pu encore, à cette occasion, ajouter un mot de Bussy-Rabutin sur Louis XIV; mais on pourra le lire dans sa lettre à Sévigné du 12 avril 1681.

(1) M. Brunet donne pour date à ce livre, 1687-88, sans doute d'après un exemplaire ayant un titre rafraîchi. Prosper Marchand lui donne, comme Bayle, la date de 1686 (Dict., t. 2, p. 169).

(2) *Nouvelles de la R. des Lettr.*, Oct. 1686 (OEuvr. div., I, 667).

La Science et l'Art des devises,..... par le P. *Menestrier*. Paris, 1686, titre renouvelé. V. les P. de 1685, et le J. des sav. du 4 mars 1686.

Sentiments chrétiens touchant quelques questions de Controverse entre les Catholiques et les Protestants, etc. Cologne, 1686, in-12. — La lettre de *Spon* au P. *La Chaise* (1) a fait, dit Bayle, tant de bruit dans le monde que cinq ou six auteurs catholiques ont cru être obligés de la réfuter ; on nous la donne ici avec l'une de ces réponses, et l'on fait après cela plusieurs réflexions sur ces deux écrits. L'auteur a des sentimens fort particuliers, et traite de fou également M. Spon et celui qui lui a répondu, etc. (*OEuvr. div.*, I, 568). Son livre a échappé à Barbier.

Tertulliani Apologeticus, et ad Scapulam liber. Accessit *Minucii Felicis Octavius*. Cantabrigiae, 1686, in-12. — Il faut ajouter cette édition à celles dont j'ai donné la liste en tête de la traduction de l'*Octavius* latin-français, Lyon, *Périsse*, 1843, in-8.

Traductions en vers de l'hymne *Veni, Creator*, de la prose *Dies irae*, du cantique *Te Deum*, et du pseaume *Exaudiat*, dédiées au Roy, par le sieur *Perachon*. Paris, 1686, in-4. Voyez les P. de 1639 et de 1669.

N. A propos des *Représentations en musique*, par le P. Menestrier (P. de 1681), j'ai donné l'extrait d'une bulle de Jean XXII qui condamnait l'introduction de la musique dans les églises. J'ajouterai que le 6 mai 1686, le pape Innocent XI fit afficher à Rome un édit par lequel il défendait à toutes les femmes, de quelque état, condition, qualité, profession qu'elles fussent, filles, mariées ou veuves, d'apprendre à chanter ou à jouer d'aucun instrument de musique, ordonnant aux religieuses, qui, depuis un siècle au moins, chantaient leurs offices en musique, de ne l'apprendre que des autres religieuses leurs compagnes. Bien différent de son prédécesseur, Clément XIV, en 1769, permit aux femmes de chanter sur les théâtres de Rome, et de figurer dans les églises parmi les virtuoses réunis pour l'exécution des messes, des oratoires et des motets. Voyez Castil-Blaze, *Théâtres lyriques de Paris*, p. 105 et 158. Voyez aussi sur une autre bulle de Clément XIV, ma *Notice* sur *Charles de Borde*, p. 20.

1687.

Prévot des Marchands : Laurent Pianello de la Valette (2).

(1) Voyez les P. de 1681, *Lettre*..... — Il est assez étonnant que plusieurs des biographes de Spon n'aient rien dit de cette lettre qui a dû lui causer bien des ennuis.

(2) Il était fils de *Baptiste* et de *Marie de Bessel*

Echevins : *Claude Basset* (1), *Gaspar Genevey*, *Gabriel Valous* (2), *Blaise Claret.*

Janvier 10. *Michel Germain* écrit de Paris à M. Magliabechi, bibliothécaire à Florence : « Je vous destine un volume in-8 que notre Dom *Placide Porcheron*, compagnon de nos études, vient de donner au public ; c'est un anonyme de Ravenne qui traite de la Géographie ; je vous prie de me marquer à qui je le confierai, car après les cruels retardements de M. *Anisson* (3), il n'y a plus moyen de se servir de lui. Nous sommes extrêmement rebutés de ses froideurs ; nous nous adressons à M. *Compain* (4), banquier à Lyon, pour faire tenir nos lettres, et il faudra se servir de M. *Thioly* (5), libraire à Lyon, pour les paquets,..» *Corresp.* de Mabillon et de Monfaucon, t. 2, p. 5, *supra*, 15 mars 1686.

Même mois 18. *Camille de Neufville* rend une ordonnance ainsi conçue : « Ayant esté informé que les officiers de plusieurs Terres et Justices dépendantes de nostre archevèché, ou de nos abbayes d'Esnay et de l'Isle-Barbe, s'ingèrent, contre nostre intention, de donner des permissions de danser et de faire des festes baladoires les jours des Patrons des paroisses ou autres qui doivent estre principalement employées à servir et prier Dieu ; désirans de remédier à un si grand abus, Nous faisons très-expresses défenses à tous nos Officiers d'accorder aucune permission de cette nature ; Nous leur enjoignons au contraire d'empescher que l'on ne (6) danse les dits jours dans les dites paroisses..... »

En 1644, il épousa *Laure Mascrani*, fille du banquier de Lyon chez lequel *Colbert* fit son apprentissage commercial, V. la *B. de l'Ecole des chartes*, t. 2 de la 4e série, p. 394, et *supra*, année 1662, p. 12.

(1) Voyez sa notice dans la 2e édit. de la B. univ., ci-après 11 février 1688.

(2) Voyez sur cet échevin la Biogr. Lyonn. p. 305, et le *Répertoire général* des protocoles du Notariat de l'arrondissem. de Lyon, p. 94. Voyez aussi sur ce même échevin et sur les trois autres, *Les Origines des familles cons.*, par M. Vital de Valous.

(3) V. *supra*, 15 mars 1686.

(4) Ce banquier est qualifié de conseiller du roi dans une lettre de Michel Germain du 13 mars 1680. Dagier (*Hist. de l'Hôtel-Dieu*, t. 2, p. 249) mentionne un *Gaspar Compain*, avocat à Lyon, banquier de la cour de Rome, qui, en 1672, légua aux Jésuites du noviciat de S. Joseph une rente annuelle et perpétuelle de 250 francs qui devait être employés en achat de livres. Un Dominicain, *Matthieu Compain*, a une notice dans la B. univ. Voyez *Supra*, 12 nov. 1675.

(5) Jean *Thioly* était encore libraire en 1700 ; il est plusieurs fois nommé dans la Correspondance des deux Bénédictins.

(6) Un curé s'était plaint à M. Le Camus, évêque de Grenoble, de ne pouvoir empêcher ses paroissiens de danser les dimanches et fêtes : « Eh ! Monsieur, lui » répliqua le Prélat, laissez-leur au moins la liberté » de secouer leurs guenilles. » — Un des curés du diocèse de Cambray se félicitait, en présence de Fénelon, d'avoir aboli les danses des paysans, les jours de dimanches et de fêtes. « Monsieur le curé, lui dit Féne» lon, ne dansons point, mais permettons à ces pauvres » gens de danser ; pourquoi les empêcher d'oublier un » moment combien ils sont malheureux. » *Eloge de Fénelon*, par Dalembert, *ad* init. Voyez ci-dessus, année 1680, p. 69.

Même mois, 27. L'abbé *Tallemant* Le Jeune prononce à l'Académie française un Discours sur le rétablissement de la santé du Roi. — Ce Discours a été l'objet de sévères critiques. Voyez l'*Hist. des ouvr. des sçavants*, octobre 1688, p. 182 ; Barbier, n. 16258, *Hist. de l'Acad. franc.*, édit. de M. Livet, t. 2, p, 54, et les P. de 1687 et de 1688.

Mars 13. Mort de *Pierre Hodet*, architecte et citoyen de Lyon, lequel fut inhumé dans l'église des Grands-Augustins, où sa veuve fut ensépulturée. *Arch, du Rh*, p. III, 530.

Avril 19. Mort de *Jean de la Poype*, chanoine comte de Saint-Jean depuis le 8 nov. 1656. — Il était fils de Pierre, écuyer seigneur de Vertrieux, et de Claudine, fille de Claude de Las, chevalier, seigneur de Messimieux, Arboin, etc.

Même mois. Pierre de Bérulle est nommé intendant de Lyon en remplacement de *Pierre Cardin Lebret*, qui avait succédé, en 1686, à *Anne Jules Bercy Malon* (Voyez ci-après, août 1694). — Vers ce même temps, le roi confirma par un arrêt tout ce que M. *de Villeroy* avait ordonné à Lyon ; il cassa même un arrêt que des particuliers avaient surpris. Dangeau.

Mai 6. Un arrêt du parlement de Paris confirme celui de 1658, rendu en faveur du chapitre de Saint-Jean contre la sénéchaussée de Lyon.

Septembre 28. Mort, à Genève, de *François Turrettin*, qui avait été pasteur à Lyon, vers 1630, et qui eut pour successeur dans cette fonction, *Louis Tronchin*. Voyez sur ces deux ministres, le *Dict.* de Bayle.

Novembre 2. Le comte *de Lachaise*, sénécha de Lyon (1), se rend à Paris pour prendre possession de la charge de capitaine de la porte du Louvre, que lui avait cédée M. *de Saint-Vallier*, moyennant 400 mille francs et 400 pistoles de pot de vin à Mme de Saint-Vallier. Le P. de Lachaise avait conclu le marché en l'absence du comte son frère. Dangeau et Saint-Simon.

Même mois 10. *Charles-Laurent de Talaru* est reçu chanoine comte de Saint-Jean. Il était fils de Claude, chevalier, marquis de Chalmazel, et de Louise-Marie, fille de François-Humbert de Champagne, marquis de Château-Vilain. V. *infra*, 9 oct. 1696.

(1) Je présume qu'il avait succédé comme sénéchal à *Jacques de Fenoil*, et qu'il fut remplacé par *Pierre de Masso*. V. les P. de 1673, *Sommaire* ; Brossette, *Eloge de Lyon*, p. 154, et la Gaz. de Fr., art. *Masso.*

Même mois 14. Le Roi, par lettres datées de Versailles, « voulant gratifier le sieur *Perrachon*, avocat au parlement de Paris, pour les conversions de plusieurs religionnaires et les ouvrages qu'il a composés, lui fait don de la somme de douze cents livres de pension annuelle, pour en être payé, sa vie durant. » Voyez *le Faux satyrique puni*, p. 119, ci-après, 25 août 1700, et les P. de 1696, sur ce livre.

Même mois 29. Une ordonnance de Camille de Neufville défend à tous curés et vicaires du diocèse « de recevoir ni enterrer aucun corps » après le soleil couché. »

Décembre 10. Un arrêt du Grand-Conseil défend au Prévôt de la maréchaussée de connaître des délits commis sur les terres du Chapitre.

Même mois 21. *Gaspar Genevey*, fils de l'échevin, prononce l'oraison doctorale, et reçoit une gratification de 112 livres 10 s.

Même mois 24. *Antoine de Sainte-Colombe* est reçu chanoine comte de Saint-Jean. — Il était fils de Guillaume de Nanton, écuyer, seigneur de Sainte-Colombe, Pizay, etc., et de Diane, fille d'Antoine, seigneur de Vaurion. V. *infra*, juillet 1694.

Même mois, 30. Le duc *de Villeroy*, prend, à Marly, congé du Roi qui l'envoie à Lyon pour régler les affaires de la Maison de ville, à quoi il avait beaucoup travaillé l'année précédente. Dangeau.

Même année. Rétablissement du *Calvaire*, qui avait été détruit par les Calvinistes en 1562. — Détruit pour la seconde fois en 1793, il fut rétabli en 1815. — Cochard, p. 290 de sa *Description de Lyon*, s'est trompé lorsqu'il a dit que l'on voit parmi les figures qui sont auprès de la croix, celle de S. Jean-Baptiste ; cette figure est celle de S. Jean l'Evangéliste.

Même année. On lit p. 111 du Catalogue Falconet ; « Mme *Guyon*, après avoir passé dix années hors de sa patrie, revint en 1687 de Verceil à Paris (1)..... Elle passa quelques jours à Lyon, y vit M. Falconet (André). La conversation roula bientôt sur son système.... Des personnes considérables de la ville se rencontrèrent un jour avec M. Falconet, à la toilette de cette dame, qui mit sur le tapis son système. Notre médecin la combattit ; la dispute s'échauffa ; la vivacité étoit égale ; remplie de son sujet, elle ne s'aperçut pas qu'elle étoit dans un certain désordre ; la fille de chambre voulut le réparer, et lui présenta un mouchoir. Mme Guyon, tout animée, lui dit : *Il est bien question d'un mouchoir.* » Voyez les P. de 1688, *Cantique* et *Moyen court*.

(1) Moréri donne la même date, mais la B. univ. et la B. Didot font arriver Mme Guyon à Paris, le 21 juillet 1686.

Même année. *Nicolas Coustou*, à son retour de Rome, s'arrête à Lyon, où, pendant un séjour de huit mois, « il fit trois figures de » pierre que des curieux lui avoient demandées. » La Contamine, *Eloge de Coustou*, p. 6. Voyez *supra*, année 1676.

Même année. Le P. *des Escures*, provincial *monasterii Pinaroliensis*, cède aux Jésuites de Lyon un manuscrit latin contenant trois traités *contra immaculatam conceptionem beatae Virginis*. Suivant Delandine, qui a décrit ce Ms. (n. 210 de son Catal.), le 5e de ces traités, qui a pour auteur le Dominicain *Johannes de Dominis* (1), est le plus fougueux des trois. V. *supra*, ann. 1141 et 1654.

Même année. Parmi les détenus à *Pierre-Sise*, se trouvaient alors les protestants dont les noms suivent : Sainte-Croix, les frères Baudan, le s^r^ Castelnau et le s^r^ Esperandieu, d'Uzès, âgé de 80 ans. Voyez la Biogr. Haag, t. X, et ci-après, année 1689, à la fin.

Même année. Mort, à Paris, de *Félix Buhy*, carme et docteur de Sorbonne, né à Lyon, en 1634. Voyez son article dans la *Biogr. lyonn.*, p. 52 ; Bonaventure d'Argonne, t. 3, p. 2 de l'édit. de 1701, et ci-après, P. de 1699, *Hist. des conciles...*

— On trouve dans le *Mercure galant* du mois de mars de cette année, un *Placet au Roi pour M. Roubin*, auquel le domaine royal voulait enlever une île qu'il possédait sur le Rhône. Quatre vers en ont été détachés et attribués par l'abbé *Guillon*, p. 28 de son *Tableau historique de Lyon*, à un sieur *Mognat* (2), propriétaire d'une île au confluent du Rhône et de la Saône ; les voici :

Qu'est-ce pour toi, grand monarque des Gaules,
Qu'un peu de sable et de gravier ?
Que faire de mon île ? il n'y croît que des saules,
Et tu n'aimes que le laurier (3).

Le *Placet au Roi* a été reproduit dans le *Recueil de vers choisis* publié par le P. Bouhours

(1) Ce religieux doit être le *Johannes Dominici*, de Florence, qui a une notice dans la *B. media et inf. lat.* de Fabricius.

(2) Il y avait en effet, au confluent, une île qui portait le nom de *Mognat*, et qui est rappelée dans un *Mémoire* (de l'abbé Guillon) *pour Fr. Billiemaz contre Etienne Gord*, Lyon, 1788, in-8, p. 29. Il y avait aussi à Lyon, un négociant nommé *Moignat* qui a été stigmatisé par *Cacon*. Le poëte suppose que, cédant aux conseils du notaire *Paperasson*, ce brave commerçant, pour sortir d'embarras, et gagner cent mille écus d'un seul coup, est tout disposé à faire banqueroute.

(3) Lorsque le duc *de Nemours*, pendant son séjour à Lyon, en septembre 1843, fit une attaque simulée contre la terrasse de la villa *Coste*, sur le coteau de la Croix-Rousse, M. *Jacob Orsel*, qui se souvenait sans doute des vers de Roubin, dit au prince :

Que viens-tu faire ici, modèle des guerriers,
Il y croît des chardons ; il te faut des lauriers.

en 1693. Le mot spirituel de M. Roubin nous en rappelle un autre du même genre : Le prince de Ligne se trouvait avec Frédéric dans le château de Sans-Souci : « Vous le voyez, » lui dit le Roi, j'ai, dans mes serres, des fi- » guiers, de la vigne, et je ne puis avoir à » Sans-Souci ni figues ni raisins. » — Sire, lui répondit le spirituel courtisan, *il n'y croît que des lauriers* (1). Voici encore un mot qui vient se placer naturellement ici : Le maréchal de Saxe revenait à Paris, après une glorieuse campagne ; sa voiture s'arrête à la barrière ; le commis chargé de la visiter reconnaît le héros qu'elle renferme : « Passez, monseigneur, lui dit-il, « les *lauriers* ne payent rien ici (2). »

Abrégé historique des principes héraldiques, ou Véritable art du blason, par le P. C. F. Menestrier. Lyon, *Thomas Amaulry*, 1687, in-12. V. les P. de 1688, *Méthode....*

Actions de grâces pour la guérison du Roy, par M. *de Visé*. Lyon, *Th. Amaulry*, 1687, in-12. V. ci-dessus, 27 janv. 1687.

Almanach journalier pour l'an de grâce 1687, supputé et calculé par *Blaise*, lyonnais. Lyon, *Deville*, in-16 de 80 pp. B. Coste. V. les P. de 1688.

Art (l') de laver, ou Nouvelle méthode de peindre sur le papier, par *Gautier*. Lyon, *Th. Amaulry*, 1687, in-12.

Bernardi (S.) Opera omnia. Lugd., Soc. Bibliopole, 1687, 6 vol. in-fol. — « S. Bernard, dit le marquis d'Argens (*Lettr. juives*, I, 166), n'a laissé que des écrits plus propres à l'usage des dévots mystiques qu'à celui des savants et des philosophes. On trouve, ajoute-t-il, dans quelques-uns, des expressions qui offrent à l'esprit des idées si sales que toutes les licences de Pétrone paraissent couvertes d'un voile honnête. » A coup sûr le marquis d'Argens n'avait pas lu une page de S. Bernard quand il a proféré un pareil blasphème. L'illustre fondateur de quatre abbayes fut l'homme le plus grave et le plus éloquent de son siècle; ses Lettres contiennent des faits historiques que l'on chercherait vainement ailleurs (3) ; elles ont été traduites par Alexandre Le Roy, en 1702, par Villefore en 1714, et par l'abbé Jean-Marie Peyronnet (4), en 1838. M. l'abbé Gaume, qui veut, comme Luther l'avait voulu, substituer dans les écoles, les poètes ecclésiastiques aux poètes payens, a publié, en 1855, un choix des Lettres de S. Bernard, *ad usum studiosæ juventutis* ; il a, dans sa préface, renouvelé toutes les calomnies que les ennemis de Cicéron ont débitées contre lui. Sa diatribe n'a pas été approuvée par les amis des bonnes lettres, indignés qu'ils étaient d'un anathème qui frappait non-seulement le prince de l'éloquence, mais encore tous les humanistes du siècle de Léon X.

Le Bon usage du Caffé et du Chocolat pour la préservation et pour la guérison des maladies, par Mr *de Blegny*. Lyon, *Th. Amaulry*, 1687, in-12, fig. — L'approbation de M. *Falconet*, doyen du collége de médecine et ancien échevin, est datée du 18 juin 1686. Voyez les P. de 1684 et celles de 1692.

Les Entretiens de Théodore et d'Isménie sur un ancien et fameux différend (la prééminence de l'homme et de la femme), par *J.-B. de Crues*. Paris, R. Pepie, 1687, in-12. — L'approbation de l'abbé *Cohade*, custode de Sainte-Croix, est du 22 sept. 1686, et le privilége, du 14 oct. suivant. Il y a des exemplaires avec un titre raffraîchi portant seconde édition, et daté de 1689. Le nom de l'auteur y est remplacé par ses initiales.

Epîtres morales et académiques de Mr *de Sabatier*, de l'académie roïale d'Arles (1). A Lyon, chez *Robert Richard*, et à Arles, chez *Franç. Gaudion*, 1687, in-12. — La 6e épître est adressée à l'abbé de *Saint-Andiol* (2) ; en voici le début :

Je cède, Saint-Andiol, à la muse latine.
Quand je lis tes beaux vers, quand je les examine,
Je voudrois au latin accorder le laurier,
Si j'osois m'éloigner du docte Charpentier (3).
Lorsque du grand-visir tu décris la défaite,
Ou d'un vers innocent les vertus de Mimète,
Lorsque la piété consacrant tes écrits,
Tu nous donnes en vers le dévôt A-Kempis,
Je trouve ton latin aussi pur, aussi juste
Que celui qu'on parloit dans le siècle d'Auguste.

La 18e Epître est à l'adresse du P. *d'Augières*, alors supérieur du séminaire, établi à Toulon, pour l'instruction des aumôniers de l'armée navale. Le volume se termine par une Epître à *Boileau*, qui, je crois, n'a pas été connue de ses commentateurs. V. Goujet, XVIII, 465.

Essais de morale et de politique. Lyon, *Th. Amaulry*, 1687, 2 vol. in-12. — Le privilége

(1) *Improvisateur français*, t. 12, p. 75.

(2) *Journal des Débats* du 15 déc. 1846. Voyez les *Origines des familles cons.*, par V. de Valous, p. 61 ; la *Biogr. lyonn.*, p. 192, et ci-après, octobre 1690.

(3) S. Bernard a séjourné plusieurs fois à Lyon, soit en allant, soit en revenant d'Italie. V. ci-dessus, année 1141, et les P. de 1679.

(4) Cet érudit et pieux ecclésiastique est mort chapelain de N. D. de Fourvières, le 9 mars 1862, à l'âge de 74 ans; il a laissé, entre autres ouvrages inédits, une traduction des Lettres de S. Jérôme.

(1) Voilà encore une ville qui a eu une académie avant celle de Lyon.

(2) *Gaspard Varadier*, qui, suivant Lamonnoye, faisait « assez facilement de méchants vers latins. » *Œuvr.*, t. 2, p. 215.

(3) Auteur de *L'Excellence de la langue françoise*, Paris, 1683, in-12.

est daté du 30 août 1685, et l'approbation de l'abbé Cohade, du 12 août 1687. — L'Avis de l'éditeur ne contient rien qui puisse faire connaître le nom de l'auteur ; mais tout porte à croire que ces *Essais* ont été composés par l'abbé *Jacques-Joseph Duguet*, né à Montbrison, le 9 déc. 1649; ce qu'il y dit *de l'autorité du Prince*, se retrouve développé dans *l'Institution du Prince* qui ne parut qu'après sa mort (1739, in-4). Il est à remarquer que presque tous les ouvrages de ce fécond écrivain ne portent point son nom. Il fut un des ecclésiastiques qui se signalèrent par leur opposition à la bulle *Unigenitus* (1). Il publia sur ce sujet une lettre adressée à l'évêque de Montpellier, et, comme plusieurs phrases commençaient par ces mots : *Il est inoui*, un anonyme y fit une réponse qu'il intitula *Les inouis de M. Duguet*. Un de ses livres le plus rare et le plus recherché est celui qu'il écrivit pour Madame *Daguesseau*, *Conduite d'une dame chrétienne*, Paris, 1725, in-12; il s'y est souvent rencontré avec saint François de Sales et avec Abbadie, qui avaient dit avant lui : « La communion ne se commande pas. » J. des Sav., mars 1725. Voyez sur les relations de l'abbé Duguet avec une fille à extases, Saint-Simon, t. 2, p. 161.

Les Fables d'Esope phrygien, traduites et moralisées par *Jean Baudoin*, augmentées de plusieurs autres fables avec les figures. Lyon, *Claude Carteron*, 1687, in-12. — Contient 138 fables précédées de la Vie d'Esope tirée du grec de Planudes. Cette traduction a été longtemps populaire, et il en existe un assez grand nombre d'éditions. La première est de Paris, 1633; la seconde de 1638; celle de Rouen, 1676, in-8, a le nom du graveur *Marie Briot*, sur la 12e figure, *l'Aigle et le Renard*; elle est dédiée par Baudoin à Mr de *Saint-Symon*, premier gentilhomme de la Chambre du Roy et son premier escuyer. L'édition de Paris 1683, 2 volumes in-12, ne contient que 117 fables, tandis que celle de Rouen en a 118; mais on y a joint avec une pagination particulière les fables de *Philelphe*, également traduites par Baudoin. Il existe une autre traduction d'Esope par un anonyme avec les quatrains de Benserade et des figures dans le texte, laquelle n'a pas eu moins de succès que celle de Baudoin ; elle contient 225 fables, et l'on recherche encore l'édition de Rouen, 1765, in-12, à cause de la figure *scatorique*, qui est à la p. lv de la Vie d'Esope.

D. Hieronymi stridonensis Epistolae selectae. Lugduni, apud *Ant. Beaujollin*, 1687, in-12. — Une version de ce recueil a été faite par J. Petit, avocat en Parlement, Paris, 1675, in-8, et réimprimée à Lyon en 1700, même format. —J'ai reproduit parmi les Publications de 1594, une traduction du Testament de *Marcus Grunnius Corocotta Porcellus*, que les enfants, au rapport de S. Jérôme, chantaient dans les écoles, laquelle avait déjà été insérée dans le *Choix de Testaments* publié par M. Peignot en 1829. Ce n'a pas été sans étonnement que j'ai retrouvé, sauf deux ou trois petites variantes, ma traduction dans une *Histoire de S. Jérôme* imprimée à Lyon en 1844 (1). J'ai aussi publié, à la suite de ma traduction du *Plaidoyer de Sulpicius contre Muréna*, la lettre dans laquelle l'illustre saint raconte que, pendant son sommeil, il a été fouetté par des anges pour avoir imité (2) le style de Cicéron (3). On sait que S. Jérôme se fit arracher deux dents, afin de mieux prononcer l'hébreu; j'ai ouï dire qu'un abbé, dont j'ai oublié le nom, s'en était fait extraire quatre, afin de ne plus avoir une voix rauque.

Lettre de M. Mignot de Bussy (4) sur la préférence que doit avoir la langue françoise sur la latine. Villefranche, 1687, in-12.

Lettres sur l'usage d'exposer des devises dans les églises pour les décorations funèbres (par le P. *C. F. Menestrier*). Paris, R. Pepie, 1687, in-12, Catal. Coste. V. les P. de 1664, *Sentiments....*

Lettres patentes portant règlement pour la juridiction des procez et différends concernant les manufactures attribués aux maires et échevins des villes. Lyon, 1687, in-4.

Lettres (les plus belles) des meilleurs auteurs français avec des notes, par *Pierre Richelet*. Lyon, 1687, in-12. — Ce recueil a eu un grand nombre d'éditions, l'une des meilleures est celle d'Amsterdam, 1721, 2 vol. in-12, donnée par Bruzen de la Martinière. — *Guy Allard* a consacré à *Richelet* un article dans lequel on lit : «.... Il pouvoit se passer d'y faire les peintures des Dauphinois de la manière qu'il l'a fait ; il ne falloit pas que des ressentiments particuliers qu'il avait sans doute contre quelques personnes de cette province, le portassent à blâmer toute une nation, et que, contre l'opinion même de toute la France, il ait publié que les Dauphinois manquent de ce qui fait le caractère de l'honnête homme... Je puis assurer, pour l'avoir ouï dire à bien des gens désintéressés que cet endroit de son ouvrage lui faisoit tort, et qu'on le regardoit comme du plomb ou du fer parmi de l'or

(1) *Non uni gemitus*, disait un janséniste.

(1) En 1850, il a été publié une édition de l'*Octavius* de Minucius, à l'usage de la jeunesse ; on y a reproduit, sans me nommer, quelques-unes de mes notes extraites de mon commentaire.

(2) « Pour l'avoir mal imité, » a dit l'abbé Cartaud.

(3) Il est étonnant que M. l'abbé Gaume n'ait rien dit de ce songe dans la Préface de son Choix des Lettres de S. Bernard dont j'ai parlé plus haut.

(4) Probablement le père de l'abbé Mignot de Bussy, de l'académie de Lyon, mort le 17 mars 1773. *Biogr. lyonn.* V. les P. de 1695, *Recueil....*

et des pierres précieuses.... » *Dict. du Dauphiné*, col. 484. Voyez ci-dessus, les P. de 1681, *Dictionnaire*....

Mémoires de M. le C. de R. (le comte *de Rochefort* (par *Sandras de Courtilz*). Cologne, *Pierre Marteau*, 1687, in-12. — L'édition d'Amsterdam, 1742, est augmentée d'une table des matières. — Le héros de ces Mémoires, le soi-disant comte *de Rochefort*, ayant perdu contre sa belle-mère, un procès dont les dépens furent taxés à deux mille livres, se rendit à Lyon, où il avait une pension sur la banque de cette ville; mais n'ayant pu trouver des fonds suffisants pour se libérer, il fut appréhendé au corps, et incarcéré dans le château de *Pierre-encise*, où se trouvait alors, parmi d'autres prisonniers le marquis *de Fresne* (1). Après trois ans de captivité, Rochefort fut prévenu par l'archevêque de Lyon, qu'il pouvait sortir, mais que le Roi lui donnait la ville pour prison. « Je fus, dit-il, le remercier, comme si la grâce me fût venue de lui..... J'avois été nourri aux dépens du Roi tant que j'avois demeuré à Pierre-encise; ainsi s'étant amassé une petite somme des arrérages de ma rente, j'eus le moyen de payer ma belle-mère, et je me vis encore quelque argent devant moi.... Mr l'archevêque m'ayant emmené à la chasse avec lui à sa maison de *Vimy*, qu'il fait appeler *Neufville*, nonobstant qu'il m'eût dit que je ne pouvois sortir de Lyon, il fallut jouer au retour, et ma complaisance me coûta tout ce que j'avois.... Huit ou dix jours après, *Monseigneur* m'envoya dire que la Cour me permettoit de m'en aller où je voudrois. Cela me fut inutile; étant obligé d'attendre un nouveau secours, tellement que, demeurant toujours dans mon auberge, qui étoit les *Trois-Rois*, je passai mon temps le plus agréablement que je pus..... Pendant que j'y étois, Mr de *Saint-Silvestre*, officier de réputation dans nos troupes, y vint loger... Il venoit de Comté où étoit son régiment.... Ayant trouvé sur son chemin un gentilhomme de la ville nommé *Servière*, le parent de celui qui a un si beau cabinet (2), ce gentilhomme le vint prier à souper, et Saint-Silvestre lui demanda s'il trouveroit bon que je fusse de la partie; il étoit trop honnête pour ne pas m'en faire la civilité, et y étant allé librement, il nous demanda à jouer deux ou trois tours de *tric-trac*, après nous avoir fait faire bonne chère. Comme je savois assez bien ce jeu-là, je le pris au mot, et nous ne jouâmes qu'un demi-louis au tour. La fortune fut tellement égale entre nous, que nous jouâmes plus de quatre heures entières, sans pouvoir avoir un tour l'un sur l'autre.... Nous continuâmes à jouer jusqu'au lendemain matin; cependant la fortune s'étoit tellement déclarée en ma faveur, qu'à huit heures du matin, je gagnois cent pistolles. Comme le cornet nous tomboit des mains,.... nous quittâmes le jeu, à condition de le reprendre dès que nous aurions dîné. Nous nous couchâmes dans un bon lit, et ayant dormi quatre ou cinq heures, nous mangeâmes la soupe. Il fallut après cela s'acharner l'un contre l'autre, et la fortune continuant de me favoriser, je lui gagnai jusques à cinq cents pistolles;.... mais étant venu tout-à-coup un revers de fortune, j'en perdis deux autres aussi vite, tellement qu'étant tant à tant, nous remîmes encore en trois. Ils furent plus disputés que n'avoient été les autres; mais y ayant succombé à la fin, je n'eus que deux cents pistolles de reste..... Cela me consola de la perte que j'avois faite avec Mgr. l'archevêque, et ayant alors de l'argent pour aller à Paris, je fus prendre congé de lui.... » — Le comte de Rochefort continue le récit de ses aventures; il assiste à la bataille où *Turenne* fut tué (le 27 juillet 1695), et finit environ deux ans après par se retirer du service militaire, pour entrer dans une maison religieuse; il avait alors soixante et dix ans.

(1) Serait-ce lui que Madame de Sévigné alla visiter pendant son séjour à Lyon, en 1672, vers la fin de juillet? V. ci-dessus, à cette date.

(2) Voyez le *Recueil d'ouvrages curieux* de mathématique et de mécanique du Cabinet de M. *Grollier de Servière*.... Lyon, 1719, in-4.

Morini (*Johannis*) *Commentarius historicus de disciplina poenitentiae*, etc., Bruxellis, 1687, in-fol. — Le P. Morin, savant oratorien, né à Blois, en 1591, fut un des disciples le plus distingué de M. de Bérulle, qui le donna à *Charles Miron*, évêque d'Angers, et lorsque ce prélat eut été fait archevêque de Lyon, en 1627, le P. Morin l'y suivit et ne le quitta point tant qu'il vécut. NICERON, IX, 13. V. *supra*, 6 août 1628, date de la mort de Charles Miron.

Panégyrique de Louis-le-Grand, prononcé dans l'Hôtel-de-Ville de Lyon, le jour de la Saint-Thomas 1686, par M. *P. L. L. de Vallemont*, prêtre et docteur en théologie. Lyon, *Ant. Julliéron*, 1687, in-4.

Réglements et Ordonnances faites par Monseigneur l'archevêque de Lyon.... Lyon, *Ant. Julliéron*, 1687, in-8. — J'ai déjà eu plusieurs fois l'occasion de citer des passages de ce recueil; j'en extrairai encore ceux-ci: « Défenses sont faites à tous curés, recteurs, vicaires, supérieurs des communautés séculières et régulières de faire ni laisser jouer aucuns violons dans les églises, chœurs, tribunes, sacristies, ou autres lieux; — à tous ecclésiastiques séculiers ou réguliers de faire aucune harangue funèbre si ce n'est qu'il leur ait été permis par Nous ou par notre vicaire-général. » V. *supra*, 31 déc. 1675.

Les Satires de Juvénal et de Perse, de la traduction de Mr *de Martignac*, avec des remarques. Lyon, *Antoine* et *Horace Molin*, 1687, in-12. — Parmi les pièces liminaires se trouve un privilége donné le 16 nov. 1685, par le *vice-légat d'Avignon*, aux sieurs *Molin* père et fils, pour l'impression de plusieurs traductions de poètes latins. Il est à croire qu'en demandant ce privilége, les éditeurs voulurent que ces traductions pussent être vendues dans le Comtat-Venaissin. — Une traduction des deux satiriques latins, par l'abbé *de la Valterie*, avait déjà été publiée à Lyon, en 1682. J'aurai encore à enregistrer celle de *ilvecane*, en 1690 et 1695.

Statuts en forme de réglements de la chapelle des marchands, banquiers, commissionnaires, merciers, grossiers et jouaillers de Lyon, establie en l'église de *St-Nizier*, le 9 mars 1687, in-4 de 12 pp. C. Coste.

Vie de saint Augustin, évêque d'Hippone, par M. *Godeau*, évêque de Grasse. A Lyon, chez *Claude Rey*, rue Mercière, à la *Couronne d'épines*, 1687, in-8. — On y a joint le Panégyrique du même saint, prononcé par M. Godeau, à Paris. — Le privilége du Roi est de 1624.

Vie de Mr Jean-Jacques Olier, prêtre, curé du faubourg de Saint-Germain, à Paris (rédigée par le P. *Giry*, minime, sur les mémoires fournis par l'abbé *Leschassier*). 1687, s. n. de l. — Né à Paris en 1608, l'abbé Olier acheva ses études chez les Jésuites de Lyon. Quelques mois après s'être démis de sa cure du faubourg de Saint-Germain, il se trouva à Lyon lorsqu'on y faisait les exercices d'un jubilé, et il y participa dans l'église des Feuillants. Il eut quelque part à l'établissement du séminaire de Saint-Irénée, fondé par Camille de Neufville, et mourut à Paris, le 12 avril 1657. V. ci-dessus, 1659, p. 115.

Virgile, de la traduction de Mr *de Martignac*, avec des remarques. Lyon, *Antoine* et *Horace Molin*. 1687, in-12. — La traduction de Virgile qui a eu le plus de succès est sans contredit celle de l'abbé Desfontaines ; elle a été réimprimée à Lyon en 1801 et en 1812. La plus belle édition est celle de *Quillau*, Paris, 1743, 4 vol. in-8 ; elle a un frontispice gravé représentant le Temple de la Gloire d'où il sort un Génie qui semble offrir un laurier au traducteur; les neuf muses accourent et se présentent; au bas de la figure, on lit ce vers d'*Horace* (lisez de *Virgile*) : *Pandite, nunc Helicona, Deae cantusque movete ;* on a travesti ce vers en celui-ci : « Pucelles, ouvrez-vous, l'auteur est converti. » Voyez le *Journal* de Barbier, août 1743 ; les P. de 1669, et celles de 1688.

Wagenselli (*Joan. Christ.*) *Exercitationes sex varii argumenti*. Alstorfi Noricor. 1687, in-4. — On trouve dans ce volume un Dialogue entre l'auteur et un de ses amis sur la fameuse devise *Nec pluribus impar*, faite pour Louis XIV par Louis Douvrier. Le livre du P. Menestrier, *La devise du Roy justifiée* (V. les P. de 1679), donna lieu à ce Dialogue. Wagenseli y fait une censure très-aigre de la devise, « dont les paroles, dit-il, n'ont pas l'avantage » que l'on souhaite qu'elles aient, d'avoir été » empruntées d'un ancien auteur, et surtout » d'un ancien poète. » *Journal des sav.* du 21 juin 1688. V. les P. de 1689, *La Religion...*

P. . J'ai eu, à diverses reprises, l'occasion de parler de l'*Imitation de J.-C.* (1); j'y reviens encore, et sans doute ce ne sera pas la dernière fois. Tout récemment, M. Desbarreaux-Bernard, à qui l'on doit *Quelques recherches sur les débuts de l'imprimerie à Toulouse*, a publié dans les *Mémoires de la société archéologique du Midi de la France*, un article intitulé *La Chasse aux Incunables*; il nous apprend que l'on connaît maintenant cinq exemplaires de la traduction française de l'Imitation imprimée à *Tholose* en 1488 ; mais son principal but, en composant ce curieux article, est d'établir que les marques du papier que l'on trouve dans les Incunables sans date, telle que la *roue dentée*, ne suffisent pas, comme l'avait dit M. Guzzera, pour les attribuer à la presse lyonnaise, car on retrouve cette marque dans les éditions de livres du 15e s. publiés à Toulouse et même à Parme. M. Desbarreaux, qui possède un exemplaire du *Fortalicium fidei*, qui figure sous le n. 29 de ma *Bibliogr. lyonn. du 15e s.*, crut reconnaître dans le monogramme de l'imprimeur J. G., le nom du typographe *Jean Grand Johan*, qui exerçait à Toulouse à la fin du 15e et au commencement du 16e siècle. « Toutefois, dit-il, avant de risquer notre petite découverte, nous jugeâmes prudent de consulter les *Marques typographiques* de MM. Sylvestre et Jannet; nous fîmes bien, car le monogramme que nous donnions à Jean Grand Johan, de Toulouse, ces messieurs l'attribuent à *Guillaume Balsarin*, de Lyon.... Ce qui nous console un peu c'est que l'erreur où nous allions tomber, ajoute M. Desbarreaux-Bernard, aura servi à restituer à leur véritable imprimeur les cinq ou six Incunables renfermant le malencontreux monogramme qui nous a trompé. Ce qui nous console tout-à-fait, c'est de voir M. Péricaud se fourvoyer ainsi que nous, car il a vu dans les lettres J. G. du monogramme, tantôt le nom de *Jean Gascon*, tantôt celui de *Jean Genevey*, là où nous avions trouvé celui de *Jean Grand Johan....* »

Tout en applaudissant aux savantes et curieuses observations de M. Desbarreaux-Bernard, et en attendant que j'y revienne dans un travail plus étendu, je ne puis m'empêcher de redire avec un célèbre bibliographe, le très-regretté Beuchot : « Il est impossible de faire un ouvrage bibliographique qui soit sans fau-

(1) Voyez ci-dessus, les P. de 1677, 1608, 1609, 1676, 1678, 1686. V. aussi ma *Bibliogr. lyonn. du 15e s.*, n. 51 et 264.

te ; malgré la plus sévère attention, il en échappe toujours. On ne connaît pas assez les difficultés que présentent l'histoire littéraire et la bibliographie à ceux qui les cultivent. Les travaux de ce genre sont pénibles, minutieux, sans éclat, sans gloire, sans profit aujourd'hui. Ils sont cependant utiles, et l'on doit tenir compte à leurs auteurs des veilles nombreuses et des recherches immenses que leur coûtent souvent ces ouvrages (1). »

— Avant de clore cet article, je signalerai à M. Desbarreaux-Bernard, ou à tout autre incunabulophile aussi zélé et aussi patient que lui, un typographe à dépister. De quelle presse est sorti le *Viatorium utriusque juris* (2) décrit par Hain sous le n. 2793 de son *Repertorium* ? L'auteur, *Johannes Berberius*, qui était d'Yssingeaux, nous apprend dans son livre qu'il fit un voyage dans le Midi de la France ; or, il serait très-possible qu'avant ou après cette excursion, il se soit arrêté à Lyon pour y faire imprimer son œuvre. Peut-être est-il allé à Toulouse et cette ville aurait-elle eu l'honneur de l'avoir eu dans ses écoles. Quoi qu'il en soit, le *Viatorium* n'a échappé ni à Gessner, ni à Denis, ni à Panzer.

1688.

Prévôt des marchands : *Laurent Pianello de la Valette.*

Echevins : *Gabriel Valous*, — *Blaise Claret* (3), — *Louis Athiaud de Monchanin* (4), conseiller au parlement de Dombes, — *Jean-Louis de Pasturel*, ancien porte-manteau du Roi, et agent de S. A. R. de Savoye.

Janvier 24. *Pierre Perricaud* (5), bourgeois et marchand de Lyon, écrit, de Poulle en Beaujolais, à *Pierre Perrichon*, notaire et secrétaire de la ville :

« Monsieur, je ne doute pas que l'on vous ait offert, de ma part, un quartier d'un petit sanglier, que j'avois envoyé à Lyon, et quand je vous diray que je me suis trouvé à la mort de quatre petits et gros, vous direz asseurément que je suis en un pays bien sauvage. Je ne sçay si vous avez sçu que j'en envoyai un fort gros à monsieur l'Intendant, qui l'a reçu de très-bonne part, ainsy que l'on m'a dict, et que, depuis, en secret, j'en envoyay la hure et l'espaule de celuy dont vous avez eu un quartier, au sieur *Danvers*. Le reste a été partagé entre quatre ou cinq personnes de ma famille; du moins, j'en avois ainsy baillé l'ordre; mais comme, de toute cette chasse, nous n'en avions pas tasté, les habitants de cette terre n'en ont pas voulu demeurer là, et la chasse a été si heureuse qu'il s'y est tué deux petits sangliers et un chevreuil, et c'est ce qui m'a fait prendre la pensée de présenter un petit sanglier ou marcassin, avec le chevreuil à M. le duc *de Villeroy*, que l'on m'a dict estre à Lyon depuis quelques jours ; mais, comme je n'ay là aucun aise, monsieur de *la Chaise* n'y estant plus (1), et que je ne sçay pas mesme si la chose sera bien receue, je me suis advisé de vous demander vostre advis, sur l'asseurance que j'ay que vous ne me desnierez pas vostre secours en cette occasion, d'aultant plus qu'estant aussy souvent que vous estes en cette maison, vous jugerez bien qu'en présentant ces deux animaux au nepveu, si l'oncle n'en sera pas fasché. Je vous diray ingénuement que je serois bien plus aise que ce fût à Monsieur le duc, attendu que peut-estre ce présent me donnera plus de liberté à luy demander une grâce au subject de ce retranchement que l'on me veut faire à la Maison de ville, et dont j'ay eu l'honneur de vous entretenir quelquefois, et que l'on a bien faict à mon subject sans cognoissance de cause. Quoy qu'il en soit, mon cher Monsieur, j'envoye ces deux animaux à Lyon, et, sans vostre secours, je n'ose les faire présenter par mes gens; c'est pourquoy je vous prie instamment vouloir vous donner cette peine d'en dire un mot à Monseigneur le duc ; il y aura un de mes garçons qui fera conduire les deux bestes lorsque vous trouverez à propos; le plustost sera pour le mieux, et vous direz, s'il vous plaist, et si vous le trouvez à propos, que m'estant trouvé sur les lieux, et dans un pays fort sauvage, pour y exécuter la commission que j'ay et que vous sçavez, j'ay, à la faveur de la quantité de neige qu'il y a en ces montaignes, profité de la bonne volonté des ha-

(1) V. le Catal. des Mss. de la B. de Lyon, III, 547.

(2) M. de Lagrevol, conseiller à la Cour de Lyon, possède un exemplaire de ce livre rare.

(3) Guy Patin écrivait, de Paris, à André Falconet, médecin à Lyon, le 19 octobre 1660 : «.... J'ai icy traité un épicier de Lyon, nommé M. *Claret*, oncle du jeune *Tisseur* ; j'en ai donné la pratique à M. Emmerez, qui l'a saigné, et dont il se loue très-fort. Ledit Claret n'a guère été malade ; il m'a dit que M. *Garnier* est son médecin et son allié, à cause de feu M. *de Lamonière*, duquel il est gendre.... »

(4) Le 20 déc. 1689, cet échevin et M. Pasturel requirent, du Consulat, un certificat d'échevinage, afin de pouvoir jouir du privilége de noblesse. V. de Valous, *Fam. cons.*, p. 15 et 66.

(5) Pierre Perricaud était fils de Jean, 1er du nom, qui eut de son mariage avec Jeanne-Marie Desgranges, Jean, 2e du nom, né en 1703, mort le 15 avril 1762, laissant de son mariage avec Anne du Pasquier, quatre enfants, Claude, mort victime de la Terreur, le 12 nov. 1793 ; Antoine-Pierre, ancien notaire, décédé le 4 déc. 1824 ; Susanne, épouse d'Antoine-Joseph Brechot, morte le 11 juin 1831 ; et Marie, veuve de Claude Verchère, décédée à Valence, en Espagne, le 9 juin 1826. V. ci-dessus, fin 1685, et ci-après, fin 1696.

(1) Il était écuyer de Camille de Neufville, et sénéchal de Lyon ; plus tard, il fut nommé capitaine des gardes de la porte du Roi, à Paris. Voyez Saint-Simon, XIII, 64, édit. d'Hachette.

bitants, et nostre chasse a esté assez heureuse pour y avoir arresté ces deux bestes que j'ay cru de mon devoir luy estre présentées. Enfin, mon cher Monsieur, vous, bien mieux que moy, luy sçaurez dire ce qu'il faut sur cela; je vous dis seulement avec ingénuité ma pensée; je ne sçay si elle se rencontrera avec la vostre. Si cela est, je vous prie de m'y ayder; me promettant qu'il vous sera aisé de le faire par les habitudes fréquentes que vous avez auprès dudit seigneur. Je me serois bien adressé pour cela à M. *Dumay* (1), que j'ay l'honneur de cognoistre; mais vous, bien mieux que luy me sçaurez rendre ce bon office, puisque vous l'avez déjà faict en d'autres rencontres, lesquels seront toujours présentes à ma mémoire. — Je pense, mon cher Monsieur, qu'il seroit à propos de ne pas parler du gros sanglier que j'ay envoyé à Monsieur l'Intendant, pour ne pas faire de jalousie, quoyque le marcassin destiné pour Monsieur le duc est estimé meilleur et plus délicat qu'un plus gros. — « J'oubliois à vous dire que si vous trouvez à propos d'en dire un mot à M. Dumay, avant d'en parler à Monsieur le duc, vous le ferez, s'il vous plaist; mais je serois toujours bien aise que ce fust vous qui en parlassiez à Monseigneur le duc, à cause que ces messieurs souvent se font honneur des choses, et laissent les autres derrière. — « A mon retour à Lyon, je vous feray voir comme j'exécute les ordres de Monseigneur l'Intendant. En le faisant, je reçois toujours quelque argent des debtes de monsieur de Chandieux, de ce qui luy est deub par les gens de ces montagnes; mais la neige est en si grande quantité en ces païs, qu'il est dangereux de se mettre en campagne; néanmoins je dois aller en quelques endroits pour les debtes de L'Huillier, nonobstant le mauvais temps. Enfin, mon cher Monsieur, si, sur la liberté que je prends, vous voulez bien me faire un petit mot de response pour m'apprendre comme la chose se sera passée, et ce que l'on dira à l'Hostel de Villeroy, je veux dire l'oncle (2) et le neveu, vous m'obligerez sensiblement, comme si vous voulez bien estre persuadé que je seray toute ma vie, Monsieur, vostre très-obéissant serviteur P. PERRICAUD. » — P. S. « De l'un des petits marcassins qui a esté tué, nous l'avons gardé icy pour en taster et pour en faire part à quelques voisins de cette terre. J'ay jugé à propos qu'il en fallait envoyer un quartier à Monsieur *Raval*; le sieur *Goyne*, pour lequel il doibt rapporter un procès, a esté bien aise que je luy en envoye un. » » A. M., communication de M[r] R.

Même mois... Une *Académie de musique*, à l'instar de celle de Paris, avait été établie à Lyon, vers les derniers mois de 1687; la première pièce que l'on y joua fut le *Phaëton* de Quinault, musique de Lulli. « Voici, dit l'un des auteurs des *Anecdotes dramatiques* (tome 2, p. 55); ce que j'ai trouvé à ce sujet dans les Mémoires du temps: « Je vous ai dit qu'on devoit représenter à Lyon l'opéra de *Phaëton*; il y a été joué pendant tout le carnaval de 1688, avec un succès si extraordinaire, qu'on l'est venu voir de quarante lieues à la ronde. Les décorations, les voix, les danses, les habits, tout a répondu à la beauté de la musique, et l'on a beaucoup d'obligation à ceux qui, pour la gloire de leur patrie, ont bien voulu hasarder cette dépense. Cet établissement paroît si solide qu'il n'y a point à douter qu'il ne subsiste toujours; et, comme tout ce qui se fait dans le Royaume surpasse tout ce qu'on peut voir de beau en quelque lieu du monde que ce soit, les Etrangers, qui y entreront du côté de Lyon, seront surpris, et pourront juger par ce magnifique spectacle, de la puissance de la France (1). » Voyez ci-après au 20 juin de cette année, et les P. de 1696, *Poésies*....

Février 11. Mort, à Lyon, de *Claude Basset*, avocat, ancien échevin, secrétaire de l'archevêché sous le Cardinal de Lyon et sous Camille de Neufville. — Il est auteur d'une tragédie, *Irène*, représentée par la troupe de *Molière* en 1655. Le P. *de Bussières* l'a loué, sous le nom d'*Ariste*, dans deux de ses Eglogues; on lit dans la première:

Quà Rhodanus praeceps celeri devolvitur undà,
Exceptumque Ararim tumide fert amne *Viennam;*
Figebat sedes hortorum cultor *Aristus*,
Culturaeque locum selegerat.....

Voyez sa Notice dans le *Conservateur* de mars 1757, et dans la 2e édition de la *Biogr. Michaud* (2).

(1) Capitaine des gardes du duc de Villeroy. Note de M. R.

(2) L'archevêque Camille de Neufville.

(1) On lit dans les *Théâtres lyriques de Paris*, par Castil-Blaze, p. 60: « C'est à l'archevêque de Turin, le cardinal de la Rovère, que l'abbé *Perrin*, fondateur de l'Opéra français, annonce avec détails le succès de sa *Pastorale en musique*, par une lettre en 12 pages, datée du 30 avril 1659. Quelque temps après, un comédien met en scène deux grands ballets, et l'archevêque de Lyon (*Camille de Neufville*), digne successeur du cardinal *de Ferrare*, en accepte la dédicace: « *Ballet des amours de Diane et d'Endymion*, en machines, dansé sur le fameux théâtre de Lyon par la troupe des comédiens de Mgr. le duc *de Villeroy*, dédié à Mgr. l'archevêque, composé par *Scipion Dupille*, comédien de la même troupe; Lyon, 1675. » — *Ballet de la Force des charmes*, etc. » Voyez le Catal. Soleinne, n. 3243.

(2) Un jesuite, le P. *Jean-Claude Basset*, probablement de la même famille, est auteur d'une *Oraison funèbre d'Armand de Montmorin*, archevêque de Vienne, prononcée dans l'église métropolitaine, le 17 novembre 1713, imprimée à Lyon, 1714, in-4. Voyez la *Biogr. du Dauphiné*, I, 92, et ma *Notice sur Claude de Saint-Georges*, archevêque de Lyon, 1864, in-8, p. 7, note 1, et p. 17.

Même mois 28, *mars* 1 et 2. « L'abbé *Revol*, bachelier en théologie de Paris, s'est fait admirer pendant les trois derniers jours du carnaval, dans l'église de la *Propagation de la foy*, par les discours qu'il y a prononcés sur la parallèle de l'hérésie et du libertinage; il n'oublia pas de marquer la prudente conduite que le Roy a tenue dans la conversion des prétendus reformez. » *Mercure galant* de juin.

Mars 16. Le P. *Honoré Fabri*, ancien professeur au Collége de la Trinité, né dans le Bugey en 1607, meurt à Rome. Suivant le P. de Colonia (*Hist. litt.*, II, 758), il aurait enseigné la circulation du sang longtemps avant Harvey; mais chacun sait aujourd'hui que plusieurs écrivains antérieurs à lui en avaient déjà parlé. Le fameux *Servet* paraît en avoir eu une connaissance qui passe tout ce que l'on trouve avant lui (1). On lit dans le *Medicinale bellum* de *Symphorien Champier*, son contemporain : *Cor.... proportionatur Pelago ventis agitato, à quo fluvii derivantur tres magni, quorum unus per totum corpus diffunditur, spiritum deportans, et sanguinem, arteria victa adorti*, etc. Si donc la circulation du sang était connue quand Perrault publia son poème ayant pour titre *Le Siècle de Louis-le-Grand*, il aurait eu tort de dire :

L'homme de mille erreurs autrefois prévenu,
Et malgré son sçavoir à soy-même inconnu,
Ignoroit en repos jusqu'aux routes certaines
Du Méandre vivant qui coule dans ses veines.

Voyez sur le P. Fabry, la *Biogr. lyonn.*, p. 106, et ajoutez aux sources qui y sont indiquées : Baillet, *Jugem. des Sav.*, t. 5, partie 2, p. 251; *Mémoires* de Desmolets, t. 2, partie 2, p. 341; la *Vie de Gassendi*, par le P. Bougerel, p. 237; la *Biogr. de l'Ain*; la *Biogr. musicale* de Fétis, et la *Physiologie du goût*, par *Brillat-Savarin*, p. 185 de l'édition de 1828, où le P. *Fabry* est appelé *Faby* (2).

Avril 29. Le Roi envoie des commissaires dans les provinces. M. *Daguesseau*, conseiller d'état, vient à Lyon en cette qualité. Dangeau.

Mai 26. *Henri de Villars*, archevêque de Vienne, procède, dans sa cathédrale, à la bénédiction de *George-Paul de Maulevrier de Langeron*, nommé abbé de Saint-Antoine et général de l'Ordre, dont il avait été le procureur général à Rome. — Il était frère de Charles de Langeron, comte de Saint-Jean. Un grand nombre d'ecclésiastiques de Lyon assistent à cette cérémonie. *Mercure gal.* de juin, *Gaz. de Fr.*, et Moréri, t. I, p. 175. V. ci-dessus, déc. 1676.

Même mois 28. Le duc *de Villeroy* fait un traité avec *Martin Desjardins*, qui s'engage à exécuter la *statue de Louis XIV* sur les dessins de *Jules Mansart*. — Cette statue ne fut érigée qu'en 1713, le 28 déc. — Le Consulat, en 1705, fit tailler en bas-relief la statue équestre du Roi dans le tympan du fronton circulaire de l'Hôtel-de-Ville, par le sculpteur *Marc Chabry*; ce fut à cette occasion que le P. *Daugières* fit un *Carmen* qui se termine ainsi :

Ecce tenet sceptrum, in Titanas fulmen, et aris
Praesidium. Stabit monstris fatalis imago,
Donec Arar Rhodanusque fluent, et flumina jungent.

L'estimable jésuite était loin de prévoir, quand il composa cette pièce, que la *fatalis imago* serait détruite en septembre 1792, par les Titans en bonnet rouge.

Juin 4. *La Fontaine* écrit à *Vergier* une lettre en prose et en vers, à laquelle celui-ci fait une réponse également mêlée de vers. — Ces lettres ont été insérées dans les OEuvres des deux poètes. — L'auteur anonyme d'une courte notice sur La Fontaine, placée en tête de l'édition de ses Contes, Paris, *Herhan*, 1805, in-18, après avoir dit que, chaque année, il ira visiter la tombe du fabuliste, ajoute : « Ce jour-là, je déchirerai une fable de La » Mothe, un conte de Vergier, ou quelques- » unes des meilleures pages de Grécourt (1). » Le sévère anonyme avait sans doute lu quelque part, que le Vénitien Navagero, le jour de sa naissance, sacrifiait à Catulle un exemplaire de Martial. Quoi qu'il en soit, la lettre du fabuliste à Vergier doit être considérée pour celui-ci comme un brevet d'immortalité; les noms des deux poètes iront ensemble à la postérité. Voyez ci-après 18 août 1720, date de la mort de Vergier.

Même mois. Première représentation, sur le théâtre de Lyon, de *Bellérophon*, tragédie lyrique de Quinault. *Mercure galant*. V. *supra*, *janvier*, et ajoutez à ce que j'ai dit, le passage suivant de *Molière musicien*, par Castil-Blaze, t. 2, p. 16 : « Carpentras est la première ville de France, où l'on ait chanté l'opéra français en 1646. Ce spectacle ne fut produit à Issy qu'en 1657, à Paris qu'en 1671, à Marseille qu'en 1682, à Lyon qu'en 1688. » J'ajouterai qu'en 1646, Carpentras avait pour évêque le cardinal Alexandre Bichy, qui fut nonce apostolique en France, et qui mourut à Rome, en 1657.

(1) Voyez les commentateurs de Longin sur le chapitre 26 du *Traité sublime*; la lettre de Leibnitz à la Croze, du 2 déc. 1706, t. I, p. 177 des *Dissertations* de ce dernier écrivain, et ma Notice sur Pierre Barra, p. 11 de mes *Variétés biographiq. et litt.*, Lyon, 1831, in-8.

(2) Voltaire, dans son *Dict. philosophiq.*, au mot Fièvre, a décrit en belle prose l'étonnant phénomène de la circulation du sang, et Delille, dans le 8e ch. des *Trois règnes de la Nature*, en a donné une peinture admirable.

(1) Comment se fait-il qu'après l'injure faite à la mémoire de Vergier, on ait mis à la fin de l'édition qui la contient, un des meilleurs contes du poète lyonnais, *Promettre est un, et tenir est un autre*.

Juillet.... *Marie de Neufville de Courcelles*, sœur du feu maréchal de Villeroy, meurt à Paris, âgée de près de 80 ans. — Elle laissa deux frères, *François-Paul*, qui fut archevêque de Lyon, et *Ferdinand*, qui fut évêque de Chartres. Cette dame avait fait, en son temps, grand bruit dans le monde par ses galanteries, et en même temps par son esprit. DANGEAU et SAINT-SIMON.

Août 25. *Benoît Archaimbaud*, de l'Oratoire, savant canoniste, meurt à Lyon, où il est né le 11 juillet 1645. Il fit ses humanités au collége de la Trinité, et s'acquit l'affection du P. *Lachaise*, qui en était alors le régent; toutefois ce Père ne put le retenir dans sa Compagnie, et son disciple, à peine âgé de 17 ans, l'abandonna pour entrer à l'Oratoire. Après son année d'institution, il fit sa philosophie au Mans, et sa théologie scholastique à Saumur; il étudia ensuite, pendant trois ans, la théologie positive dans la maison de Saint-Magloire, à Paris, où il fut ordonné prêtre le 26 mai 1668. Il professa d'abord la philosophie à Toulon, puis à Nantes, où il exerça cet emploi durant quatre ans, après lesquels il fut envoyé à Riom, où il enseigna la théologie, en 1674 et en 1676. Il avait embrassé la doctrine de S. Thomas dans toute son étendue, et l'ayant fait soutenir dans des thèses publiques, deux cordeliers, docteurs de Paris, en firent la censure, et les déférèrent au Roi comme entachées de jansénisme. Il était pourtant certain que, dans ces thèses, quatre des cinq fameuses propositions avaient été formellement condamnées; mais on n'écouta que les deux franciscains, et l'infortuné professeur reçut une lettre de cachet, qui le confina dans la Maison de Montmorency, près de Paris, avec défense d'enseigner à l'avenir dans tout le royaume. Cependant le Roi ne tarda pas à être informé de la fausseté de la dénonciation, et le P. Archaimbaud, rendu à la liberté, put se livrer, comme auparavant, à l'enseignement de la théologie. Nommé supérieur de la Maison de l'Oratoire, à Vienne, M. *de Villars*, archevêque de cette ville, obtint qu'après les six années expirées de son supériorat, il continuât à y demeurer. En 1685, il fut employé dans les missions que Louis XIV fit faire dans le diocèse de Montpellier; mais des coliques néphrétiques l'ayant obligé à renoncer à ces pénibles exercices, il se retira dans la Maison de son Ordre à Lyon, et il y fut élu supérieur en 1686. Deux ans après, une maladie encore plus grave que la première l'enleva à sa Congrégation. Pour honorer sa mémoire, ses collègues firent imprimer, l'année suivante, un ouvrage auquel il s'était proposé de donner plus de développement avant de le publier; c'est un *Abregé historique du droit canon*, contenant des remarques sur les décrets de Gratien, avec des dissertations, Lyon, *Jean Certe*, in-12 de 512 pp. non compris les pièces liminaires et la table. Un des chapitres le plus remarquable, est celui où l'auteur traite de la continence que les personnes mariées doivent garder en certain temps, et dans lequel, plus d'un siècle avant *Jean-Jacques*, il insiste sur l'étroite obligation où sont les mères de nourrir leurs enfants de leur propre lait (1); il s'appuie principalement sur l'autorité des Livres saints et sur le sentiment des Pères de l'Eglise; il cite nombre d'enfants illustres qui furent allaités par leurs mères (1); Isaac, Obed, fils de Ruth et aïeul de David, Samson, Samuel, saint Jean-Baptiste, et le Sauveur des hommes. Depuis, et toujours avant l'auteur d'*Emile*, un médecin aussi estimable par sa piété que par son savoir, *Philippe Hequet*, d'Abbeville, a aussi traité ce sujet dans son livre *De l'Indécence aux hommes d'accoucher les femmes*, *et de l'Obligation de celles-ci de nourrir leurs enfants*, Paris, 1708, in-12. Voyez Moréri et le *J. des Sçav.* de 1690, p. 438.

Septembre 11. *Camille de Neufville*, en sa qualité d'abbé d'*Ainay*, fait procéder à une enquête *de commodo et incommodo* pour l'union projetée de la paroisse de *Saint-Michel* à la communauté des *Prêtres catéchistes* nouvellement établis dans le quartier d'Ainay. — Dans cette enquête, les témoins, tous gentilshommes et magistrats qualifiés, déposèrent que la susdite paroisse s'étendait dans tout le territoire qui est entre le Rhône et la Saône, en tirant une ligne droite depuis les *jardins des Célestins* (2) jusqu'au confluent des deux fleuves, ce qui comprenait l'espace alors appelé *Ile du Confluent*, ou *Broteau-Mognat*, joint dans ces temps au confluent de Lyon, et qui se trouve entre le Rhône et la Saône qu'il séparait jusqu'à la pointe de cet espace de terrain du côté du midi, à laquelle se faisait l'union des deux fleuves. BILLIEMAZ, *Mémoire contre Etienne Gord*, Lyon, 1788, in-8. Voyez ci-après, octobre 1690.

Septembre 16. *Camille d'Albon*, marquis de *Saint-Forgeux*, épouse *Julie-Françoise de Crevant*, princesse d'*Yvetot*, nièce du maréchal d'*Humières*. Voyez Ogier, t. 51, p. 443; Tallemant des Réaux, tome 8, p. 250 de l'édit. in-12, et ci-après, année 1698, à la fin.

(1) Voyez le discours de Favorinus dans Aulu-Gelle, XII, 1; le Dict. de Prost de Royer, au mot *Allaitement*; les *Considérations physiologiq. et morales sur l'allaitement*, par M. Théod. Perrin, Lyon, 1847, in-8; et son opuscule *Sur le danger de la suppression du nourrissage maternel*, 1860. Voyez aussi les P. de 1670, *Nova praxis*.....

(1) Les grandes nourrices font les grands hommes, a dit l'abbé Galiani. — Demoustier, s'adressant à une jeune fille, lui dit :

Un jour vous serez mère,
N'abandonnez jamais le fruit de votre hymen
Aux mains d'une femme étrangère.

(2) Voyez ma Notice sur le couvent de ces religieux, et mes Documents pour l'année 1639, p. 278-9.

Octobre.... Madame *de Grignan* était alors chez la comtesse *de Rochebonne*, dans le château de *Thezé*. Voyez la lettre de Sévigné du 20 de ce mois, et ci-dessus, nov. 1675.

Même mois. Le cardinal *de Bouillon* se trouvait alors à Lyon ; son secrétaire, le sieur *Ferret*, avait été arrêté et mis en prison le 30 août précédent. Note sur la lettre de Sévigné du 22 août 1688.

Décembre 21. *Jacques du Tour-Veuillard de Saint-Nizier*, avocat en parlement, prononce l'oraison doctorale, et reçoit du Consulat une gratification de 112 livres dix sols. — Il était fils de Jean-Jacques, conseiller au parlement de Dombes, et lui succéda dans cette charge en 1691. Voyez le *Mémorial* de M. d'Assier, p. 128, les pièces liminaires de la *Vie de C. de Neufville*, par G. Guichenon, et les P. de cette année, *Harangue....*

Même mois 31. Le duc *de Villeroy* est nommé chevalier de l'Ordre du Saint-Esprit.

Même mois.... Le Roi lève, à Lyon, un régiment de dix compagnies.

Même année. Erection de la *Confrérie de la Bonne mort* dans la chapelle de St-Martin de la Chanal, paroisse de Saint-Paul. Cat. Coste, n. 3042.

Même année. Erection de la Compagnie des *Pénitents blancs*, sous le titre de l'Annonciation de la glorieuse Vierge Marie et de S. Charles Borromée, à la prière de *Marguerite de Brissac*, duchesse *de Villeroy*. Voyez les Statuts de cette Compagnie, Lyon, 1756, in-12.

Même année. Les dames de Lyon, à l'exemple des dames de Paris, adoptent la *Sultane*. V. ce mot dans la première édit. du Dict. étymologiq. de Ménage.

Même année. Mort de *Matthieu Galliat*, chevalier, conseiller du Roi et son premier avocat en la sénéchaussée de Lyon. Il avait épousé, en 1682, *Virginie Carron de Cessens*, fille de *Claude*, contrôleur général des finances du duc de Savoye, et de *Madeleine Farjot*, fille de *Jean-Baptiste*, seigneur de *Saint-Hillaire*, capitaine du guet de la ville de Lyon, ancien échevin. V. Cizeron-Rival, *Recréat. litt.*, p. 251, et ci-dessus, fin 1681.

Même année. Mort de *Joseph Rondet*, bourgeois de Lyon, qui demeurait au logis du *Rosier*, paroisse de Saint-Pierre-le-Vieux. — Par son testament fait devant Me Delanoère, notaire, il légua au Grand Hostel-Dieu, 400 livres ; à l'Aumosne générale, 200 livres ; au couvent des Recollets de Belle-Grève, et à celui des Capucins, à chacun 100 livres, à condition de faire célébrer en leurs églises, chacun cent messes basses de l'Office des morts, à son intention. Il institue pour héritier Jacques Rondet, son frère, demeurant avec lui. Parmi les témoins de cet acte, figurent : *Antoine de Sainte-Colombe*, grand sacristain et chantre de l'Eglise de Saint-Jean, *Claude-Antoine de Sainte-Colombe*, chevalier, résidant en son château de Bizay (1) en Beaujolois, *Paul de Saconay*, chevalier, résidant à Lyon, et *Octavien-Johannin de Chantemerle*, écuyer, capitaine au régiment de Cambrésis.

PUBLICATIONS DE 1688.

Almanach pour l'an bissextil 1688, ou Le Grand géographe françois, composé par Maistre *Antoine Richedame*, gentilhomme auvergnac, escuyer du sieur de La Montaigne, mathématicien, ingénieur et grand astrologue, à présent résident en la ville de Turin en Savoye. A Lyon, chez *Marcellin Gautherin*, devant l'Hostel-Dieu. In-8 de 32 pp. non chiffr. V. les P. de 1687 et de 1700.

Ambassades de M. le comte de Guilleragues et de M. Girardin auprès du Grand-Seigneur. Lyon, *Th. Amaulry*, 1688, in-12.

Le Cantique des cantiques de Salomon selon le sens mystique et la vraie représentation des états intérieurs (par Mme *Guyon*), avec cette épigraphe : *Omnis gloria Filiae Regis ab intus.* Ps. 44. Lyon, *Ant. Briasson*, 1688, in-8. — La dédicace au Saint-Enfant Jésus se termine ainsi :

Soyez, ô Sagesse incarnée,
L'âme de tout ce que je fais.
Unique but de mes souhaits,
Etoile de ma destinée,
Objet le plus charmant de ma dévotion,
Je proteste que nul volume
Ne viendra jamais de ma plume
Qu'il ne paroisse au jour sous votre auguste nom.

On lit à la suite du privilége accordé à Briasson : « Achevé d'imprimer pour la première » fois le 15 septembre 1687. » Les approbations données par l'abbé *Cohade*, official de l'archevêque de Lyon, et par l'abbé *Terrasson*, custode de la paroisse de Sainte-Croix, contiennent l'éloge de ce livre, qui a été stigmatisé dans la *Bibliothèque janséniste*, où on lit, p. 460 : « Cette affreuse interprétation du *Cantique des cantiques* est l'ouvrage de la dame Guyon, que les jansénistes regardent comme leur grande prophétesse, et comme l'apôtre destiné par la Providence à la propagation du nouvel Evangile. » V. ci-dessus, fin 1687, et les P. de 1694, *Ordonnance....* — Qu'il me soit permis d'ajouter ici qu'en 1708, un sieur *de la Bonnodière* publia, à Caen, une traduction en vers du *Cantique des cantiques*, qu'il dédia au duc et à la duchesse *de Bourgogne*, parce qu'ils étaient sur la terre, « la copie la plus

(1) Il y avait un autre château de ce nom situé sur la commune de Larajasse (Rhône). Voyez *les Vieux châteaux du Lyonnais*, par M. Vachez, Lyon, 1864, in-8, p. 2 et suiv.

» parfaite de l'union intime du divin époux et » de la divine épouse. » Le *Journal des Savants*, qui en a rendu compte, cite ces vers imités des deux premiers versets :

I. Que, par un saint baiser de sa divine bouche,
Mon bien-aimé réponde à l'amour qui me touche;
Que cet amour est doux ! qu'il est délicieux !
II. Du parfum répandu de votre renommée,
Il n'est jeune beauté qui ne soit parfumée.

L'auteur nous avertit, dans sa préface, que l'abbé Cottin avait déjà mis en vers la Pastorale sacrée, et qu'il y a trouvé des endroits inimitables; mais, comme son ouvrage est proprement une paraphrase, cela ne lui a pas empêché de publier le sien qu'il nous donne comme une traduction fidèle et presque littérale.

Les Caractères de Théophraste, traduits du grec, avec les Caractères ou les Mœurs de ce siècle (par *La Bruyère*). Lyon, *Th. Amaulry*, 1688, in-12. — Première édition lyonnaise faite sur celle qu'*Estienne Michallet* avait publiée à Paris, la même année, ensuite d'un accord fait entre les deux libraires. — On a cru reconnaître une allusion à *Camille de Neufville* dans le passage suivant du chapitre de *la Cour* (t. 1, p. 552 de l'édit. de Jannet) : « L'on remarque dans les cours des hommes avides qui se revêtent de toutes les conditions pour en avoir les avantages : gouvernement, charge, bénéfice, tout leur convient; ils se sont si bien ajustés que, par leur état, ils deviennent capables de toutes les grâces; ils sont amphibies; ils vivent de l'église et de l'épée, et auront secret d'y joindre la robe... »

Les Epistres et toutes les Elégies amoureuses d'Ovide traduites en vers françois (par l'abbé *Barrin*). A Lyon, chez *Jean Goy* (1), rue de la Blancherie, au fleuve du Jourdain, 1688, in-12. V. Barbier, n. 5285, et les P. de 1678-89 et 97.

Glossarium ad Scriptores mediae et infimae græcitatis,..... auctore *Carolo du Fresne*, domino *du Cange*.... Lugduni, apud *Anissonios*, *Joan. Posuel* et *Claud. Rigaud*. 1688, 2 vol. in-fol. — La manière dont ce Glossaire fut imprimé, dit l'abbé de Labouderie (2), est une des anecdotes les plus curieuses des annales de la typographie; la voici telle que la raconte le P. de Colonia, t. 2, p. 615 de son *Histoire littéraire de la ville de Lyon* : Les libraires de Paris, craignant de ne pas trouver un bon débit du Glossaire grec de M. du Cange, refusèrent d'en entreprendre l'impression, et, sur ce refus, il fallut le garder dans son cabinet : « mais, dit du Cange lui-même, dans le temps que je disois avec Terentianus Maurus : *Hoc domi clausum manebit* (1), je trouvai heureusement dans la personne de M. *Jean Anisson*, un Lyonnois rempli de zèle pour le progrès des sciences, lequel, marchant sur les traces de son père, et touché du désir de faire revivre dans Lyon les *Gryphius*, les *de Tournes* et les autres célèbres imprimeurs de cette ville, s'est chargé de joindre aux belles éditions qu'il a déjà données, celle de mon Glossaire grec.... » Il est vrai, ajoute Colonia que les libraires de Paris se justifièrent par un Manifeste de 2 feuillets publié sous ce titre : *Les Imprimeurs et les Libraires de Paris à Messieurs les Gens de lettres*; ils déclarent que, bien loin d'avoir refusé le manuscrit, ils avaient déjà ordonné une fonte de caractères grecs pour faire l'impression; mais la mort de *Bilaine*, qui était l'âme de cette entreprise, étant arrivée vers ce temps-là (2), dérangea leur projet, et le livre leur fut enlevé par M. Anisson, qui se trouva pour lors à Paris. Le Glossaire, continue Colonia, eut, pour principal correcteur, un de nos plus doctes écrivains lyonnais; ce fut Mr *Jacob Spon*, et après qu'il se fut retiré dans les pays étrangers (3), Mr Anisson, qui savoit du grec, m'engagea à finir ce travail, en venant, chaque jour, le partager avec moi.... » — Le *Journal des Savants*, du 15 septembre 1688, ajoute aux détails qu'on vient de lire, que c'est à Bâle que furent fondus les caractères qu'employèrent les Anisson, et qu'il n'en était jamais sorti d'aussi beaux de cette ville. — Ducange mourut bientôt après la publication de son ouvrage; le *Journal des Savants*, du 15 novembre, consacra quelques pages à son éloge; il y consigna cette épigramme faite par Lamonnoye pour être mise au bas du portrait de l'érudit lexicographe :

Ausonios postquam, Graios effusa per agros
Barbaries Romam, pressit utramque diu;
Cangius, hanc vinclis, qui tandem et carcere frenet,
Res mira ! ò Gallis, ecce Camillus adest (4).

Quelques-uns de mes lecteurs pourraient croire que le *Camille* dont il est question dans ce quatrain est l'archevêque de Lyon,

(1) Probablement le fils de *Michel*, imprimeur en 1659. — Abraham Goy, avocat, fils de Charles, marchand, fut échevin en 1752; il eut de son mariage avec Suzanne Trollier, Benoît Goy, de l'Acad. de Lyon. V. les *Fam. cons.*, p. 48, et la *Biogr. lyonn.*

(2) Notice sur le P. de Colonia, en tête de la 2e édition de *La Religion chrétienne* autorisée par le témoignage des auteurs payens, Paris, 1826, in-8, p. xxxiij.

(1) C'est de ce poète qu'est ce vers devenu proverbe : *Pro captu lectoris habent sua fata libelli.*

(2) Le 25 août 1680, huit ans avant la publication du Glossaire. — Bilaine fut le libraire et l'ami de Chapelain. C'était chez lui que se vendait la *Pucelle*. Boileau. *Sat.* IX.

(3) Spon avait fui de Lyon dès qu'il fut instruit de la révocation de l'édit de Nantes. V. ci-dessus, 25 déc. 1685, date de sa mort.

(4) Une allusion non moins heureuse à l'histoire de *Camille* qui délivra Rome, avait déjà été faite par le P. Menestrier dans un sixain latin à la louange de Camille de Neufville, que j'ai cité plus haut, année 1657, p. 97.

qui fut pour les lettrés de son diocèse, et surtout pour les imprimeurs, un véritable Mécène; mais il n'en est rien; voici l'explication que Lamonnoye lui-même nous donne de son *Camillus adest* : «.... Je sais bien que *Laurent Valle*, dans le dessein qu'il avait de rétablir la langue latine opprimée par la barbarie qui régnoit alors dans l'Europe, s'est comparé à *Camille*, qui chassa les Gaulois du Capitole, mais que Camille sorte lui-même des Gaulois, c'est ce qu'on n'avait point dit encore, et qui est pourtant très-véritable en la personne de Ducange, dont je regarde le Glossaire comme de fortes prisons, où tous les mots barbares grecs et latins sont enfermés, afin qu'ils n'aient plus la liberté de se répandre désormais dans les compositions savantes.... » *OEuvres*, t. 2, p. 549 de l'in-4. V. les P. de 1690, *Hist. mulierum*....

Harangue prononcée dans l'Hôtel-de-Ville de Lyon, le jour de S. Thomas, apôtre, de l'année 1688, par M. *du Tour St-Nizier*. Lyon, *Jacques Guerrier*, 1688, in-4. — « Le prince » ne peut être véritablement grand s'il n'est » sincèrement religieux. » Tel est le sujet de cette harangue dans laquelle l'auteur s'évertue à démontrer que Louis XIV étant sincèrement religieux, est véritablement grand. Parmi les compliments obligés qui sont à la fin de ce discours, celui qui est à l'adresse de M. *de Bérulle*, intendant de Lyon, contient quelques particularités sur ce magistrat, dont le nom a, je crois, échappé aux biographes (voyez ci-après juin 1694). L'abbé *André Renaud*, p. 546 de la *Manière de parler la langue française*, a reproduit et a loué le compliment adressé au maréchal *de Villeroy*. Voyez les P. de 1691, *Recueil*, et ci-dessus, 21 déc., note 1.

Histoire d'une dame chrétienne de la Chine... Paris, 1688, in-12. — Ce livre est du P. *Couplet*, jésuite, et c'est à tort qu'il a été attribué au P. *Menestrier*, sous le n. 3452 du Catal. de la B. d'Emeric David (Paris, Techener, 1852). V. la B. Backer, I, 226.

Laurentii de Peyrinis (Adm. R. P. E.), Genuensis, de *Officio subditi regularis*. Lugduni, 1688, in-fol. — Cette édition est citée par l'auteur d'un article, *le Théâtre chez les moines*, inséré dans la *Revue de Paris*, année 1834, t. 2. Les deux passages qui suivent y sont rapportés avec renvoi au chap. II, sect. 1 : « Le moine n'encourera pas l'excommunication s'il quitte son habit pour jouer et pour prendre, au temps des recréations, un costume de comédien (*habitum histrionum*). » — « Le supérieur peut forcer à jouer celui qui s'y refuse (*Potest superior imperare nolenti ludere ut ludat*). » Je n'ai pas trouvé l'édition précitée, mais j'ai eu sous les yeux celle de Venise, 1648, in-fol., et j'ai vainement cherché le premier des deux passages; quant au second, il est, non dans le traité *de Officio subditi regularis*, mais dans celui *de Prelato* (Quaest. II, c. v, § v), et au lieu d'*imperare*, il y a *praecipere*. Il est dit, au même endroit, qu'un religieux ne peut jouer des prières, car ce serait mêler le sacré au profane. Voyez les *Instructions* de feu M. Devie, évêque de Belley, au Clergé de son diocèse.

Histoire des ouvrages des sçavants (par Basnage de Beauval), mai-aoust 1688, pet. in-12. — On lit à la p. 226, dans un article sur les *Dissertations* que l'abbé *Thiers* venait de publier : « Les images, qui sont aujourd'hui les principaux ornements des autels, n'y paraissoient point autrefois, et si l'on voyoit des croix dans les églises, c'étoit dans le milieu seulement, et point sur l'autel; l'abbé Thiers le prouve par des passages anciens, et il insiste à dire que cette coutume ne s'introduisit que depuis le Xe siècle; il rapporte un endroit de Scaliger qui affirme que, de son temps, il n'y en avoit point *à Vienne et à Lyon*, et qu'il n'y avoit que cent ans que l'on en avoit mis à Nostre-Dame de Paris (1). » — Cet article est précédé du compte-rendu d'un livre de Baillet, *Des Enfants devenus célèbres*; on y lit, p. 223 : « *Hermogène*, qui professoit la rhétorique à 15 ans, oublia tout ce qu'il sçavoit à 24; ainsi il fut condamné à faire l'enfant dans sa vieillesse pour avoir voulu contrefaire le vieillard dans son enfance, et comme dit Malherbe : « Ce génie a vécu ce que vivent les » roses — L'espace d'un matin. » Il en est presque, continue Basnage, comme de ces petits animaux dont parle *Montaigne* (2), qui ne vivent qu'un jour, et qui sont dans une vieillesse décrépite à six heures du soir. » — A la p. 436, dans le compte-rendu de l'*Abrégé du Traité des peuples et des villes d'Estienne de Bysance*, on lit : «.... Les Brachmanes se servoient de linges et d'habits composés de *lin incorruptible*. Après le repas, on jetoit la nappe dans un grand feu, qui consumoit les ordures, et la blanchissoit en même temps. On en apporte pour raison que ce lin étant recueilli dans les cailloux et les montaignes des Indes, continuellement exposées aux ardeurs brûlantes du soleil, il étoit pour ainsi dire né au milieu des flammes, et par conséquent endurci contre les atteintes du feu. Bien des gens

(1) Voici le passage qu'on lit dans le *Secunda scaligera* : IMAGE. Il n'y en a jamais eu sur le grand autel à Genève, ny maintenant *à Vienne et à Lion*. Il n'y a que 100 ans qu'il en a à N. Dame de Paris et aux autres paroisses cathédrales de France. *Ante* 80 *annos non erant imagines in magno altari Beatae Mariae, et olim in omnibus dioecesibus Viennensibus, in magno altari cujusque ecclesiae non erat effigies ulla.* » — Chacun sait que l'assertion de *Scaliger*, qui était calviniste, a été victorieusement combattue. Voyez le *Dict.* de Bergier, au mot IMAGE, et ma *Notice sur Leidrade, Agobard et Amolon*, Lyon, 1825, in-8.

(2) L. 1, ch. XIX, p. 35, de l'édit. du Panthéon.

ont pû faire l'expérience de celui qui se prend sur les Pyrénées, et, lequel paroissant tout allumé dans la flamme, ne se consume pourtant point.... » V. le J. des sav., t. 1, p. 205, et t. 6, p. 187.

Lettre de M. l'abbé Tallemant l'aîné, un des quarante de l'Académie françoise, sur le différend qui a existé entre cette Académie et M. *Furetière*. V. le *Mercure galant* de mai 1688, p. 211 et suiv., et l'abbé Goujet, t. 2, p. 437.

Lettre en forme de dissertation de M. de Rhodes (1), escuyer, docteur en médecine,..... à Mgr. *de Bérulle*,.... intendant dans les provinces de Lionnois, Forest et Beaujolois, sur la possibilité d'imiter les eaux minérales naturelles, et d'en composer de semblables en vertus et en qualités, Lyon, *Th. Amaulry*, 1688, in-12. — Parmi ceux qui ont fait usage de ces eaux, cette même année, M. de Rhodes mentionne :

Le R. P. *Perier*, général des Minimes, — M. *de Chastenay*, président au parlement de Dombes, — Mme *du Port*, supérieure de Sainte-Ursule, de Bourg, — M. *de Laurencin*, — la marquise *de Senosan*, — le P. *Henri*, correcteur des Minimes de Lion, — le R. P. *Marchant*, provincial des Célestins, — le P. *Pérouse*, sacristain des Célestins, — Mme *de Brosses*, la Conseillère de Dijon, — M. *de Sève*, lieutenant-général, etc., etc.

En terminant sa lettre, M. de Rhodes se plaint des critiques imméritées que l'on a faite de ses eaux ; son aristarque, lassé de médire en prose, appelle les Muses à son secours ; mais comme les vers qu'il leur fait prononcer, ont été composés, dit-il, pour d'autres que pour *lui*, aïant paru imprimez dans l'*Histoire des ouvrages des sçavans* de Mars 1688, il n'a pas cru devoir répondre à ce trait de parasite. V. les P. de 1691, *Lettre....*

La Méthode du blason, par le P. *C. F. Ménestrier*.... Lyon, *Th. Amaulry*, 1688, in-12. — Première édition de ce livre que l'auteur avait déjà donné sous un autre titre (*Le véritable art du blason*). Les réimpressions faites après sa mort contiennent des additions qui en font un nouvel ouvrage ; celles de 1770 et de 1780, revues et augmentées par *P. C. Lemoine*, sont les plus recherchées. V. les P. de 1687, *Abrégé*, et celles de 1680, *Méthode....*

Moïen court et très-facile de faire l'oraison (par Mme *Guyon*). Lyon, *Ant. Briasson*, 1688, in-16. V. la lettre de Mme Guyon à Mme de Maintenon du 10 octobre 1688, et les P. de 1686.

La Mort d'Ambiorixène vengée par celle de Jules César, assassiné par Brutus (par *D. Nault*, Lyon, 1688, in-12). V. les P. de 1667, *Trophée...*

(1) Jean de Rhodes, né vers 1635, à Lyon, où il est mort le 13 avril 1695. *Biogr. Didot.*

OEuvres diverses du sieur D*** (*Despréaux*), avec le Traité du Sublime..... traduit du grec de Longin. Nouvelle édition reveuë et augmentée de diverses pièces nouvelles. A Amsterdam, chez *Abraham Wolgang*, marchand-libraire, 1688, in-12 de 190 pp. pour les OEuvres diverses, plus 15 ff. de table, et 185 pp. pour le Traité de Longin, suivies de 4 ff. pour la table. — Cette édition, citée par Berriat-Saint-Prix, est très-mal imprimée, et paraît sortir de quelque presse clandestine de Trevoux ou de Lyon. Plusieurs pièces apocryphes y ont été insérées, et de ce nombre une Satire où se trouvent ces mauvais vers fabriqués sans doute par un apothicaire huguenot, qui venait de lire les lettres de Guy Patin récemment publiées (1) :

.... Le Quiquina se vend chez ceux de Saint-Ignace ;
Le frère Ange a souvent trompé la populace ;
Il est si finement instruit de son métier,
Qu'il sait tirer de l'or de la poudre d'assier (*sic*) ;
Le Frère Valérin a d'une quintescence
Qui guérit de tous maux, même de l'impuissance ;
Il en sait cent fois plus que Brayer et Valot (*sic*),
Et le plus habile homme après luy n'est qu'un sot.....

A la suite de cette Satire, se trouve sous le nom du sieur D***, celle du P. *Sanlecque* commençant par ce vers :

Chrysostome François, censeur évangélique.

Mais il y manque les 48 vers qui la terminent dans l'édition de ses poésies de 1742.

L'Office de la Semaine sainte, selon le Missel et le Breviaire romain,..... de la traduction de M. de *Marolles* .... Lyon, *Benoit Bailly*, 1688, in-8. — Un premier titre gravé porte, ainsi que les figures dont ce livre est orné, le nom de *M. Ogier*. — La pièce la plus curieuse de ce livre, qui a été réimprimé à Lyon en 1706, in-12, est une traduction du *Vexilla regis* dont voici le début :

Aujourd'hui du grand Roy l'étendart va marchant,
Où l'auteur de la chair va sa chair attachant ;
Aujourd'hui de la Croix resplendit le mystère
Où Dieu souffre la mort aux mortels salutaire.
Ici du flanc de Christ étant du fer atteint,
Sort le ruisseau vermeil qui ses crimes éteint ;
Céleste lavement des ames converties,
Mêlans de sang et d'eau ses ondes my-parties (2)....

« Quand j'entends parler de mauvais poètes, a dit l'auteur de *Gil Blas*, je pense toujours

(1) V. ci-dessus, novembre 1656, et les P. de 1670.

(2) Voici l'imitation des mêmes strophes par l'auteur de *Polyeucte* :

L'étendart du grand Roy des Rois,
La Croix fait éclater son mystère suprême,
Ou l'auteur de la chair s'étant fait chair luy-mesme,
Daigne mourir pour nous sur un infame bois.
Le fer d'une lance enfoncé
Dans le flanc amoureux de la sainte Victime,
En fait sortir une eau qui lave nostre crime
Et ruisseler un sang dont il est effacé.....

Office de la Sainte Vierge, édit. de 1670, p. 427.

à ce pauvre abbé de *Marolles de Villeloin*, le traducteur banal des auteurs latins ; il avait un talent tout particulier pour composer des vers ridicules sans les croire tels ; je le trouve surtout inimitable dans la traduction de ces deux vers de virgile :

Malo me Galatea petit, lasciva puella :
Et fugit ad salices, et se cupit ante videri.

Il les a traduits en quatre vers françois très propres à égayer le lecteur ; les voici :

Galatée enjouée et, dans sa belle humeur,
Me frappe d'une pomme et me fait de l'honneur,
Et puis elle s'enfuit sous la verte saussaye,
Et, fuyant, elle veut estre vue estant gaye (1). »

Mélange amusant, p. 216.

Relation de l'Inquisition de Goa (par C. *Dellon*), Paris, 1688, in-12, figures, vignettes et culs de lampe gravés par *C. Vermulen*, d'après les dessins de *Sevin* (2). La vignette en tête de la Dédicace à Mlle Camboul de Coislin, offre le portrait de cette dame.

Relation universelle de l'Afrique ancienne et moderne, par le sieur *de la Croix* (*Pherotée*). Lyon. *T. Amaulry*, 1688, in-12, fig. et cartes. dédicace à *François*, duc de *Villeroy*. V. Les P. de 1679 et de 1694.

La Religion des Jésuites, ou *Réflexions* sur les Inscriptions du P. *Menestrier* et sur les écrits du P. *Le Tellier* contre l'esprit de M. *Arnaud* (par P. *Jurieu*. La Haye, 1689, in-12.

La Religion unique, par Sr *Catherinot*. Bourges, 1688, in-4. — On lit à la p. 11 de cet opuscule : « Je ne puis souffrir la réponse de *ce libraire de Lyon*, au rapport de Papinien (3) : On lui demandait les anciens Pères, et il répondit qu'il fallait plutôt demander les nouveaux théologiens que ces anciens rêveurs. »

Remarques sur deux Discours (de l'abbé *Tallemant*) prononcés à l'Académie françoise sur le rétablissement de la santé du Roi, le 27 janvier 1787. Paris, 1688, in-12 de 263 pp. — Ces Remarques ont pour auteur Barbier d'Aucour ; on en trouvera une analyse dans l'*Hist. des ouvrages des Scav.*, octobre 1688.

(1) On avait supposé que, dans la traduction de la première *Bucolique*, par *Tissot*, se trouvait ce vers : « La vache *pait en paix* dans ces gras pâturages ; » c'était une médisance ; son vers était ainsi conçu : « Le cerf léger *paitra* dans ces gras pâturages. » V. les P. de 1687, *ad calc.*

(2) J'ai déjà parlé de cet habile artiste, qui fut l'ami du P. *Menestrier*, et pour lequel il fit plusieurs dessins, notamment celui du *Vœu de Charles* VI, placé dans le texte de l'*Histoire consulaire*, p. 509. V. les P. de 1676, *Oraison funèbre*.

(3) Cet illustre Jésuite fut un des premiers professeurs du collége de la Trinité. Voyez son article dans la *Biogr. Lyonnaise*, où sa mort aurait dû être mise en 1566, et non en 1560. Voyez aussi Bayle, *Œuvr. div.*, t. 2, p. 244, et Hallam, *Hist. Litt. de l'Europe*, t. 2, p. 34.

Traitez nouveaux et curieux du Café, du Thé et du chocolate (sic),..... par *Philippe Sylveste Dufour*. Seconde édition. A Lyon, chez *J.-B. Deville*, rue Mercière, à la *Science*, in-12. — Suivant Barbier, ce livre serait de *Charles Spon*, mais il est à croire que cette nouvelle édition considérablement augmentée, est réellement l'œuvre de Dufour qui en soumit sans doute le manuscrit à son docte ami *Jacob Spon* (1). Voyez les P. de 1671, p. 84, et ajoutez à ma note ce vers imparfait d'un anonyme cité par Wailly dans son *Gradus*, au mot Thea : « Thea salutifero delectas nectare. » Ajoutez-y aussi ces deux strophes d'une Ode imprimée sur une carte de la Chine qui fait partie de l'Atlas de Blaen, édit. de 1662 :

Sanitati si consultum
Et à morbis variis
Tutus esse vis,
Tibi semper esto dictum :
Recipe
Potum Theae,
Qui, per nobilem virtutem,
Tibi reddet juventutem.....

Omne quidquid corpus angit,
Quidquid artus cruciat,
Quid id caro sensiat
Theae potus tollit, tangit
Sine fraude
Summa laude :
Ergo comparate notum
Succis Vitae, Theae potum.

Voyez le *Chasseur bibliographe* de M. François, juillet, 1863.

Vidae (*Marci* Hieronymi) *Opera*. Mantuae, apud *Franciscum Ozannam* (*), impressorem

(1) J'ai enregistré parmi les P. de 1684, une traduction latine faite par Jacob Spon, des Aphorismes d'Hippocrate ; j'ajouterai que le titre porte, *apud Anissonios, Joan. Posuel et Cl. Rigaud*, et que l'auteur l'a dédié *Aegidio Menagio, viro clarissimo, litterarum Corypheo*. Cette dédicace se termine ainsi : « Si tamen aliquid aut gloriolae aut beneficii ex isto » mustaceo alicundo auctori censeatur arrogandum, » id omne tuis tholis libenter meritoque appensum me » velle ingenue profiteor, ut omni ex parte apud te » constare posset, quanta cum sinceritate esse la- » borem Inclyti Tui Fervidissimus omnium Cultor, » Jacobus Sponius. » — Voici deux de ces Aphorismes, le 71e et le 72e : « Labor articulis et carnibus cibus » est ; somnus visceribus. » — « Exercitatio sana, » sobrietas in victu, indefessus labor. » Spon a joint à ce dernier aphorisme, la remarque suivante : « Syne- » sius aït sobrietatem *Sanitatis matrem* vocari : » unde quidam conjectant id ab eo dictum, in alio, » quid ad nos non pervenerit, libro ; sed quidni ex hoc » loco fuerit hanc sententiam mutuatus, etsi non » iisdem vocibus utatur ? »

(*) Notre regretté compatriote *Antoine-Frédéric Ozanam* comptait parmi ses ancêtres l'imprimeur de Mantoue, et se faisait gloire d'être un des petits-neveux du savant mathématicien Jacques Ozanam, mort à Paris, en 1717, et dont l'abbé Rozier a dit : « Il ne » se permettoit pas d'en savoir plus que le peuple en

ducalem, 1688, in-12. — Il existe un certain nombre d'éditions Lyonnaises des poésies de Vida ; la plus ancienne est celle que donna Sébastien Gryphe, en 1536; et il faut ajouter aux quatre sorties des presses des héritiers de ce fameux typographe et qu'a citées M. Brunet celle que publia Antoine Gryphe, en 1586. — Un Lyonnais, dont l'art de la soie avait fait toute sa vie l'objet de ses plus chères études, *Matthieu Bonafous*, fit imprimer, à Paris, en 1840, une traduction en vers du *Poème sur le vers à soie*, laquelle ne fut tirée qu'à très-petit nombre d'exemplaires. En le remerciant de celui dont il m'avait gratifié, je joignis à ma lettre quelques pages d'additions et de corrections, soit pour le texte, soit pour les notes ; voici en quels termes il m'en accusa réception:

« Turin, le 13 déc. 1840. — « Mon cher et docte ami, Toutes vos observations et vos *variantes* (1) au sujet de mon essai de traduction de Marc-Jérôme Vida, sont empreintes d'intelligence et de bon goût ; aussi accepterai-je avec empressement les heures que vous me promettez lorsque j'irai passer quelques jours dans ma ville natale, le plaisir et le profit que je tirerai de votre entretien ajoutant au désir que j'ai de m'y rendre, vous serez pour moi l'ami précieux que Boileau souhaite aux poètes. Votre conseil est fort sage, celui d'oublier mon travail pour mieux me juger moi-même, et vous m'engagez à traduire, dans l'intervalle, quelqu'autre poème du même genre. Si ce n'eût été le *Ver à soie*, je n'aurais jamais osé tenter une traduction en vers français ; le sujet m'a entraîné malgré moi. D'ailleurs quel poète pourrai-je traduire ? Rapin a été trop décrié par Delille ; le P. Vanière s'est trop éloigné, selon moi, du faire large et poétique de Virgile. Les Italiens mettent au premier de leurs nombreux poètes géorgiques, Rucellaï, l'auteur d'un élégant poème sur les Abeilles (*Le Api*), dont je possède la première édition (1539). Ce poème est à peu près de l'étendue de celui de Vida (*de Bombice*) ; mais comment chanter les Abeilles après Virgile, après son immortel traducteur ? Réflexion faite, je pense, mon cher ami, que vous me conseillerez de châtier, à améliorer mon *Ver à soie*, sans sortir du cercle modeste et tout prosaïque dans lequel j'ai su me renfermer jusqu'à ce jour. — « Notre amitié comptera bientôt une année de plus ; je souhaite que toutes celles qui lui succèderont soient heureuses, et je me constitue en tout et pour tout votre fidèle ami. M. Bonafous. »

» matière de religion ; il disoit en propres termes qu'il » appartenoit aux docteurs de Sorbonne de disputer, » au Pape de prononcer, et aux mathématiciens d'aller » en Paradis en ligne perpendiculaire. » *Nouv. Tabl. de l'Acadé. des sciences*, IV, 285.

(1) Ces mots: *et vos variantes*, ont été supprimés à tort par M. Jules Forest, qui a reproduit cette lettre dans l'*Eloge de Matthieu Bonafous*, qu'il a publié en 1860. La 2e édition de la traduction du poème de Vida, *revue et corrigée*, parut en 1843, et la 3e en 1852, peu de jours avant la mort de Bonafous, arrivée à Paris le 29 mars ; il était né à Lyon le 7 mars 1793. C'est par erreur qu'on lui a attribué, dans plusieur Catalogues, un *Themisiana*, Lyon, Chambet, 1813, in-18 ; ce petit livre a pour auteur *Marc-Maurin Bio*, né en 1779, à Lyon, où il est mort le 12 mai 1852.

La plus ancienne traduction du poème de Vida *sur les échecs* a pour auteur Louis des Mazures; elle se trouve dans ses *OEuvres* imprimées à Lyon, par *Ian* (*sic*) *de Tournes*, en 1556. Je citerai à cette occasion le passage suivant, extrait des *Recherches* de Pasquier, livre II, ch. 31 : « Je ne sçais, dit-il, que la Grammaire, et non la Rhétorique de ce jeu (celui des *échecs*). Bien vous diray-je avoir veu un *Lyonnois* oster toutes les pièces d'honneur, et ne retenir que le Roy avec des pions, desquels jouant deux fois contre une, il remportoit la victoire contre de très-bons joueurs..... » — J.-B. Rousseau se souvenait-il de Pasquier, quand il a dit dans son *Epître à Marot* : « Le jeu d'échecs ressemble au jeu des vers : — — » Savoir la marche est chose fort unie ; — » Jouer le jeu est l'effet du génie. » — Martial, dans son épigramme adressée à Paulus (VII, 71), lui dit : « Puisse-tu, renfermant dans un étroit carré, — » Avec deux seuls pions, un roi désespéré, — » Gagner, au jeu d'échecs, un rival redoutable (Eloi Johanneau). » — Montaigne disait des échecs que c'était un *niais et puéril jeu* ; « Je le hais, ajoute-t-il, et fuys de ce qu'il n'est pas assez jeu, » et qu'il nous esbat trop sérieusement, ayant » honte d'y fournir l'attention qui suffiroit à » quelque bonne chose. » *Essais*, I, 50.

La Vie de S. François Xavier, par le P. *Bouhours*. Lyon, *Jean Goy*, 1688, in-12.

La Vie de S. Ignace, fondateur de la Compagnie de Jésus (par le P. *Bouhours*). — La 1re édit. est de Paris, 1679. La vie du même saint par le P. de Bussières, avait paru neuf ans auparavant. V. les P. de 1670.

Vie du vénérable frère Alphonse Rodriguez, de la C. de Jésus, par *Antoine Boissieu*. Lyon, *Ant. Molin*, 1688, in-12.

Wallii (*Jacobi*), è soc. Jesu, *Poematum libri* IX. Editio nova, cui accessit posthuma ad Elogia Appendix. Lugduni, sumpt. *Anissoniorum*, *J. Posuel* et *Claudii Rigaud*, 1681, in-12, *Biogr. univ.*

1689.

Prévot des Marchands ; *Gaspard Baraillon*, seigneur de *La Combe*.

Echevins : *Louis Athiaud de Monchanin*, — *Jean-Louis Pasturel*, — *Pierre de Laroue*, — *Jean Claret* (1).

Janvier.... Le comte *de Vaurion* (2) avait résigné, en 1686, la dignité de sacristain du Chapitre de Saint-Jean, à son neveu *Antoine de Sainte-Colombe*, qui en fut pourvu en Cour de Rome ; mais le Chapitre ayant investi de cette dignité le comte d'*Estain*, évêque de Saint-Flour, il y eut procès entre le résignataire et l'élu. La cause fut plaidée pour M. de Sainte-Colombe, par Me *Nouet*, avec beaucoup de force et d'érudition ; cependant l'avocat-général *Talon* conclut pour M. d'Estain; mais, le parlement, par son arrêt du mois de janvier 1689, maintint le résignataire. Henrys, L. 1, Q. 55.

Février 28. Mort du dominicain *Jean Combet*, né à Lyon le 20 août 1614. — C'est par erreur que plusieurs biographes ont mis sa mort à 1685; Pernetty s'est aussi trompé en lui attribuant une Oraison funèbre d'Alphonse de Richelieu, qui aurait été prononcée en 1645; ce prélat n'est mort qu'en 1655. L'Oraison que le P. Combet prononça à Bourg-en-Bresse, en 1645, est celle de Louis XIII ; il fit aussi celle d'Anne d'Autriche, à Vannes, où il était aller visiter dans le couvent de son Ordre, les reliques de S. Vincent Ferrier. Ramette, Biogr. mte des Jacobins de Lyon.

Même mois. Edit portant création de 16 grands-maîtres des eaux et forêts, à l'un desquels est attribué pour département, les provinces de Lyonnois, Forez, Beaujolois, Auvergne, Dauphiné et Provence, avec 4800 livres de gages effectifs et autres droits. — M. *Ribier*, conseiller au parlement de Paris, fut pourvu de cet office. — Il y avait depuis longtemps un maître particulier des eaux et forêts en Beaujolais, dont la nomination appartenait aux seigneurs de Beaujeu. — Par un édit du mois de novembre de la même année, il fut créé huit maîtres particuliers, un, entr'autres, pour le Lyonnais et le Beaujolais ; mais, comme on vient de le voir, il y en avait déjà un en Beaujolais. *Mémoires* mss. de d'Herbigny, à la fin.

Mars 15. Le Consulat arrête qu'un don gratuit de *trois cent mille* livres sera offert au Roi par la ville de Lyon, afin de contribuer aux dépenses que Sa M. est obligée de faire « pour » l'entretien et la subsistance des grandes et » nombreuses armées qu'Elle veut opposer à » tant d'ennemis conjurés et déclarés contre » ses royales intentions.... » — Un arrêt du Conseil d'état du 22 de ce mois, permit au Consulat d'emprunter cette somme au denier qu'il trouverait le plus avantageux. B. Coste, n. 6945.

Avril 19. *Christine*, reine de Suède, meurt à Rome, à l'âge de 63 ans. — Ajoutez à ce que j'ai dit de cette princesse, au 14 août 1657, qu'elle a consigné dans ce sixain, le souvenir de l'audience où elle fut présentée à la cour de France :

> La première fois qu'à mes yeux,
> Les traits et le port glorieux
> De Louis se firent paroître,
> Sans qu'il me dit qu'il fût le Roi,
> A l'instant je sentis en moi
> Qu'il l'étoit ou qu'il devoit l'être.

Introduite dans le château de Chinon, Jeanne Darc ne s'y trompa point, quand elle se prosterna aux pieds de Charles VII, quoiqu'il eût pris le costume des officiers qui étaient auprès de lui.

Même mois 23. Le Parlement homologue un règlement du 24 février précédent, portant que les *avocats* plaideront privativement aux *procureurs*, les questions de droit et autres affaires importantes dans lesquelles les juges croiront leur ministère nécessaire. Arch. municip., Recueil in-4.

Mai 3. Un arrêt du parlement maintient le Chapitre de la Primatiale dans le droit de faire les décrets de ses justiciables, et défend aux officiers du présidial et à tous autres de les y troubler.

Même mois 10. Mort de *Louise-Catherine Vernat*, supérieure du couvent de la *Visitation des Chaînes* (1), née à Meximieux, le 2 nov. 1605. — Elle avait eu pour parrain en religion Louis XIII, qui se trouvait à Lyon, le jour de sa vêture, 8 septembre 1632. On a un récit de sa vie, par un anonyme, Lyon, 1690, in-12. Voyez l'*Hist. hagiologique de Belley*, par M. Depéry, la *Revue du Lyonn.*, II, 61, et les P. de 1686, *Plaidoyé*.

Juin 21. Mort, dans l'Hôtel-de-Ville, de *Thomas Blanchet*, « peintre du Roi et de Messrs » les prévosts des marchands et eschevins de » Lyon, agé de soixante et quinze ans. » — Il fut inhumé le lendemain dans l'église de Saint-Pierre, par le curé de cette paroisse, en présence de Messire *Gaspard Baraillon*, « escuyer, prévost des marchands, et de sieur » *Paul Berthaud*, voyer de la ville (2), » qui

(1) Voyez sur ces cinq magistrats, les *Fam. cons.* déjà citées et la *Biogr. lyonn.*, art. Fleurieu et Tourette.

(2) L'abbé de Vaurion avait été reçu chanoine-comte de Saint-Jean, en 1665 ; il fut nommé grand-sacristain en 1685.

(1) V. sur cette communauté, l'*Alm. de Lyon* pour 1755, p. 45. L'église a été démolie sous la Restauration.

(2) Registre de la paroisse de Saint-Pierre, fol. 660, v°. — Né à Paris, en 1617, Thomas Blanchet vint s'établir fort jeune à Lyon. Ce fut le peintre Panthot, qu'il avait connu à Rome, qui lui procura les ouvrages à exécuter à l'Hôtel-de-Ville. L'incendie de cet édifice en

avaient assisté à son convoi. — On lit dans une délibération consulaire du 21 octobre suivant : « Les sieurs prévost des marchands et eschevins ont ordonné mandement pour maistre *Paul Bertaud*, voyer de cette ville, et damoiselle *Louise Balley*, sa femme, curateurs de demoiselle *Marie Blanchet*, fille de ladite demoiselle Balley et de feu sieur *Louis Blanchet* (1), son premier mary, et héritière de feu sieur *Thomas Blanchet*, son oncle, peintre ordinaire du Roy et du Consulat, de la somme de deux cens soixante-six livres, à laquelle ils ont arresté le compte qui leur a esté présenté des ouvrages de peinture que ledit feu sieur Thomas Blanchet avoit fait de l'ordre du Consulat pendant les années 1687, 1688, et la présente année 1689... » Actes cons. BB. 787, fol. 123.

N. Il y avait quatre tableaux de Thomas Blanchet dans la chapelle du Confalon ; la *Cène*, la *Prière au jardin des Olives*, la *Flagellation* et la *Résurrection* ; cet artiste avait fait pour l'église de Saint-Nizier, en concurrence de *Spierre*, quatre des huit tableaux placés au-dessus des stalles du chœur ; la *Multiplication des pains*, le *Miracle de l'aveugle-né*, la *Femme adultère* et la *Parabole où J. C. compare à un enfant celui qui mérite d'entrer dans le royaume des Cieux*. Un frère de Blanchet (*Louis*, déjà cité) avait peint un tableau de la *Trinité* au monastère de Saint-Pierre-les-Nonnains, et fait des tableaux pour plusieurs églises de Lyon. Voyez l'*Abecedario* de Mariette, la *Description des peintures de Lyon*, par L. de Bombourg, p. 56 et *passim* de l'édition de 1862, publiée et annotée par MM. F. Rolle et de Montaiglon. Voyez aussi la *Biogr. lyonn.*, art. PANTHOT ; ci-dessus, années 1644, 1658, oct. 1675, et les P. de 1684, *Décorations*...

Juillet 17. Mort de *Jean de Crémeaux*, chanoine-comte du Chapitre de Saint-Jean, où il avait été reçu le 27 juin 1656.

Août.... On apprend, à Lyon, la mort d'*Innocent XI*, arrivée à Rome, le 12 de ce mois (et non le 21) ; il avait été élu pape le 10 septembre 1676 (2). — On lit dans les *Mémoires de l'abbé de Choisy*, p. 508 de l'édition de 1727 : « M. le cardinal *de Bouillon*, après avoir pris congé du Roi pour aller au conclave où fut élu *Odescalchi*, dit Innocent XI, me demanda, en badinant, si je voulois être son conclaviste ; je lui dis que cela me feroit grand plaisir. « Je » vais partir dans deux heures, me dit-il, mais » vous me rattraperez bien ; allez en deman- » der la permission au Roi, et les instructions » du Ministre, et vous mettrez dans la dili- » gence de Lyon, j'y serai encore dans six » jours. » Cela fut fait fort brusquement, et, en arrivant à deux lieues de Lyon, je trouvai un carrosse de M. *de Villeroy*, archevêque de Lyon, qui m'attendoit, et j'arrivai que le cardinal était encore à table ; il me demanda si je savois l'italien ; je lui dis que non ; « et comment ferez-vous, me dit-il ; la plupart des cardinaux n'entendent point le françois. » Ho ! monseigneur, lui répondis-je, cela ne m'embarrassera pas ; nous serons à Rome dans quinze jours, et je m'en vais tâcher de parler italien bien ou mal ; je le saurai quand nous arriverons à Rome. Il se mit à rire, et dit : « Vous ferez comme vous pourrez. » Je fis fort bien.... »

N. J'ai parlé, à la fin de l'année 1686, de l'exil du cardinal *de Bouillon* dans notre ville ; voici ce qu'en a dit l'abbé de Choisy, à la dernière page de ses *Mémoires* : « Cet exil dura dix ans assez doucement ; le cardinal alloit et venoit à *la Claire*, près de Lyon, à une maison près d'Orléans, à une près de Rouen ; j'allois de temps en temps passer deux mois avec lui... Le Roi lui avoit permis d'aller visiter ses abbayes de Flandres ; je lui offris de le suivre à ce petit voyage ; il me dit qu'il vouloit aller seul, et que, dans six semaines, je le vinsse trouver à Rouen... Il n'avoit rien à craindre du Roi qui ne songeoit pas à le faire arrêter ; il en eût été embarrassé, et ne ressembloit pas à Louis XI, qui tint le cardinal *La Balue* treize ans en prison. » — Le cardinal de Bouillon était encore en 1708 à Lyon, où il reçut la visite de D. Thomas Blampin, nommé tout récemment visiteur de la Bourgogne. V. l'*Hist. litt. de la Congrégat. de Saint-Maur*, p. 290.

Octobre 23. Mort de *Charles Demia*, instituteur des *Sœurs de S. Charles*, né à Bourg-en-Bresse, le 5 oct. 1636. V. sa *Vie* par M. l'abbé Faillon.

Même mois 25. Une déclaration du Roi fixe à deux le nombre des *affineurs* pour Paris, à quatre pour Lyon. Prost de Royer, *Dict.*, article AFFINAGE.

Même jour. Mort de *François Regnaud*, ou *Regnault*, seigneur *du Buisson*, mathématicien,

1675, consuma le plafond de la grande salle, sur lequel il avait représenté l'*Autel d'Auguste*, tel qu'on suppose qu'il avait été bâti au confluent du Rhône et de la Saône. V. Moréri, Supplément de 1749, art. BLANCHET.

(1) « Je n'ai pu trouver sur Louis Blanchet que la mention qui le concerne dans cette délibération. C'était évidemment un artiste obscur, si tant est qu'il ait jamais manié le pinceau. Je n'ai rencontré son nom nulle part, pas plus aux Archives que dans les traités spéciaux ; son frère, qui pouvait apprécier son talent mieux que tout autre, ne songea jamais à l'utiliser pour ses grands travaux à l'Hôtel-de-ville. » Note de M. Rolle.

(2) Innocent XI était le fils d'un banquier, et son élection eut lieu le jour de la Saint-Matthieu, ce qui fit dire à Pasquin : *Invenerunt hominem sedentem in telonio.*

correspondant de l'Acad. des sciences. *Biogr. lyonn.*

Même mois.... Mort, à l'âge de 93 ans, de *Nicolas Grollier de Servières* (fils d'Antoine et petit-neveu de Jean), célèbre par son cabinet d'ouvrages de mathématiques et de mécanique, qui fut visité par Louis XIV, en 1658, et dont la *Description*, en un vol. in-4, a eu 5 éditions, suivant M. Quérard. C'est lui qui a inventé le cadran ovale qui marque les minutes, par une aiguille qui avance et recule, dans l'horloge de Saint-Jean (1). Les biographes varient sur la date de sa mort, que j'ai cru devoir placer provisoirement ici. Pernetty nous apprend qu'il s'était fait cette épitaphe : « Cy-gît qui a vécu » longtemps, parce qu'il n'a connu ni procès » ni médecin. » V. son article dans la Biogr. Didot.

Décembre 14. Séance consulaire. Le sieur Athiaud propose de remplacer feu Thomas Blanchet par *Paul-Pierre Sevin.* Le Prévôt des marchands fait observer que la principale fonction du peintre de la ville est de faire les portraits des échevins, et que le Sr Sevin lui ayant témoigné qu'il n'avoit pas employé ses études à en faire, il offrait néanmoins, si on le désire d'en faire quelques-uns, afin qu'on pût juger de sa capacité. — On le reçut provisoirement, mais n'ayant pu réussir, le Consulat, dans sa séance du 7 septembre 1690, nomma *Paul Mignard* (2), qui résidait depuis quelque temps à Lyon. Ses gages annuels furent fixés à 500 livres, et il eut son logement à l'Hôtel de-Ville. — La liste des peintres du Consulat, commencée en 1622 par *Horace Leblanc*, se continue par *Germain Panthot*, *Thomas Blanchet*, *P.P. Sevin* (3), *Paul Mignard*, *Henry* et *Joachim Verdier* (4), *Charles Grandon* (5), *Donat* (1), *Nonnotte* (2), et *Pierre Cogell.* Voyez la *Notice sur l'Hôtel-de-Ville de Lyon*, par M. Tony Desjardins, p. 34.

Même mois 16. Jacques-Hugues de Sarron est reçu chanoine-comte de Saint-Jean. — Il fut chamarier et mourut à Montpellier le 15 novembre 1716.

Même année. En ce temps-là, étaient détenus dans le château de *Pierre-Encise*, les protestants dont les noms suivent : le sieur *Boisragen* (qui abjura la même année), — *Elie Coyart*, pasteur de La-Ferté-sur-Sèvres, — et *Claude Thomas.* Biogr. Haag, t. X. V. *supra*, P. de 1687, *Mémoires*, et *infra*, ann. 1691.

(1) V. année 1660, à la fin.

(2) Paul Mignard était le second fils de Nicolas; né à Avignon vers 1640, il mourut à Lyon, le 5 oct. 1691. C'est Nicolas qui avait peint le *Louis XIV* placé dans la Bibliothèque du Grand-Collége, où ce monarque était représenté à cheval, couronné par la victoire. Ce portrait, chef-d'œuvre de l'artiste, a été détruit par les Vandales de 1793. V. Clapasson, p. 86; l'*Alm. de Lyon* pour 1829, art. BIBLIOTHÈQUE.

(3) V. sur ce graveur les P. de 1676 et de 1688.

(4) Ces deux peintres ne figurent dans aucune des Biographies que j'ai pu consulter.

(5) On a de Grandon, qui fut le maître de *Greuze*, un *Fénelon*, qui fut gravé par *J.-J. Cars*; son tableau, *Jésus montant au Calvaire*, fait en 1714, paraît être une copie de celui de *Pierre Mignard*, conservé au Louvre; il a été gravé par *Claude Audran.* Cizeron-Rival a consigné dans ses *Mélanges* inédits l'épigramme suivante, faite sur les portraits de l'académicien *Mayeuvre de Champvieux* et de l'échevin *Jacques Bourbon*, élu en 1734 :

Bernard dit que Nonnotte, au portrait de Mayeuvre,
De l'art du coloris a trouvé le grand œuvre,
Et qu'aux siècles futurs, pour modèle du bon,
Il ne cèdera pas à celui de Bourbon.
Oh! que ce jugement est d'une bonne tête,
Car, faire aller de pair Nonnotte avec Grandon,
C'est vouloir égaler le sceptre et la houlette,
Ou mettre au même rang le sucre et l'amidon.

(1) Un négociant de Lyon, *Antoine Donat*, mourut victime de la Terreur, à l'âge de 37 ans, le 23 frimaire an 2; il avait acquis de la Nation le clos des *Minimes*, où se trouvaient encore de nombreux vestiges d'un amphithéâtre romain. Voyez Spon, *Recherche*, p. 44.

(2) Voyez sur Nonnotte et sur Cogell, la *Biogr. lyonn.*

PUBLICATIONS DE 1689.

Abrégé historique du Droit canon, par le P. *Benoît Archaimbaud.* Lyon, *J. Certe*, 1689, in-12. V. *supra*, août 1688.

Campagne de Monseigneur le Dauphin (par *J. D. de Vizé*). Lyon, *Th. Amaulry*, 1689, in-12. — A la suite de cette relation se trouvent des pièces en vers parmi lesquelles il en est deux de *La Fontaine*, une de *Thomas Delorme*, et une Ode du P. *Jouvancy* traduite par le P. *Buffier.*

Le Cantique des cantiques traduit en français avec une explication du sens spirituel et littéral (par *Armand de Gérard*). Lyon, *Benoît Bailly*, 1680, in-8. — L'auteur dit, dans sa Préface, que, des cinq mille Odes de Salomon, les Hébreux n'ont conservé que le Cantique des Cantiques. Il est à présumer qu'Armand de Gérard est le même que l'abbé de Gérard auquel on doit *la Philosophie des gens de Cour*, Paris, 1680, in-12, et *le Caractère de l'honnête homme*, Paris, 1682, in-12. V. les P. de 1688, *Cantique....*

Les Caractères de Théophraste traduits du grec, avec les Caractères ou les Mœurs de ce siècle (par *La Bruyère*), quatrième édition corrigée et augmentée. Lyon, *Th. Amaulry*, 1689, in-12. Titre rouge et noir, au verso duquel est cette épigraphe : *Admonere voluimus, non offi-*

cere. Erasm. Le texte se termine ainsi : « Si » l'on ne goûte point ces Caractères, je m'en » étonne, et si on les goûte, je m'en étonne » de même. » On les avait donc goûtés à Lyon puisqu'on les y réimprimait. V. les P. de 1688 et de 1712.

Décoration de la cour de l'Hôtel-de-Ville de Paris, pour l'érection de la statue du Roy (par le P. *Menestrier*). Paris, 1689, in-4. 2° Le P. Lelong, n. 24284.

Discours prononcez en l'Académie française de Villefranche en Beaujollois, à la réception de M. *Chassebras de Cramaille*, à son retour d'Italie, en l'année 1688. Paris, *J. Cusson*, 1689, in-4. — M. de Cramaille succédait dans cette Académie, à M. *de la Barmondière de Saint-Fonds*, frère du curé de Saint-Sulpice à Paris. *Camille de Neufville*, protecteur de cette Compagnie, a une grande part dans les coups d'encensoir que le noble récipiendaire prodigue à ses collègues. Ce fut M. *de la Roche-Poncié* qui répondit au nouvel élu.

Histoire de l'origine des dîmes, des Bénéfices et autres biens temporels de l'Eglise (par l'abbé *Jacques Marsollier*). Lyon, *Jean Anisson*, 1689, in-12.

Histoire des Empereurs romains, écrite en latin par *Suétone*, et nouvellement traduite par M. *du Teil* (1), enrichie de notes, etc. Lyon, *Antoine* et *Horace Molin*, 1689, 2 vol. in-12. — Le tome 2 est terminé par *La Vie des illustres grammairiens*, traduite par l'abbé J. B. M. D. E. T. — Ces trois dernières initiales signifient certainement docteur en théologie, mais quel est le nom que les trois autres lettres nous cachent ? Barbier ne le dit pas. Peut-être faut-il y voir l'abbé *Bedien Morange*, qui fut un des grands-vicaires de Camille de Neufville, et dont on a quelques ouvrages de Théologie et un Factum contre Philibert Collet. — La version de du Teil a eu plusieurs éditions, et voici ce qu'en dit Bayle : « Je n'ai point vu la traduction françoise de Suétone qui fut imprimée à Lyon, l'an 1556, in-4. Je ne saurois dire si *George de la Boutière*, qui en est l'auteur, a eu les mêmes égards que M. du Teil ; celui-ci a supprimé des chapitres tout entiers, et a énervé en plusieurs rencontres les phrases de Suétone, car il voyoit bien que notre langue ne pouvoit souffrir la vivacité et la force des portraits que l'auteur nous donne de la débauche des empereurs. *Dict.*, art. Suétone. » — M. Beuchot, dans une note sur ce passage, nous apprend que M. du Teil, qui avait pour prénom *Bernard* (2), mourut à la fin de 1665 ; mais quand il ajoute *avant La Boutière*, il s'est trompé ; il fallait dire *longtemps après*. On lit encore dans la note de M. Beuchot, que l'auteur des *Observations* insérées dans le tome 30 de la *Bibliothèque française*, dit que La Boutière n'a pas eu la même délicatesse que M. du Teil, « comme on peut » le voir, entre autres par les chapitres 28 et » 29 de la Vie de Néron, qui sont traduits » sans ménagements. » C'est encore une erreur : ces deux chapitres sont traduits en entier dans l'édition dont le titre est en tête de cet article. Sans doute ils ne l'ont pas été dans les éditions antérieures (1). On a encore de du Teil une traduction des *Déclamations* attribuées à Quintilien, Paris, 1659, in-12, dédiée à Mgr. Fouquet, conseiller du Roi en tous ses conseils, et chancelier de ses ordres; on y lit : « Pour moy, Monseigneur, comme vous eustes » autrefois la bonté de me présenter à Mon- » seigneur le Procureur général, vostre frère, » lorsque je luy dédiai la traduction des *Insti-* » *tuts* (sic), j'ai cru que vous en auriez assez » pour accepter celle-cy. » Cette traduction des Institutes de Justinien citée dans la B. de Camus et Dupin, a été imprimée à Paris en 1664, et à Lyon en 1670, 2 vol. in-12. — Suétone est l'un des trois écrivains auxquels on attribue le Dialogue *de Causis corruptae eloquentiae*; les deux autres sont Quintilien et Tacite ; mais le plus grand nombre des critiques panchent pour ce dernier. M. *Félix Olivier*, auteur d'une traduction non moins fidèle qu'élégante des *Annales* et des *Histoires* de Tacite, a publié tout récemment celle des *Mœurs des Germains* et de la *Vie d'Agricola* ; il y a joint le *Dialogue des Orateurs* (Lyon, L. Perrin, gr. in-8). Dans son Avant-propos, il a rapproché un certain nombre de mots et d'expressions extraites du susdit Dialogue, qui se retrou-

(1) Il y a aujourd'hui, au barreau de Paris, un avocat du nom de *Duteil*, qui s'est distingué dans plusieurs causes importantes.

(2) Je dois à l'obligeance de M. Richard, de la B. impériale, l'indication d'un livre dont voici le titre et qu'il faut sans doute attribuer au traducteur de Suétone : *Description des nouveaux fourneaux philosophiques*, ou *Art distillatoire*, par *Jean-Rodolphe Glaube*, traduit en notre langue (du latin), par le sieur *du Teil*, Paris, *Th. Jolly*, 1659, in-8. — Le privilége a été donné à Bernard, sieur de Saint-Léonard, le 29 septembre 1658, et l'impression a été achevée le 1er juin suivant.

(1) La B. impériale possède l'édition de 1661, datée par erreur de 1641, car le privilége a été donné, le 4 juin 1661, à Bernard du Teil, avocat en parlement, et l'impression achevée le 30 du même mois. Des exemplaires de cette édition, au moyen d'un nouveau titre, portent cette dernière date (note de M. Richard). — Un polygraphe lyonnais, *Delisle de Sales*, a publié en 1771, sous l'anagramme de son nom, *Ophellot de la Pause*, une traduction de Suétone, qui n'est pas moins oubliée que le reste de ses ouvrages. Ce fécond écrivain avait ajouté à son nom celui de *Sales* que portait sa première femme, petite-nièce du saint évêque d'Annecy. En ce moment, la ville de Lyon compte parmi ses plus habiles paysagistes, M. *Hector Allemand*, petit-neveu de Delisle de Sales.

vent dans les quatre ouvrages de Tacite, et il a revendiqué pour cet illustre historien la paternité d'une production sur l'excellence de laquelle on est généralement d'accord ; toutefois, malgré les raisons qui paraissent militer en faveur de son opinion, et il en convient lui-même, la question n'en restera pas moins un problème difficile à résoudre.

Histoire du Roy Louis-le-Grand, par les médailles, emblêmes, devises, etc., par le P. *C. F. Ménestrier*... A Paris, chez *J.-B. Nolin*, graveur du Roy, 1689, in-fol., avec le portrait de l'auteur, au bas duquel on lit : *P. Simon ad vivum pinxit, J.-B. Nolin del. et sculpsit.* 1688. Au-dessous est une vignette où notre célèbre jésuite est représenté prononçant, à Rouen, l'oraison funèbre de Turenne, dans l'église de Saint-Ouen. V. ci-dessus, les P. de 1676, et ci-après celles de 1691, *Factum*.

Introduction à l'Histoire de l'Ecriture sainte (traduite de l'*Apparatus ad Biblia sacra* du P. *Lamy*, par *François Boyer*, chanoine de Montbrison). Lyon, *Jean Certe*, 1689, in-12. — Le P. Lamy avait composé son *Apparatus ad Biblia sacra per tabulas dispositus* pour les clercs du séminaire de Grenoble, pendant le séjour qu'il y fit auprès du cardinal Le Camus. V. le Journal des Sçav. de 1721, Nicéron, t. 6, p. 106; Barbier, n. 8815, et les P. de 1699, *Introduction*....

La Méthode du Blason, par le P. *C. F. Menestrier*,.... Lyon, *Th. Amaulry*, 1689, in-12. — Dédicace au duc de Bourgogne. V. les P. de 1688, *Méthode*....

Moyen court et facile de faire oraison (par Madame *Guyon*).... Lyon. *Ant. Briasson*, 1689, in-12. — « Ce petit livre, dit le P. de Colonia, a été imprimé plusieurs fois, premièrement à Grenoble, ensuite à Lyon, à Verceil, et en plusieurs autres villes que cette dame parcouroit avec son directeur, le P. La Combe, pour y établir son nouveau dogme, et pour y faire des prosélytes (*Biblioth. janséniste*, édit. de 1720). » — Saint-Simon, dans le tome 1 de ses *Mémoires*, a consacré quelques pages aux disputes sur la Grâce occasionnées par les prédications et les publications de Madame Guyon; il n'a pas manqué de rappeler le mot échappé à Madame *de Sévigné* : « Epaississez-moi un » peu la religion qui s'évapore à force d'être » subtilisée. » — On lit, t. 5, p. 269 des *Justifications de Madame Guyon* : « L'ordre général est que c'est Dieu seul qui établit, que c'est Dieu qui détruit ce qu'il a établi, et qu'il perpétue les choses par la destination.... » Louis Racine aurait pu citer ce passage dans sa note sur les premiers vers du 4e chant de son poème de *La Religion*. Voyez les P. de 1688, *Cantique*, et *Moïen*....

De l'Origine des dixmes, des bénéfices et autres biens temporels de l'Eglise (par l'abbé *Marsollier*). Lyon, 1689, in-12. — Ce livre a été le sujet de trois articles dans le juillet du *J. des Sçav.* de 1689.

Pub. Ovidii Nasonis Opera, interpretatione et notis illustravit *Daniel Crispinus*, ad usum... Delphini. Lugduni, apud *Anissonios, Joan. Posuel* et *Claud. Rigaud*. 1689, 4 vol. in-4. Quelques exemplaires ont été tirés sur grand papier. — La dédicace est datée de Lausanne, le VII des kal. d'octobre 1685. Le Privilége du Roi est du 19 septembre 1682. — Daniel Crespin avait probablement quitté la France lors de la révocation de l'édit de Nantes, et je présume qu'il était petit-fils de *Jean Crespin*, écrivain calviniste, natif d'Arras, mort à Genève en 1572 (B. Didot). — Le *Salluste ad usum* est aussi de Daniel Crespin, et c'est le savant évêque d'Avranches, Huet, qui l'avait chargé de l'interprétation et du commentaire des deux classiques. — Les notes qui suivent sont tirées d'un manuscrit ayant pour titre *Ovidiana* :

Ovide est sans modèle et sans imitateur;
Abondant et concis, son poème enchanteur
Embrasse tous les temps, fait naître toutes choses,
Et soumet l'univers à cent métamorphoses.

Gudin, l'*Astronomie*, ch. 2.

A la p. 110 de son livre, Gudin cite ce vers :

Omnia pontus erant, deerant quoque littora ponto,

et le traduit ainsi :

La mer couvrait le globe et n'avait plus de rives.

« Quelques critiques, dit-il, ont remarqué qu'après avoir dit, *La mer couvrait le globe*, il était inutile d'ajouter qu'elle n'avait plus de rives.... »

Le P. *Théophile Raynaud*, p. 319 de son *Apopompaeus*, rapporte cette épigramme sans dire quel en est l'auteur :

Nitimur in vetitum semper, cupimus que *negatum* ;
Uxor amatori sordet, amica placet ;
Deformis dum servatur, formosa videtur.
Sic vetitus pulcher creditur esse liber.

Le premier vers est d'Ovide (*Elég.* IV, 5, 17); mais, au lieu de *negatum*, il y a *negata* ; les trois autres sont d'Owen, X, 69. La pensée d'Ovide se retrouve dans ce distique de Desforges :

La défense est un charme; on dit qu'elle assaisonne
Les plaisirs, et surtout ceux que l'amour nous donne;

dans cet autre de Saint-Evremond :

L'amour n'est plus amour dès que la chose est due ;
On s'empresse bien plus pour une défendue ;

dans cet autre de La Fontaine :

Pain qu'on dérobe et qu'on mange en cachette,
Vaut mieux que pain qu'on cuit ou qu'on achète;

enfin dans le début de *La Nouvelle Eve* du P. Du Cerceau :

Pain dérobé réveille l'appétit.
A tout péché la loi qui l'interdit,
Est un attrait, est une rocambole.

Bien avant tous ces auteurs, la *Sainte Ecriture* avait dit : « Aquae furtivae dulciores sunt, » et panis absconditussuavior. » *Prov.* XIX, 17.

Quand saint Paul a dit aux Corinthiens, I, 14, 11 : « Si ergo nesciero virtutem vocis, ero » ei cui loquor *barbarus* : et qui loquitur mihi » *barbarus*, » se souvenait-il de ce vers des *Tristes*, V, 10, 37 :

Barbarus hic ego sum qui non intelligor illis.

Saint Bernard, qui connaissait parfaitement les classiques latins dont l'abbé Gaume voudrait faire un *auto da-fé*, si les écoliers de Montgré n'étaient tout près à s'y opposer, a cité entre autres vers d'Ovide, celui-ci dans son *Traité de la Considération* :

Non est in medico semper, relevetur ut aeger.
De Ponto, I, 111, 17, ad *Rufinum*.

Tout humaniste chrétien vous récitera le distique rapporté par l'auteur de l'*Imitation* : « Principiis obsta.... »

On lit dans le *Ménagiana*, t. 2, p. 125 : « Ovide a dit, *Trist.* I, 6 :

Donec eris felix, multos numerabis amicos :
Tempora si fuerint *nubila*, solus eris.

« On vient me voir quand il fait vilain ; mais, quand il fait beau, chacun va à la promenade sans se soucier de ma cuisse démise qui ne me permet pas d'en faire autant. »

M. Blondeau de Commercys a fait insérer dans l'*Almanach des Muses* de 1822, le quatrain suivant, qu'il donne comme une imitation d'Ovide :

Jupiter à la main tient déjà son tonnerre :
Tremble, blasphémateur !... ce dieu va t'abîmer;
Mais, que dis-je, il est bon, et malgré sa colère,
Avec un grain d'encens tu le peux désarmer.

La même pensée se trouve dans l'*Iliade*, et Lamotte-Houdart l'a ainsi rendue :

On offense les dieux, mais, par des sacrifices,
De ces dieux irrités on fait des dieux propices.

Voici une heureuse imitation du *Nescio quò natale solum*, etc. (*Pont.*, I, 5) :

Amour de nos foyers, quelle est votre puissance !
Quels lieux sont préférés aux lieux de la naissance ?
Le cardinal DE BERNIS, *Ep.* 5.

Ovide a dit dans ses *Fastes*, I, 218 : *Pauper ubique jacet* ; M. de Saint-Ange a fait sur cet hémistiche la note qui suit : « On rapporte qu'Elisabeth, qui savait fort bien le latin, voyant un malheureux étendu sur la paille, à la porte d'une église, s'écria : *Pauper ubique jacet*; à quoi le mendiant répartit : « In thala- » mis, Regina, tuis hac nocte jacerem, — Si » foret hoc verum, *Pauper ubique jacet.* » La reine, qui avait de grandes prétentions à la beauté, et plus de coquetterie que de pruderie, ne fut point choquée de cette réponse. J'ai rendu, ajoute Saint-Ange, le mot *jacet* dans le sens noble et énergique qu'Ovide lui donne (Le pauvre abandonné rampe dans le mépris) ; mais, dans le distique, ce terme a une acception équivoque qui ne peut passer dans notre langue; je vais pourtant le rimer en faveur des dames : « Cette nuit, je serais gîté dans votre lit, — « Si ce mot était vrai : *Partout le pauvre gît.* » — Je ferai observer que, suivant William Oldis, ce n'est pas à Elisabeth, mais à Henriette, femme du roi Charles Ier, que cette réponse aurait été faite, par Thomas Randolph, pendant que cette reine, visitant l'université de Cambridge, il lui arriva de dire devant ce poète, *Pauper ubique jacet.* V. la Biogr. Didot, t. 41, col. 310, et 586, et *l'Improvisateur français*, t. 5, p. 118.

Les plus belles lettres des auteurs françois, recueillies par M. *Richelet.* Lyon, Bailly, 1689, 2 vol. in-12. — Edition citée par Walckenaer, p. 201 de son *Hist. de La Fontaine.* V. sur ce recueil, les P. de 1687.

Les Provinciales.... Cologne (Lyon ou Trévoux), 1689, in-12. — Mme de Maintenon les avait lues; en 1677, elle écrivait de Versailles à Mme de Saint-Géran : « Le P. *de la Chaise* a déploré vingt fois avec moy les égarements du Roy ; mais s'il parloit avec sincérité, ne lui interdiroit-il pas les sacrements ? Vous voïez bien qu'il y a du vray dans les *Provinciales.* Le P. de la Chaise est un honneste homme, mais la Cour gâte la vertu la plus pure, et adoucit la plus sévère. » Recueil de 1755, t. 1, p. 104. V. ci-dessus, déc. 1650.

Réfutation des prophéties faussement attribuées à Malachie sur les élections des Papes, depuis Célestin second jusqu'à la fin du monde, par le R. P. Menestrier. Paris, 1689, in-4. — Le P. Menestrier publia, la même année, un opuscule sous ce titre : *Examen de la suite des Papes* sur les prophéties attribuées à S. Malachie, Paris, in-4 de 14 pp. — Par un singulier hasard, la devise qui suit appartient à Pie VII : *Aquila rapax*, et celle-ci à Pie IX : *Crux de cruce.*

La Religion des Jésuites, ou Réflexions sur les inscriptions du P. *Ménestrier*, et sur les Ecrits du P. *Le Tellier*, pour les nouveaux Chrétiens de la Chine. — La Haye, 1689, in-12. — Ce libelle a pour auteur le fougueux *Pierre Jurieu*, qui tenait pour une idolâtrie les hommages rendus par la ville de Paris à la statue de la place des Victoires; il fait un crime au P. Menestrier d'avoir composé des inscriptions à cette occasion, notamment celle qu'on lit sur la base de la statue : VIRO IMMORTALI. Suivant lui, la Société des Jésuites n'est plus celle de Jésus, mais celle de Louis-le-Grand. Il leur reproche d'avoir fait effacer le nom de Jésus inscrit sur le frontispice de leur Collége pour y mettre les armes du Roi, ce qui, dit-il, a donné lieu à ce beau distique :

Sustulit hinc Jesu, posuitque insignia regis :
Impia gens alium non habet illa Deum.

Après s'être raillé des ballets et des ballades, des airs de Cour et des Comédies du P. Menestrier et de ses frères en Loyola, il reproduit les calomnies auxquelles les Jésuites furent en butte à l'époque de leur bannissement, sous Henri IV ; puis revenant au *Viro immortali*, il fait avec son acrimonie ordinaire la critique d'une *Lettre* que le P. Menestrier avait récemment publiée *sur la description du feu d'artifice de la ville de Paris* (Paris, *La Caille*, in-4), et dans laquelle l'érudit jésuite détermine le véritable sens de *Templum* et de *Numen*. A l'en croire, le meilleur moyen de justification que puisse employer le P. Menestrier pour défendre ses impiétés, c'est d'avouer qu'il s'est laissé aller au torrent, et qu'il a sacrifié à la mode : « Ne faut-il pas la suivre ? s'écrie-t- » il; tout le monde se mêle d'être profane, » idolâtre, et de faire du Roi une idole. Les » Jésuites pourroient-ils demeurer en arrière » de quelque chose ? » V. les P. de 1687, à la fin, et celles de 1690, *Respects*...

Le Taureau banal de Paris. Cologne, *Pierre Marteau*, 1619, in-12. — Ce petit roman satirique paraît avoir été imprimé à Lyon ou à Trévoux ; on y trouve quelques particularités sur la Maison de *La Baume*, originaire de la Bresse, où est située la terre de *Montrevel* (1), nom que prenaient les aînés de cette famille. Le héros de ce roman, le comte de Montrevel, un des courtisans de Monsieur, frère du Roi, y est représenté comme un vert-galant, doué d'une force herculéenne, un second Saucourt que se disputaient les dames de la Cour. — Ce livre a échappé à Barbier, et le nom de son auteur est encore à trouver. V. le *Manuel* de M. Brunet, t. 5, p. 679, le Catal. Cailhava de 1862, n. 556.

Traité de Primerose sur les erreurs vulgaires de la médecine, avec des additions par M. *de Rostagny* (2), médecin de la société royale, et de S. A. madame de Guise. Lyon, *J. Certe*, 1689, in-8. — Patin écrivait à Falconet, le 12 mai 1670 : « Il m'est tombé entre les mains un livre imprimé à Lyon (1), intitulé *Jacobi Primerosii de vulgi erroribus in medecina* ; il y a là-dedans de fort bonnes choses et bien curieuses, et fort peu de mauvaises. » — Dans la traduction de Rostagny, les vers latins sont imités en vers français; en voici quelques-uns :

Ars tua, Tiphy, jacet non sit in æquore fluctus :
Si valeant homines, ars tua, Phoebe, jacet.
Ovid., *Trist.* IV, 377.

Tiphys, ton art est nul si la mer est tranquille ;
Phébus, l'homme étant sain, le tien est inutile.

Nemo tam divos habuit faventes,
Crastinum ut posset sibi polliceri.
Seneca, *Thyestes*, 618-9.

Nul ne dira jamais, j'ai le pouvoir en main
De disposer du temps, et d'attendre à demain.

Non impune vident populi, sed crine minaci,
Nuntiat aut ratibus ventos, aut urbibus hostes.
Claud., *de Raptu Proserp.* I, 233-4 (2).

Lorsqu'il paroît une comète,
Chacun, chez soy, fait le prophète ;
Le pilote craint l'ouragan,
Et le bourgeois le patapan.

Le dernier mot de ce quatrain ne se trouve pas dans le *Dict. de l'Académie*, mais il est, allongé de deux syllabes dans Richelet et dans Trévoux : *Pata pata pata pan*, avec cette explication : « Mots factices pour représenter le son du tambour. » Nodier, dans son *Dictionnaire des Onomatopées* écrit *Patapatapan*, « mot » factice, dit-il, inventé pour exprimer le son » du tambour, et qui appartient à toutes les » langues, s'il appartient à quelqu'une. » — Sous le règne d'Alphonse IV, roi de Portugal, il y eut deux comètes; ce monarque, qui avait sans doute lu la *Pharsale* (3), en voulut tuer une, « et s'avisa de lui tirer des coups de pis- » tolets. » Voyez les *Variétés* de Sablier, t. 3, p. 553, et le Carmen du P. Souciet sur les Comètes, dans le t. 2 des *Poemata didascalica*.

Vie de Sainte Dauphine, vierge et mariée à S. Elzéar, comte d'Arian, par *Elzéar Borelly*. Lyon, *J. Certe*, 1689, in-8. B. de L.

(1) On lit dans le *Clovis* de Desmarets, l. XIII :

Balme à la haute taille, au généreux regard,
Célèbre par ses faits, enmène un corps à part,
Et sur le mont Revel, qui s'élève en la Bresse,
La race de la Baume en tire sa noblesse.

V. Guichenon, *Bresse*, 2e partie, p. 82, le P. Anselme, V. 206 et IX, 120, Moréri, art. Baume, la *Biogr. lyonn.*, p. 28, et les P. de 1712.

(2) On a encore de ce médecin un livre intitulé : *Instruction de la fille de Calvin*, Paris, *Barbier*, 1685, in-4. Catal. Alvarès, juin 1857.

(1) Il y a eu deux éditions lyonnaises, l'une de 1644, in-8, citée par Eloy, l'autre de 1664, mentionnée dans la *B. méd.* de Panckoucke. M. Grattet-Duplessis a compris Primerose dans sa *Bibliog. parémiologique*.

(2) Voici la traduction du Président Nicole :

Un comète descend avec légèreté
De la sphère du feu, dont il prend la clarté ;
Il brille avec horreur, et ses flammes subtiles
Menacent les rochers et les champs et les villes.

Voyez sur le sexe du mot *Comète*, les *Observations* de Ménage *sur la langue française*, p. 140 de l'édit. de 1675, in-12

(3) Voyez le livre 1, vers 524 et suivants ; voici la traduction de Brébeuf :

... Cet astre malheureux qui change les estats,
Dispense la lumière et l'horreur icy-bas,
Et d'un sombre ascendant l'influence secrette
Fait d'un feu lumineux un sinistre comète.

1690

Prévot des marchands : *Gaspard Baraillon.*

Echevins : *Louis Athiaud de Monchanin.* — *Jean-Louis de Pasturel,* — *Pierre de la Roue* (1), *Jean Claret* (2).

Janvier 1. Madame de Sévigné écrit à sa fille : «.... Vous avez eu M. de Carcassonne (3) ; il avait raison d'être surpris qu'un homme avec qui il venait de déjeûner et qui se portait aussi bien que lui, fût tombé mort. M. *de Villeroy*, dans un cas bien différent, ne voulait point croire que M. *de Genève* (4) fût saint et canonisé, parce qu'il avait diné vingt fois avec lui à Lyon..... » C. B., *Nouv. mél.* p. 454.

Même mois 8. Mort, à Paris, de *Ferdinand de Neuville*, abbé de Belleville, né en 1602 ; il était fils de Charles ; il institua pour légataire universel le marquis d'Alincourt, son petit-neveu (Dangeau, V. L'abbé Chambeyron, *Premier essai* sur Belleville, p. 17). — L'abbé de Neuville fut remplacé par M. *Le Prestre de Vauban*, frère du maréchal ; il avait été auparavant abbé de Brantome. Voyez la *Gazette de Fr.* du 1er avril 1690, et Saint-Simon, t. 9, p. 144.

Mars 5. Le Comte de Bussy écrit, de Chaseu, à Mme de Sévigné : « ..... Quand votre lettre (du 5 février) m'est arrivée, ma chère cousine, M. d'Autun (*Gabriel Roquette*) était à Lyon, à une assemblée du Clergé ; il vient d'en revenir..... » V. ci-après, 25 mai.

Même mois 6. Bayle écrit, de Rotterdam, à Ménage : « ..... Je souhaite passionnément que les imprimeurs de Lyon nous donnent bientôt *Les Femmes philosophes* et *les Origines de la langue françoise*..... » Catal. Charavay, déc. 1854. V. Les P. de 1690 et de 1694.

Même mois 12. Les pénitents du Saint-Crucifix, vulgairement appelés *Pénitents noirs de S. Marcel*, célèbrent le centième anniversaire de leur fondation, dont le principal but est de recueillir des aumônes destinées à placer des enfants en apprentissage. — Ces pénitents avaient alors pour recteur *J. B. Dulieu*, lieutenant particulier en la Sénéchaussée (Mss de la B. de L., n. 1309). — Le dernier recteur fut *Joseph Monterrad.* Claude Péricaud, mon père, était membre de cette confrérie. — L'église de S. Marcel, située au bas de la Grande-Côte, a été démolie ; elle avait été convertie en théâtre vers la fin du 18e siècle, et on y jouait la comédie.

Même mois 28. *Antoine Dupré*, marchand de Lyon, obtient la concession pendant 20 ans des mines de cuivre, de plomb, de vitriol et de couperose dans les trois provinces du Lyonnais, du Beaujolais et du Forez. V. Le *Rapport* de M. Fournet sur le *mémoire* de M. Poyet, Lyon, 1861, in-8, p. 11.

(1) Il renonça, le 12 sept. 1691, à son privilége de noblesse consulaire. V. de Valous, *Origines cons.*, p. 54. — (2) Le même, p. 34. — (3) M. de Monteil de Grignan. — (4) François de Sales.

Avril 30. Mort, à Paris, de *Réné Le Pays*, poète et prosateur, ancien directeur des gabelles du Dauphiné et de la Provence ; il eut pour Mécène M. *du Gué de Bagnols*, intendant de Lyon, et la plupart de ses ouvrages furent imprimés en cette ville. Voici en quels termes le *Mercure galant* en a parlé (mai, p. 188 de l'édition de Lyon) : « Une fièvre continue l'a emporté en fort peu de jours, et la mort n'a pas respecté son heureux talent. Son livre intitulé *Amitiez, Amours et Amourettes,* lui avoit donné de la réputation, et il l'avoit soutenue avec beaucoup d'avantage par un peu d'esprit qui lui étoit naturel. Sa conversation aussi aisée qu'agréable lui donnoit accès partout, et il étoit mal aisé de le connoître sans chercher à être de ses amis. » — Il était né à Nantes en 1636. Voyez *Les deux Deshoulières*, Lyon, 1843, in-8, et les P. de 1644 et de 1681 où j'ai parlé de ses relations avec plusieurs personnes de notre ville.

Mai 25. Ouverture de l'assemblée du clergé de France, tenue à Saint-Germain-en Laye, sous la présidence de Mgr. de Paris (François de Harlay). — Les deux agents-généraux, l'abbé de Bourlemont et l'abbé d'Aquin furent élus par la Province de Lyon, qui nomma pour ses députés l'évêque d'Autun et l'abbé de Roquespine. *Mercure gal.*, p. 214. V. *supra* 5 mars, et les P. de cette année, *Mercure galant* de juin.

Juin 27. Mort, à Paris, de *Sébastien Joseph du Cambou de Ponchâteau*, né en 1634, au château de Coislin. — A son retour d'un voyage qu'il fit à Rome, en 1652, il s'arrêta à Lyon, où il fut reçu par son grand-oncle, le cardinal *Alphonse de Richelieu.* « Ce prélat, dit M. Sainte-Beuve, le prit en grande amitié ; il lui confiait toutes ses affaires, et faisait tout ce qu'il pouvait pour le charger de bénéfices. S'il en avait eu un plus grand nombre à sa disposition, il les lui aurait tous donnés. Sa mort délivra M. de Ponchâteau de ses vues d'ambition, où le conseil de sa famille l'avait rengagé. » *Port-Royal*, V, 101. V. la *Biogr. univ.*, t. 77, p. 406, et voyez ci-dessus, au 22 mars 1653, date de la mort d'Alphonse de Richelieu.

Même mois 28. Un arrêt de réglement maintient le prévot de Beaujeu dans la connaissance des causes attribuées aux prévôts royaux. *Alm. de Lyon* de 1760, p. 20 du Dictionnaire.

Même mois. Le *Mercure galant* (juin 1690, p. 159 et suiv. de l'édit. de Lyon) contient une lettre adressée à une dame ; les détails curieux qu'elle nous offre m'engagent à la reproduire : «.... La défaite entière des *Vaudois*, qui viennent tous d'estre, ou tuez, ou chassez des retranchemens qu'ils avoient faits sur leurs montagnes, me donne lieu de vous parler de leur origine.... Ces hérétiques, qui s'élevèrent vers l'an 1160, tirent leur nom de Vaudois d'un riche marchand de Lion appelé *Pierre de Vaud*; il estoit du village de Vaud en Dauphiné, sur le Rhône, et il s'acquit des admirateurs en distribuant ses biens aux pauvres. Ce commencement estoit fort louable; mais il voulut faire des sermons après avoir fait de grandes aumônes, et comme il estoit extrêmement ignorant, ceux qui l'écoutoient par intérest, furent les seuls qui approuvèrent sa doctrine, et ce fut ce qui les fit appeler *Pauvres de Lion*. Ils ne vouloient souffrir aucunes images, ni célébrer aucun jour de feste. Ils rejettoient les prières des Saints, mesme l'*Ave Maria*, n'en voulant point d'autre que l'Oraison dominicale, par le moyen de laquelle ils se prétendoient pouvoir consacrer. Ils rejettoient aussi l'huile dans le Baptême, la Confirmation, la Confession auriculaire, l'Extrême onction, la rémission des péchez, le Purgatoire, les prières pour les morts, la différence de l'évesque et du prestre, l'obéissance aux prélats, les miracles et le chant de l'Eglise; ils n'admettoient aucun Ordre religieux, et nioient le mérite des bonnes œuvres; ils croyoient que les laïques pouvoient prescher et consacrer le pain du Sacrement de la Cène, et que la Cène avoit plus de vertu le vendredi que les autres jours. C'estoit aussi un article de foi chez eux, que les Prestres, Anciens et Ministres qu'ils appeloient *Barbes*, d'où ils ont pris le nom de Barbets, estant tombez dans le péché, perdoient la puissance de consacrer, de mesme que leurs supérieurs, celle de gouverner, lorsqu'ils avoient commis quelque crime. Ils soutenoient avec une opiniâtreté invincible que les ecclésiastiques ne pouvoient posséder aucune charge publique, et que l'Eglise estoit tombée dans l'erreur du temps du pape Silvestre. Ils portèrent leur impudence jusqu'à nier le Symbole des Apostres, et l'obligation qu'on a de garder inviolablement les serments, dispensant par là les sujets de l'obéissance deüe aux souverains, et ouvrant ainsi la porte de la rébellion, sur quoy ils formèrent un article de foy, qu'aucun juge n'avoit le pouvoir de condamner un Chrestien à mort, et, comme aucune crainte du châtiment ne les retenoit, ils s'abandonnoient ouvertement à toutes sortes d'impuretez, ne les mettoient point au nombre des crimes; ce qui obligea le Pape à publier contre eux une bulle en 1487 (1). Lorsqu'ils furent poursuivis, ils se retirèrent dans les montagnes du Dauphiné où ils infectèrent de leur hérésie les vallées d'Angrogne (*sic*) et de Freissinières (*sic*). Comme ils estoient dans des lieux presque inaccessibles, qui, estant très forts par la nature, n'avoient pour avenues que des édifices assez étroits, ils trouvèrent la liberté qu'on leur refusoit ailleurs, et ne s'abstinrent d'aucune profanation. Insensiblement leurs erreurs furent receuës dans les provinces voisines, et un certain Olivier les porta dans le diocèse d'Alby en Languedoc. On ne peut dire combien les troubles qu'elles y causèrent, firent répandre de sang durant près d'un siècle. Ce fut d'Albi que les sectateurs de Pierre de Vaud prirent le nom d'Albigeois; ils eurent celuy de Chaignards et de Josephites, à cause que Chaignard et Josephe y publièrent leur opinion avec plus de succès que les autres. Outre celles que j'ai déjà rapportées, les Vaudois en ont d'autres qui leur sont communes avec les Calvinistes..... Guillaume de Saint-Marcel, de l'ordre des Frères Mineurs, qui fut depuis évêque de Nice, tâcha de les convertir en 1290. François Barilly, de Gap-en-Dauphiné, et Bertrand de Saint Guillaume, Cordelier, firent la même entreprise en 1369; mais toutes les lumières de l'Evangile dont ces habiles prédicateurs se servirent pour les éclairer furent inutiles. Peu de temps après, le Pape y envoya l'évêque de Masse, et exhorta le roy de France, le comte de Savoye, le gouverneur du Dauphiné, et le Conseil delphinal, qui est aujourd'huy le parlement de Grenoble, à travailler unanimement à leur faire renoncer à leurs erreurs. Les voyes de la douceur n'ayant rien produit, on prit celles de la justice, et, en 1595, on en brûla 230, convaincus de plusieurs crimes et impiétez..... Depuis la suppression de l'Edit de Nantes, M. le duc de Savoye, ayant fait paroître son zèle pour la véritable religion, demanda des troupes au roy, afin que les joignant avec les siennes, il pût chasser les Vaudois de ses Estats..... Une partie de ces hérétiques obstinez soudoyez par le Prince d'Orange, avoient regagné depuis peu de temps quelques-unes de leurs habitations sur des montagnes inaccessibles. C'est de ces montagnes, dont l'une s'appelle le *Pain de Sucre* qu'ils viennent d'estre chassez par les troupes de sa Majesté. M^{r} de *Catinat* (1), qui les commandoit, avoit choisy pour cette expédition M^{rs} les marquis de Feuquières et de Clerambaut, l'un maréchal de camp, et l'autre brigadier. Ces deux commandants, dont les troupes occupèrent des postes séparez par des montagnes, lui rendoient incessamment compte des progrez qu'ils avoient faits, et je vous envoye la copie des lettres qu'ils ont écrites à ce général; jugez si par là vous serez fidellement informée (madame) de leurs approches et du succès de cette entreprise :

« De Basille, le 24 mai 1690, à dix heures du matin.

« Je reçois, monsieur, dans ce moment vostre paquet de la Perouse, et je ne vois point

(1) Date fautive; je crois qu'il faut lire 1375, année dans laquelle Grégoire XI siégeait à d'Avignon.

(1) Voyez ci-après juin 1693.

les munitions que je vous avois supplié de m'envoyer en diligence. Notre canon tire depuis le matin avec succès. Je viens d'avoir des nouvelles de Mr de Clerambaut, que je vous envoye. Vous verrez par là que nos affaires sont en bon chemin. Feuquières. »

Le même jour 24, à 2 h. après midy, M. de Clerambaud écrivit du pied du Grand Pain de Sucre à M. de Gatières :

« Je n'ay que faire de vous dire que je suis au-dessus du Pain de Sucre ; vous devez vous en estre apperceu. Je leur ay emporté trois postes, ce matin, sans perdre un homme de mon détachement ; il n'y a eu que trois soldats de Bournazelle blessez et deux tuez, et un lieutenant des grenadiers de la Sare blessé à la main. Les misérables font de petits ren tranchemens que je croy nettoyer aujourd'huy et la nuit prochaine. Je vous prie d'envoyer ordre au régiment de Boissière de garnir le ruisseau jusqu'à la cascade par le bas, et au régiment de Bourbon, le ruisseau de son costé. Je croy qu'il ne s'en sauvera pas un. Je viens d'envoyer, dans ce bas, deux partis qui les mettront au désespoir. Clerambaut. »

Le même jour, à 6 heures du soir, M. de Feuquières écrivit à M. de Catinat :

« Nous sommes maistres de tout, hors du Grand Pain de Sucre, sans avoir perdu quatre hommes. Je ne sçay pas ce que fait M. de Clerambaut. J'essaye à l'heure qu'il est de laisser le Pain de Sucre à droite et à gauche, et de prendre à revers les derniers logemens de ces canailles. Nous avons trouvé le pauvre *Parat*(1) encore tout chaud dans le pâté. Voilà, Monsieur, où nous en sommes. Si nous ne faisons pas la journée complète, il ne s'en faudra guère, mais nous ferons de nostre mieux. Quand je vous écrits du pied du Grand Pain de Sucre, c'est-à-dire que je vous écris du pied de cette roche. Feuquières. »

Le lendemain 25 may, à 5 h. du matin, M. de Feuquières adressa, du camp de Basille, cette lettre à M. de Catinat :

« Je suis au désespoir ; malgré toutes mes précautions d'avoir eu toutes les troupes au bioüac, et d'avoir eu des bataillons tous entiers dans les fonds de Guinevers, jusqu'à donner la main à M. de Clerambaud par la droite et par la gauche, les Barbets, qui estoient restez dans le dernier Pain de Sucre, en sont échapez. Je fais fouiller partout si on trouvera une piste. J'avois moi-même fait le tour de tous les postes avec tous nos guides du pays, et je faisois battre l'estrade d'un poste à l'autre, qui d'ailleurs se voyoient. Je n'en ay pas mesme bougé ; cependant il n'y a personne. Le Barbet prisonnier avait bien dit qu'ils songeoient à se sauver, et cela m'avoit obligé de prendre toutes ces précautions qui n'ont pas laissé d'estre inutiles. Dans ce moment, voici un de nos guides que j'avois envoyé à M. de Clerambaut avec une teste de Barbet. Il a dit que c'estoit le *Cerfille*, et qu'ils sont passés au travers des postes de M. de Clerambaud, ce que je ne puis comprendre. Le guide dit qu'ils vont dans la vallée d'Angrogne et de Prailli. Je laisse au poste des Barbets le bataillon de Bournazelle, avec ordre de tout ruiner, et je marche avec le reste des troupes pour tâcher de les rejoindre par le Prailli. Feuquières. »

Le même jour, 25 mai, à 5 heures et demie du matin, M. de Feuquières écrivit à M. de Catinat :

« Voici un billet que je reçoy dans ce moment de M. de Clerambaut ; cela change toute ma marche :

» A 5 heures du matin. — « Je voy, monsieur, à l'heure que je vous écris, plus de cent » hommes qui filent par la montagne qui est » vis-à-vis de mon camp, et qui prennent le » costé de Savoye. Le bruit est que ce sont des » Barbets, et il y a grande apparence. J'ay » cru que vous seriez bien-aise d'estre averti » de cette marche. Clerambaut. » — « Les » guides disent qu'ils vont droit à Sezane et » au mont Genève, et que si les troupes y » arrivoient auparavant, on pourroit les tailler » en pièces. »

Le 26 mai, 9 h. du matin, M. de Feuquières écrivit, du camp de Basille, à M. de Catinat :

« Sur les différents avis que j'ay eus des Barbets, j'envoye M. de Clerambaut vers la vallée de Sezane avec les détachemens qu'il avoit et les bataillons de Boissière, la Sare, Cotteuse, et je fais marcher M. de Pontdevis avec son régiment au Col-Julien, d'où, s'il tombe sur la piste des Barbets, il les suivra jusqu'à ce qu'ils les ait joints. Je demeure icy avec le reste des troupes. Bournazelle est dans les postes des Barbets, qui les ruine. Artois et Bourbon sont icy avec les détachemens de Pigneroles, que je destine à la conduite de vostre artillerie. » Feuquières. »

Le même jour, 26, à 6 h. du soir, M. de Feuquières adressa cette dernière lettre à M. de Catinat :

« Je vous renvoye vostre poudre avec beaucoup de remerciments, n'en ayant plus besoin. J'ai mandé à M. de Louvois que je croyois qu'il s'estoit bien sauvé deux cents cinquante Barbets ; cependant un homme qui les a vus, vient de me dire qu'ils ne sont pas plus de cent ou six vingts..... »

L'auteur de la relation qu'on vient de lire, la termine ainsi : « J'ajouteray à ce que *l'on vient* d'apprendre par ces lettres, qu'on avoit eu soin de faire venir de Paris quantité de carabines rayées, qui, avec le canon, ont aidé à ruiner les parapets que les Barbets avoient faits pour leur défense. Comme ils avoient

(1) Un médecin de ce nom, le docteur *Philibert Parat*, est mort en décembre 1838, à Lyon, où il était né en 763. *Biogr. Lyonn.*, p. 216.

trois postes retranchez les uns sur les autres, il leur estoit aisé de se défendre, et ils pouvoient faire périr beaucoup de troupes en faisant seulement rouler des pierres ; mais nos gens avoient porté des clayes courbées, dans lesquelles ils les recevoient ; pour monter plus facilement, ils avoient des gants avec des crochets, et d'autres crochets à leurs souliers..... Il faut estre François pour faire de pareilles entreprises, et pour y réussir. » Voyez, sur les Vaudois, un article de M. Jules Ferrand, p. 326 de la *Revue de l'instruc. publiq.*, août 1861 ; ci-dessus années 1160, 1580, 1253, 1618, 1655 et 1667.

Août 30. Une sentence de l'Election de Bresse décharge *Camille de Neufville* de l'imposition établie sur les biens acquis par lui, à Cordière, de la veuve *Liatou*. Mss de la *B.* de L., n. 1047.

Octobre 17. Une ordonnance de *Camille de Neufville* porte que le service paroissial de l'ancienne église de *Saint-Michel* aura lieu désormais dans l'église du Chapitre d'Ainay. — Suivant une note autographe de Spon, qu'on lit dans un exemplaire de la *Recherche*, M. Thomazet, curé de Saint-Michel, avait l'épitaphe en vers latins de la reine Caretène, qui se trouvait autrefois dans l'église supprimée, et sans doute démolie à cette époque. Voyez les *Inscriptions chrétiennes de la Gaule*, par M. Leblanc, p. 70, et les *Inscriptions antiques de Lyon*, par Alphonse de Boissieu, p. 574. Voyez aussi le *Mémoire* de François Billiemaz contre Etienne Gord, p. 29, ma *Notice* sur François Paul de Neufville (Lyon, 1864.) p. 6, et ci-dessus, fin 1687.

Novembre 9. *Antoine Charpin de Genetines* est reçu chanoine-comte de Saint-Jean. — Il était frère de Louis (V. *supra*, déc. 1683). Nommé évêque de Limoges, il fut sacré à Lyon, le 25 janvier 1707 ; il assista à l'assemblée du Clergé en 1711, et se démit de son évêché en 1729. Voyez *les Archevêq. de Lyon*, par M. Morel de Voleine, p. 104, et la Table de la Gaz. de Fr., t. 1, p. 554.

Décembre 21. Messire *Joseph Dallery*, prêtre du diocèse de Lyon, prononce l'Oraison doctorale, et reçoit une gratification de 125 livres.

Même année. Madame *Robio* était alors supérieure du second monastère de Sainte-Elisabeth, vulgairement appelé le *Couvent des Deux Amans*.

Mort d'*Octavio Mei*, négociant à qui l'on doit l'art de lustrer la soie. V. la *Biogr. Lyonn*, p. 189, ci-dessus, déc. 1666, et ci-après, 14 mars 1697.

— Mort de l'*Hermite du Mont-Cindre*. — Son successeur figurait encore dans l'*Almanach de Lyon* pour 1760 (article MONT-CINDRE) ; il avait alors 91 ans, et vivait de pain et d'eau; on le regardait comme un saint. Voyez les P. de 1719, *Statuts et réglements pour les frères hermites*.

Circa. L'abbé *Gilbert*, ancien professeur de théologie à l'université de Douay, meurt dans le château de *Pierre-Encise*, où il avait été renfermé par ordre du roi. — En 1686, il avait dicté à ses élèves un *traité sur la grâce*, « tout pétri, suivant le P. de Colonia, du plus pur Jansénisme. » Ce traité ayant été censuré par dix docteurs nommés par le roi, et condamné en 1687, comme hérétique, par l'évêque d'Arras, l'abbé Gilbert parut se rétracter ; mais il n'en continua pas moins de persister dans ses erreurs, « et de gâter l'université de Douay ; » c'est alors qu'il fut arrêté et conduit à Lyon, où il fut mis à Pierre-Encise. *Bibliothèque Janséniste*, édition de 1734.

PUBLICATIONS DE 1690.

Les Agrémens : — De la Justesse ; De la Conversation ; — De l'Esprit. Discours de M. le Chevalier *de Méré*. Lyon, *J. B. Girin*, 1692, in-12. — Quand un livre avait eu quelque succès, les libraires de Lyon se hâtaient d'en donner une nouvelle édition, dès que le privilége était expiré. Le chevalier de Méré eut cet honneur : c'était alors un bel esprit à la mode ; mais sa renommée s'éclipsa avec le 17e siècle, et c'est en vain que M. de Sainte-Beuve a essayé de le ressusciter. Voyez Dreux du Radier, *Bibliothèque du Poitou*, tome 4, p. 244, et les P. de 1691, *Lettres*....

L'Amante convertie, ou l'*Illustre pénitente*. Seconde édition, revue, corrigé (*sic*) et augmenté (*sic*) de la moitié par M. B. P. Lyon, *Claude Martin*, 1690, in-12 (omis dans Barbier). — Le permis du procureur du roi, daté du 16 janv. 1690, est donné à la veuve de *Fleury Martin*, maître imprimeur. — L'*Amante convertie* est madame *de la Vallière*, qui avait pris le voile en 1676. C'est un éloge de l'illustre pénitente, suivi d'un sermon sur la prise d'habit d'une religieuse. — On lit dans les *Mémoires* de l'abbé de Choisi, p. 148 (1) : « Mademoiselle de la Vallière n'étoit pas de ces beautez toutes parfaites qu'on admire souvent sans les aimer; elle étoit fort aimable, et ce vers de la Fontaine, *Et la grâce plus belle encor que la beauté* (2), semble avoir été fait pour elle. V. ci-après, *Réflexions*, et les P. de 1695, *Lettres*.

(1) Edition de Paris, 1727, in-12.
(2) *Adonis*, poème, vers 78.

Cabassutii (Joan.) Notitia ecclesiastica Historiar. et Concilior., Lugduni, *J. Anisson*, 1690, in-fol.

La Dévotion en la Confrérie establie depuis plusieurs siècles à l'honneur de *Notre-Dame de Lorette*, dans l'église paroissiale de *N.-D. de la Platière*. A Lyon, chez *Matth. des Mares*, rue Quatre-Chapeaux, 1690, in-12. — Innocent IV, dit l'auteur de ce livre, se trouvant à Lyon, l'an de N. S. 1245, et toute la Chrestienté estant alors dans un estat déplorable, le saint pape eut recours au Ciel, en implorant l'assistance de la Bienheureuse Vierge; il ordonna qu'on solemniseroit la feste de la Sainte Nativité avec octave, dans l'église de la Platière. — Le P. Menestrier, qui a transcrit en entier, p. 90 de son *Parchemin*, le récit que je viens d'abréger, observe que dans les Preuves de l'Eglise de Saint-Etienne, p. 51, il est parlé, dans un Cartulaire de S. Etienne de Dijon, de la révélation du corps de S. Médard, évêque de Noyon, faite l'an 1538, *in crastino Nativitatis* B. M. V.

Essai de lettres familières.... OEuvre posthume de l'abbé *** (*Cassagne*), de l'Académie françoise (mis en ordre par *Antoine Furetière*). Paris, 1690; in-12. V. Barbier, n. 5844. — Le feuillet sur lequel j'avais fait un extrait de ce recueil, ayant été placé par mégarde dans le cahier des publications de 1686, le lecteur le trouvera ci-dessus, à la page 7, col. 2.

Etmulleri (Michaelis)..... Operum omnium medico-physicorum editio novissima,..... operâ et studio *Petri Chauvin*. Lugduni, *Th. Amaulry*, 1690, 2 vol. in-fol. Voyez les P. de 1695, *Lettre* .....

Histoire des Perruques, ... par M. *J. B. Thiers*...., Paris et Lyon, 1690, in-12. — Le Journal des sçavants (juillet 1690) contient une longue analyse de ce livre, un des plus curieux du curé de Champrond; le titre porte cette épigraphe tirée du ch. 23 du Traité des Spectacles, par Tertullien : *Non amat falsum auctor veritatis; adulterium est apud illum quod fingitur* (1). — J'ai eu sous les yeux un in-12 de 79 pages ayant pour titre : *Les Mécontens du Bas-Clergé*, en vers badins et satiriques sur le partage trop inégal et trop disproportionné des biens de l'Eglise, par M. M. (2), avec cette épigraphe : *Tempus est ut incipiat judicium à Domo Dei*. I. Petr. c. 4., nouvelle édition corrigée et augmentée relativement aux affaires du temps, Amsterdam, 1757. A la page 50, l'auteur, après s'être apitoyé sur la misère du Bas-Clergé, et avoir déclamé contre le luxe des prélats, blâme le manège que l'on fait au Sacré-Collége, au sujet des dispenses; il voudrait que celui qui veut épouser une parente en fût exempt :

Parent ou non, pourquoi de bulle?
Prenant femme, assez on s'embulle (1).

Puis il ajoute :

Voici sur quoi bien à propos
On pourroit mettre des impôts :
Par exemple, sur les *perruques*;
Dût un prêtre montrer sa nuque,
On ne devroit pas le manquer.
Mais que dis-je? quelqu'un m'assure
Que c'est une chose très-sûre
Qu'un tel impôt est deja mis,
Qu'il n'est absolument permis
Dans les terres d'obéissance
Sans bonne et valable dispense,
Qu'on ne donne qu'à certain prix,
Et qui conste par bons écrits,
Pour se mettre à l'honneur du monde,
Ne prendre la susdite blonde,
Qu'il en coûte dix bons écus,
C'est-à-dire, quatre fois plus
Que ne coûte à monsieur Pancrasse
La sienne avec un doigt de crasse.
Vous en riez, prêtres françois,
Qui de ces bulles vous passez;
Vous vous sentez en terre sauve;
Gare, si vous deveniez chauve,
Qu'il vous fallût, étant chez eux,
Avoir recours aux faux cheveux.
Sans une bulle de commande,
Vous pourriez bien payer l'amende,
Ou bien téméraire infracteur,
En répondre à l'inquisiteur..... »

Sallentin de L'Oise n'avait pas lu le traité de Thiers (2), quand il a dit que l'on y trouvait dix pages au plus sur les perruques, et qu'en cela, il en a agi comme *Montaigne*, qui « a écrit un chapitre des Bottes dans lequel il parle de tout, excepté des bottes (3). Voilà une asser-

(1) « Il vaut mieux laisser dans l'histoire le vide que l'on y trouve que de le remplir par des fables. » Charvet, *Eglise de Vienne*, p. 336. — « L'histoire qui supprime est aussi peu véritable que celle qui invente. » Edgar Quinet, Note sur le tome 20 de *l'Hist. du Consulat et de l'Empire*, par M. Thiers. — « La moindre fausseté, a dit le cardinal *Baronius*, que le lecteur trouve dans une histoire, le fait douter de tout le reste, et il ne peut plus s'assurer de rien dès qu'il s'est vu une fois trompé. » V. les *Mém.* du P. Desmolets, XI, 445.

(2) Je soupçonne fort que cet opuscule, échappé à Barbier, est de *Fougeret* Monbron, le facétieux auteur de la *Henriade travestie*. La lettre M, que l'auteur a mise sur le titre de ses *Mécontens*, autorise ma conjecture.

(1) Mot forgé par l'auteur; on trouve dans Roquefort *Embuffler*, Tromper.

(2) T. 15, p. 145 de *l'Improvisateur français*. A la p. 148 du même tome, on lit cette anecdote extraite de *l'Alm. littéraire de* 1789 : — « En 1685, on empêcha un chanoine de la cathédrale de Beauvais de célébrer la messe parce qu'il avait une perruque; il la déposa à la porte du chœur, entre les mains de deux notaires, et protesta de la violence qui lui avait été faite. »

(3) Un disciple de Sterne, M. *Arthur de Gravillon*, a publié tout récemment un magnifique volume in-8, ayant pour titre : *A propos de bottes*, avec une eau forte et 85 croquis à la plume par l'auteur. Paris, Achille Faure, 1865.

tion que je signale au docteur Payen, qui en fera bonne justice.

Histoire et concorde (par *Antoine Arnauld*) des quatre Evangélistes..... Lyon, *Jean Certe*, 1690, in-12 de 10 ff. de pièces liminaires, de 474 pp. de texte, et de 13 f. pour la table. BARBIER, n. 8149. — Le permis d'imprimer donné à Certe par Jean Vaginay, procureur du Roi, est daté de Lyon, le 26 janvier 1679.

Historia mulierum philosopharum, scriptore *Aegidio de Menagio*. Accedit ejusd. Commentarius in VII Sonetum Francisci Petrarchae, à re non alienus. Lugduni, apud *Anissonios*, *Joan. Posuel et Claud. Rigaud*, 1690, in-12. — Dédicace de l'auteur à madame *Dacier*, suivie d'une pièce en vers latins adressée à cette savante pour la féliciter sur son abjuration. — Ménage aurait pu, ce me semble, ajouter à ses Femmes philosophes, *Elpis*, épouse de Boëce, à laquelle on doit des hymnes que l'on chante encore dans l'Eglise romaine; elle a un article dans Moréri. — Jacob Spon est loué à la p. 25 du livre de Ménage. Il paraît qu'il y avait entre les deux savants des relations assez intimes, car c'est à l'érudit Angevin que le savant Lyonnais dédia ses *Aphorismi novi* ex Hippocratis operibus primum collecti,..... Lugduni, apud *Anissonios*, *Joan. Posuel et Claud. Rigaud*, 1684, in-12. Spon ne se doutait pas, quand il publia ce traité, qu'il serait bientôt forcé de quitter sa patrie, et qu'il ne trouverait pas un asile dans une ville dont il avait écrit l'histoire. Ménage ne pouvait donc pas se dispenser de rendre un tribut mérité à la mémoire de l'érudit et infortuné Lyonnais. — *Guy Allard* fut aussi un des amis lettrés de Spon, qui lui communiqua l'épitaphe de Poncius de Rochebaron, frère hospitalier, mort en 1179, laquelle avait été trouvée à Manas(1). — J'ai un reproche à me faire. Dans la note qui accompagne les *Miscellanea eruditae antiquitatis*, publiés en 1685, j'aurais dû dire que ce beau livre, qui a coûté tant de veilles à son auteur, était terminé par une Epitaphe antique dont voici les premières lignes : *Monumentum absolvi sumptu et impensa mea — amica tellus ut det hospitium ossibus quod omnes optant, sed felices impetrant*, etc. V. les P. de 1688, *Glossarium*.....

Intrigues amoureuses de M. (Molière) *et de Madame* (Guerin), *son épouse*. Dombes, 1690, in-8. — Voyez Barbier, n. 6626, et les *OEuvres inédites* (?) *de la Fontaine* publiées par M. Paul Lacroix; Paris, 1863, in-8, p. 266. — A la p. 54 de ces *OEuvres* se trouve, sous un autre titre, la Fable de *la Jument et l'Asne*, que M. François a insérée avec le nom de *Louis de Puget* dans le *Chasseur bibliographe* de juillet 1863.

Lettre de M. de Rhodes, escuyer, docteur en médecine, à *M. d'Aquin*, sur les eaux minérales de *Forvière* (sic). Lyon, *Th. Amaulry* 1690, pet. in-8 de 48 pp. — L'auteur de cette curieuse lettre engage ceux qui viennent à Lyon pour y prendre les eaux, à se loger de préférence sur la montagne de Forvière. « L'air y est, dit-il, parfaitement bon et tempéré, les eaux fort pures, les promenades très-divertissantes ; on y compte jusqu'à onze maisons de religieux ou de religieuses, et deux églises collégiales ; on y voit accourir les peuples de toutes parts, principalement tous les samedis, pour y rendre leurs respects à la Mère de Dieu. M. *de Bérulle*, intendant de cette Province, qui se délasse souvent, dans la Physique, des fonctions pénibles de son ministère, m'a, le premier, ouvert la pensée de choisir cette montagne comme un lieu fort agréable et fort propre pour la boisson de nos eaux. Plusieurs de nos buveurs n'y perdent point de parties de plaisir, et trouvent qu'avec la promenade, la compagnie, les jeux et l'*Opéra*, elles profitent encore mieux, et prennent pour devise *Benè vivere et laetari.* » — « Je fus consulté, il y a deux ans, ajoute M. de Rhodes, par les premiers chanoines d'un célèbre Chapitre de cette ville, avant que de faire les exorcismes (1) au sujet d'une nouvelle convertie, prétendue obsédée ; on disoit que son *folet* la pansoit fort rudement toutes les nuits à coups de fouet et de bâton, et on lui voyoit, tous les matins, des contusions considérables. J'examinai la malade ; je reconnus qu'elle souffroit des convulsions épileptiques dans certaines heures de la nuit ; je jugeai que le démon étoit accusé à faux, qu'il étoit innocent, et que le mal caduc étoit seul coupable..... J'allai voir, il y a quelques années, à *Millery*, village à trois lieues de cette ville, une prétendue possédée, qui, par ses mots barbares, ses contorsions et ses grimaces, avoit imposé à quantité d'habiles gens ; je lui fis boire du vin émétique ; en peu de temps, cette malheureuse vomit une infinité de démons jaunes et verts, qui occasionnoient cette prétendue possession, et qui n'osèrent plus revenir. Je crois que si l'on faisoit prendre de cette liqueur aux 50 dévotes de la paroisse de *Chambon, en Forest*, proche Saint-Etienne, dont l'une aboye, les autres hurlent, bèlent, hennissent, brayent, et contrefont les cris de cent animaux divers, on les guériroit de leur manie causée par un prétendu sortilége..... » Cet opuscule est terminé par la liste de ceux qui ont bu à Lyon, les eaux chaudes minérales artificielles pendant l'année 1689 ; on y remarque l'intendant Bé-

(1) V. Le *Dict. du Dauphiné* de Guy Allard, publié par M. Gariel; Grenoble, 1864, t. 2., col. 256.

(1) Voyez sur l'exorcisme de la sœur Antoinette de Grolée, ci-dessus, février 1527 ; sur celui d'Adrienne du Fresne, tenté par le P. Cotton, F. A de Thou, L. 132, t. 14, p. 327. Voyez aussi Bayle, art. GRANDIER ; les Œuvres de la Monnoye, t. 2, p. 277, édit. in-4 ; mes *Docum.*, année 1566, oct. 1682, et les P. de 1665.

rulle, le carme déchaussé *d'Angalié*, Mme d'Epinac, de Saint-Pierre, Mme Robio, supérieure de Sainte-Elisabeth, l'abbé Blaut, sacristain de Saint-Just, le R. P. Huber, supérieur de Saint-Antoine, M. Blanc, chanoine de Saint-Nizier, l'abbé Croppet de Saint-Romain, M. Barbier, libraire, la Sœur Anne, supérieure des Filles de la Charité, etc. V. les P. de 1688 et de 1691; ci-après, avril 1695.

Lettres familières, galantes et autres sur toutes sortes de sujets, avec leurs réponses (par *René Millerand*, de Saumur, professeur de Langue françoise, allemande et anglaise). Lyon,.. 1690, in-12. — Chacun sait qu'un amoureux, ayant copié une de ces lettres pour faire la déclaration à sa maitresse, celle-ci lui renvoya l'épître après avoir écrit au bas : « Tournez le feuillet du livre, vous trouverez la réponse. » V. les P. de 1692, *Secrétaire...*

Mercure Galant. juin 1690. Lyon, *Th. Amaulry.* — Contient une lettre au P. *de La Chaise*, sur l'art d'écrire et de parler occultement et sans soupçon. Je signalerai dans le volume du mois de juin suivant une fable, *l'Honneur, le feu et l'Eau*, par M. *Templery*, d'Aix en Provence, un *Placet au Roy*, du P. *Sanlecque* (1), pour lui demander une abbaye ; mais la plus curieuse est une anecdote tirée de la *Philippide* de Guillaume le Breton, mise en vers, par M. de *Caluy* (2), et adressée à un prélat qui se rendait à l'assemblée du clergé ; cette pièce m'a paru devoir être reproduite :

Le clergé de campagne.

NOUVELLE.

Tu vas donc, illustre Prélat,
Briller à l'Assemblée où cent fois ta prudence
Sçut allier, pour le bien de la France,
L'intérêt de l'Eglise à celui de l'Etat.
Prélats, abbez, pleins d'une ardeur fidelle,
Vont à Louis marquer leur zèle.
Mais si quelqu'un, oubliant que l'argent,
Pour les besoins, est le plus sûr agent,
Au lieu des secours nécessaires,
N'offroit que de simples prières,
Dy-luy, Prélat, en peu de mots,
Ce qu'en pareille conjoncture,
A clercs d'épargnante nature
Jadis un de nos Rois répondit à propos.
Ce Roy sage, vaillant et juste,
Régna sous le beau nom d'Auguste.
L'éclat de ses vertus souleva contre luy
Anglois, Flamans, et Cercles de l'Empire,
Vains ennemis que son bras sut détruire.
Ainsi contre un grand roy se liguent aujourd'huy
Des princes éblouis et jaloux de sa gloire.
Téméraires projets ! Maître de la victoire,
En peu de jours, Louis va les dompter.
Mais où me laissay-je emporter?
Pour un Conteur, la matière est trop belle ;
Revenons donc. Suivi de braves combattants,
Le Roy court en vainqueur où la gloire l'appelle ;
Mais son trésor décroît en peu de temps.
Que faire ayant besoin d'une prompte finance?
Il va la demander au Clergé champenois.
Ils devoient bien fournir à la dépense,
Ses soldats défendoient leurs droits.
Mais le Clergé, tardif à la desserte,
Ne donna rien pour cette guerre.
Rien? ni riche prélat, ni chanoine opulent ?
Non, rien ; au lieu d'une somme précise,
Remède un peu trop violent,
Les Clercs offroient du trésor de l'Eglise
Des oraisons comme un équivalant.
Mais le peuple à son Prince ouvre encore sa bourse;
Pour les illustres potentats
Son amour fut toujours une sûre ressource;
Ils ne sauroient manquer d'argent ni de soldats.
Qu'en advint-il ? après guerre et victoire,
Ce monarque comblé de gloire
Fut tranquille dans ses Etats.
Notre Clergé n'eut pas même avantage.
Car certains comtes, ses voisins,
Pillèrent comme sarrasins
Les terres de son apanage.
L'Histoire accuse en ce fait-cy
Les comtes de Retel, de Rosset, de Coussy,
Brigands, qui, sans respect du Roy ni de l'Eglise,
Crurent que biens sacrés étoient de bonne prise.
Tous nos Clercs donc en dessarroy,
Implorent le secours du Roy;
Mais ce grand Roy gardoit dans sa mémoire
De leur refus le sensible déboire.
« Que voulez-vous, dit-il, je ne puis accorder
» Que remontrance et que prière.
» J'ai fort peu de soldats, et de finance guère ;
» D'autre secours je ne vous puis aider. »
Il tint parole, et sur un tel chapitre,
Il écrivit aux comtes mainte épitre.
Là, sans parler de leurs forfaits,
Il les prioit pour Dieu de laisser vivre en paix
Ces bonnes gens que leurs rapines
Empêchoient de chanter matines.
D'un style si nouveau les Comtes tout surpris,
Font encor pis;
Tant que nos Clercs confus de leur ingratitude,
Et las d'une guerre si rude,
Conviennent tous de bonne foy
Qu'il étoit juste que le Roy
Ne leur donnât qu'argent de même alloy.
Or, deux d'entre eux devant ce Prince
Pleurant les maux de leur province,
Tristes ambassadeurs vont chercher du secours.
Mais ils font mieux : après leurs doléances,
Ils font au Roy toucher mainte finance,
Charme plus fort que les plus beaux discours.
A cet aspect, rappelant sa clémence,
« J'ai su, dit-il, donner paroles pour paroles,
« Mais puisque maintenant vous donnez des pistoles,
» Je répondrai par des effets aussi. »

(1) Les poésies du P. Sanlecque, malgré les nombreuses réimpressions qui en ont été faites, sont aujourd'hui difficiles à trouver. Le libraire Pezieux, de Lyon, qui a publié, en 1828, une édition annotée des *Œuvres du P. du Cerceau*, en 2 vol. in-8, s'étoit proposé d'en donner une nouvelle édition, également annotée, mais la révolution de juillet fit avorter ce projet.

(2) *Caluy*, peut-être *Calvy*. Ce versificateur omis par les biographes, a fourni au Mercure plusieurs contes. M. Paulin Pâris attribue avec doute l'*Hist. des larrons*, par F. D. lyonnois, Lyon, 1666, in-8, à *François de Calvi*. Voyez le Catal. des livres du bibliophile Jacob, n. 1865.

D'abord il se met en campagne,
Et chasse, en peu de temps du fond de la Champagne
Des biens sacrés l'injuste usurpateur.
Alors un célèbre orateur
D'entre les Clercs harangua le monarque
Et finit par ces mots que l'Histoire remarque :
« Notre domaine est le bienfait des rois.
» Leur bras puissant le garde et nous l'assure.
» Sans eux, pauvres comme autrefois,
» Nous n'aurions que la prélature.
» Soutenons donc leurs desseins généreux.
» D'un bien que nous devons à leur main libérale,
» Maints tyranneaux, sans la force royale,
» Nous en dépouilleroient, et le prendroient pour eux.

Nouvelles réflexions ou sentences et maximes morales et politiques (par l'abbé *Etienne François de Vernage*), dédiées à madame *de Maintenon*. Lyon, *Th. Amaulry*, 1690, in-12. — On peut appliquer à l'auteur la fin de la CVIII[e] de ses Réflexions : «..... Rien n'est plus capable de distraire l'esprit, et de corrompre le jugement que cette passion démesurée qu'on a de lire indifféremment toutes sortes de livres, dont la multitude qui va presqu'à l'infini, ne vient que de ce que *la plupart des auteurs se copient* les uns et les autres. » En effet, plusieurs de ses sentences ont été empruntées aux Grecs ou aux Romains. J'en citerai qui paraissent lui appartenir. « Il est plus utile à un » prince de s'appliquer à procurer le bonheur de » ses sujets, qu'à faire de grandes conquêtes » (1). » — « On doit tolérer certains vices et » certains abus, lorsqu'on ne peut les déraciner sans renverser l'État. » « La trop grande » application à rechercher ce qui peut conserver la santé, et à éviter ce qui peut y nuire, » est une maladie continuelle. » — « L'Espérance est à l'homme une douce et fidelle » compagne ; c'est la dernière qui le quitte ; » elle rend ses travaux supportables ; elle » lui fait surmonter toutes les difficultés, et » le conduit à la fin de la vie par un chemin » agréable. » — « La connoisance de soi-même est le fondement de toutes les vertus, » comme l'ignorance de soi-même est la source » de tous les vices. »

OEuvres posthumes de Monsieur de Molière. Lyon, *Jacques Lions*, 1690, in-12. — En tête du 6e volume, le seul que j'ai eu sous les yeux, est l'extrait du privilège du Roi donné à Denis Thierry, libraire à Paris, le 15 février 1680, suivi d'une note portant que ce libraire a permis à son confrère de Lyon de faire réimprimer un nombre de ces OEuvres posthumes, suivant l'accord fait entr'eux le 2 décembre 1686. Ce volume contient, entr'autres pièces, *le Festin de Pierre* ; mais on n'y trouve pas la scène du *Pauvre*. Il paraît que c'est à Thomas Corneille, qui mit en vers cette Comédie, qu'on attribue la suppression de cette scène, qui ne se trouve plus que dans les éditions postérieures à 1677. (Voyez Bonaventure d'Argone, t. 5, p. 41). — J'ai déjà eu plusieurs fois l'occasion de parler de Molière ; je la saisirai encore pour glisser ici encore quelques remarques. — A l'époque où parut le *Festin de Pierre*, le *tabac* comptait beaucoup d'antagonistes ; Molière n'en étoit pas un, puisqu'il en place l'éloge dans la première scène de la comédie ; cependant il ne pouvait ignorer qu'Urbain VIII avait excommunié par une bulle ceux qui prendraient du tabac dans une église, et l'on a même prétendu que le tabac rompait le jeune (Voyez Hequet, *Traité des dispenses du Carême*). — Un savant dijonnais, l'avocat Michault, a dit dans ses *Mélanges*, t. 1, p. 146 : « Molière, dans *le Médecin malgré lui*, fait parler un homme qui prie Sganarelle de rendre sa femme muette (1) ; celui-ci lui répond qu'il ne peut faire cela, mais que, s'il veut, il le rendra sourd. Cette plaisanterie, ajoute Michault, se trouve dans les Remarques de Sorel sur *le Berger extravagant*, et Sorel l'avoit prise dans Rabelais. » Michault s'est trompé ; la plaisanterie ne se trouve pas dans *le Médecin malgré lui*. — On lit dans le *Tableau historique de la ville de Lyon*, par l'abbé Guillon (Lyon, 1792, in-12) : « La rue *Saint-Dominique* (2) a fourni l'un des noms comiques dont le célèbre Molière a enrichi son *Malade imaginaire*. En passant dans cette rue, il aperçoit, sur la porte d'une pharmacie, un apothicaire qu'il aborde : *Monsieur, monsieur, comment vous nommez-vous?* — L'autre étonné répond : pourquoi ?... *mais...* Molière insiste. — *Eh bien ! je m'appelle Fleurant.* — *Ah ! je pressentois que votre nom feroit honneur à l'apothicaire de ma comédie ; on parlera longtemps de vous, monsieur Fleurant* (3). » — M. Taschereau, p. 177 de son *Histoire de Molière*, après avoir dit que cette anecdote recueillie par les historiens du département du Rhône, a été racontée par le petit-fils de M. Fleurant à M. Beuchot, qui la lui a racontée, ajoute : « La plaisan-

(1) On est assez étonné de trouver cette maxime dans u livre dédié à madame de Maintenon.

(1) Voyez une Déclamation de Libanius, traduite du grec en français par M. l'abbé Cucherat sous ce titre : *le Fâcheux et sa femme babillarde*. Lyon, 1834, in-8.

(2) Ouverte en 1562, par le baron des Adrets, la rue Saint-Dominique ne fut longtemps qu'un étroit passage entre Bellecour et la place Confort. Du temps de Molière, il est à présumer qu'il n'y avait point encore de bâtiments ; ce n'est qu'en 1713, que les Dominicains, ayant fait démolir leur cloître pour en construire un nouveau, vendirent, moyennant 67500 livres, l'année suivante, à la Comtesse de Varax, un espace de terrain longeant la rue Saint-Dominique pour y bâtir des maisons. *Lyon anc. et mod.*, t. 2, p. 393.

(3) Cette anecdote est répétée textuellement dans la 2e édition du livre de l'abbé Guillon, publié en 1807, sous ce titre : *Lyon tel qu'il étoit et tel qu'il est* ; mais je crois qu'on la chercherait en vain dans Pernetty, dans Cochard et dans les autres écrivains à qui nous devons une description de la ville de Lyon ; à ceux qui invoqueraient la tradition je rappellerais que « la tradition change la vérité en mensonges, » et la vérité en d'autres mensonges (*De Bruix*). »

terie est d'assez mauvais goût, mais elle a pour nous le grand mérite de la vraisemblance.» — Quoi qu'il en soit, je me permettrai d'émettre un doute, non sur la véracité de l'anecdote, mais sur le lieu de la scène où elle s'est passée ; on lit en effet dans les *Anecdotes dramatiques* recueillies par Clément et l'abbé de la Porte (Paris, 1775 t. 1,) : « Dans le temps que Molière composoit *le Malade imaginaire*, il cherchoit un nom pour un levrier de la Faculté et qu'il vouloit mettre sur le théâtre ; il trouva un garçon apothicaire armé d'une seringue, à qui il demanda quel but il vouloit coucher en joue ; celui-ci lui apprit qu'il alloit seringuer de la beauté à une comédienne. « Comment vous nommez-vous ? reprit Molière. » Le postillon d'Hippocrate lui répondit qu'il s'appeloit *Fleurant*. Molière l'embrassa en lui disant : « Je cherchois le nom d'un » personnage tel que vous ; que vous me soula-» gez en m'apprenant le vôtre. » Comme on sut l'histoire, tous les petits-maîtres à l'envi allèrent voir l'original du Fleurant de la comédie ; il fit forces connoissances ; la célébrité que Molière lui donna et la science qu'il possédoit lui firent faire une fortune rapide dès qu'il devint maître apothicaire. » — Il est à remarquer que le *Malade imaginaire* ne fut composé et joué qu'en 1673 ; Molière n'était pas retourné à Lyon depuis plus de quinze ans (1), et si, dans les séjours qu'il y fit, il y eût rencontré un monsieur Fleurant, il n'eût pas manqué de donner son nom à l'apothicaire qui figure dans *Monsieur de Pourceaugnac*, joué en 1669. L'innocente supposition de l'abbé Guillon n'est pas la seule que l'on trouve dans son livre ; j'en ai déjà signalé deux dans mes Documents : celle qui a trait à *l'île Moignat*, et celle qui est relative à une inscription énigmatique qui n'a jamais existé à Lyon (2). — Les notes de cet article ont été le sujet d'une lecture que j'ai faite à l'Académie de Lyon dans la séance du 9 mai dernier. Voyez les P. de 1692, *Œuvres*....

Réflexions sur la miséricorde de Dieu, par une dame pénitente. Première édition (lyonnaise). Lyon, *Claude Martin*, 1690, in-12. — On attribue ce livre à Madame de La Vallière ; mais, suivant Beuchot, on n'a pas de preuve certaine qu'elle en soit l'auteur (*B. univ.*, t. 47, p. 580). Voyez sur une nouvelle édition de ces *Réflexions* annotée par M. Clément, la *Revue bibliogr. et litt.* de M. de Surcy, Paris, juillet 1865, et ci-dessus, l'*Amante convertie*...

Relation de la bataille donnée auprès de Fleurus, le 1er juillet 1690, par *J. D. de Vizé*. Lyon, *Th. Amaulry*, 1690, in-12.

Remèdes choisis de l'Herboriste d'Attigna (par le P. *Antoine Golleti*). — Edition première. Lyon, *Matth. Desmares*. Une 2e édition en 5 vol. in-12 a été publiée en 1695, Lyon, *J. Thioly* et *A. Boudet*; en tête de chaque volume est un avertissement signé *Golleti*. Je ferai remarquer que, dans le Catalogue Falconet, on a donné à l'auteur le nom d'*Attigna*, que porte le village où il était né. V. les *Nouv. Mél.* de C. B., et les P. de 1674, *Selecta*...

Les Respects de la ville de Paris, en l'érection de la statue de Louis-le-Grand, justifiés contre l'ignorance et les calomnies d'un hérétique françois (*Jurieu*) réfugié en Hollande (par le P. *Menestrier*). Paris, 1690, in-12. — On y justifie en particulier l'inscription *Viro immortali*, qui avait été mise dans la décoration de la cour de l'Hôtel de Paris, pour l'érection de la statue du Roi (Lelong, n. 24275. V. les P. de 1689, *Décoration*). — L'épigramme suivante fut faite à cette occasion; elle faisait partie de quelques manuscrits provenant du cabinet de l'historien Brossette; je la crois inédite :

Lorsque Louis-le-Grand, toujours victorieux,
Domptoit ses ennemis en tout tems, en tous lieux,
L'illustre Daubusson, pour célébrer sa gloire,
De ses faits à l'airain confia la mémoire ;
Il mit la Renomée (*sic*), au dos de ce guerrier,
Qui semble le vouloir couronner de lauriers.
L'attitude ambigue où l'ouvrier l'a mise
Convient parfaitement à la France soumise,
Car, à voir la couronne, on ne peut deviner
Si la Dame luy l'ôte, ou la luy veut donner.

Traduction nouvelle des Satires de Juvénal, en vers françois, avec des remarques, par M. *de Silvecane*, président en la Cour des monnoyes. Paris, *Robert Pepie*, 1690-91, 2 vol. in-12 (1). — Voici les premières lignes de la Dédicace de l'auteur au Roi : « Sire, voici Juvénal, Perse et Horace (2), qui se présentent à

(1) « Ce rapprochement de date, a dit Aimé Martin, suffit pour jeter des doutes sur cette anecdote. » *Œuvres de Molière*, édit. de 1845, t. 4, p. 451.

(2) Deux anciens académiciens de Lyon, Claude Brossette et Dominique de Ponsainpierre ont voulu attacher leur nom à celui de l'auteur du *Misanthrope*, l'un par des *Remarques historiques et critiques sur les Œuvres de Molière*, l'autre par une *Dissertation sur les Amphitrions de Plaute et de Molière*. Voyez l'*Histoire* (inédite) *de l'Académie de Lyon*, par Bollioud-Mermet et la lettre écrite à J. Baptiste Rousseau par Brossette, le 21 décembre 1731. Un littérateur estimable, M. Auguste Desportes, est auteur d'une comédie en 4 actes et en vers, intitulée *Molière à Chambord*, représentée à Lyon le 7 mars 1843, et imprimée la même année en cette ville, où il résidait alors.

(1) Mon exemplaire du second tome de ce livre, qui a appartenu à Philibert Bouché, de Cluny, contient, sur des marges, des notes dans lesquelles Silvecane est fort maltraité. Voyez sur sa traduction, le J. des sçavants du 31 juillet 1690, le *Mercure galant* de juillet 1690, édit. de Lyon, p. 81, Goujet, VI, 159, et les P. de 1682, *Satires*....

(2) Le privilége du Roi autorise Silvecane à faire imprimer ses traductions en vers des Satires de Juvénal, de Perse, d'Horace et le poème de Lucrèce; mais l'Horace et le Lucrèce sont restés inédits ; quant au Perse, il a paru en 1693. J'ajouterai que, dans les no-

Votre Majesté, non pas en poëtes relachez, qui consacroient autrefois les vices par des expressions aussi dignes d'être censurées que les vices eux-mêmes, mais en poëtes châtiez, qui ont appris le chaste langage des muses françoises, et à faire horreur de ces monstres par une peinture vive, qui les fasse connaître sans les nommer. Ils quittent la Cour licencieuse de l'ancienne Rome pour venir prendre des leçons dans la vôtre, et corriger les désordres de leurs siècles par l'expression des vertus que vos loix établissent et que vôtre exemple inspire... » — Il est à remarquer que Silvecane, dans sa Préface, ne parle point de ses devanciers, et ne cite, dans ses notes, aucun de ses contemporains. Sa version est bien faible et bien pâle ; on en jugera par ce fragment de la 6e satire :

« Si tu parois surpris qu'une maison privée
A-t produit un excès détestable à nos yeux,
Viens voir au plus haut point l'infamie élevée,
Qui trouble la maison du rival de nos dieux.
Messaline renonce au rang d'impératrice ;
Elle attend que, la nuit, son époux s'assoupisse;
Une esclave l'escorte, et, d'un penchant brutal,
Se couvrant d'une cape, avec cette coeffure,
Elle entre chez Lycisque, emprunte sa parure,
Et préfère un grabat au lit impérial... »

Le même passage a été aussi traduit en vers en 1696, par un anonyme, dans une plaquette publiée sous ce titre : *Satire nouvelle contre les femmes*, imitée de Juvénal, du sieur D. L.***; Paris, *Charles Osmont*, in-4 (1). Cet anonyme, qui a échappé à Goujet et à Barbier, s'excuse, dans sa Préface, non d'avoir écrit contre les femmes, mais d'avoir osé l'entreprendre après un auteur aussi célèbre que M. Despréaux. Ce n'est, dit-il, qu'en tremblant qu'il a hasardé le portrait de Messaline, quoiqu'il y ait attaché un caractère d'indignation qui sauve, en quelque sorte, la grande vivacité de ses couleurs. Voici ce portrait :

« Afin d'encourager nos modernes Vulcains,
Remontons de ce pas jusqu'aux plus fiers Romains;
Aussi bien, à propos de conjugale fraude,
La palme est toute acquise à la femme de Claude.
Ce stupide empereur avoit une moitié
Belle, fringante, jeune et de bonne amitié,
Qui, trompant, chaque nuit, la garde impériale,
Quittoit, à pas de loup, la couche nuptiale,
Pour aller en des lieux pleins de vilains hasards,
D'un panache de cerf (2) couronner les Césars... »

Comme on le voit, un siècle avant M. de Fontanes, qui a traduit la même tirade, Silvecane et le sieur D. avoient essayé de la traduire « sans blesser aucune des bienséances de la langue française (1). »

Traité de l'Usure (par *Philibert Collet*), 1690, in-8, s. nom de v. ni d'impr. — Sur le titre est le taureau du zodiaque avec ce vers au bas : *Usuram verno sidere terra parat.* — Dédicace de l'auteur au Président Bouhier. — Ce Traité fut fait pour réfuter quelques missionnaires qui avaient prêché à Bourg-en-Bresse contre certains usages du pays confirmés le 22 mars 1642 par un arrêt du Conseil, qui permettait, conformément à la coutume de Bresse, de stipuler l'intérêt des sommes exigibles. Ces missionnaires condamnaient cette coutume et la traitaient d'usuraire. Collet soutient que le Roi, juge du bien public, et un usage immémorial ont autorisé cette pratique. Son livre devait faire un gros in-8 ; mais l'abbé de Saint-Réal lui conseilla de l'abréger. Collet, à la sollicitation de son imprimeur de Lyon (*Claude Carteron*), avait travaillé à un second volume ; « J'en ai vu les feuilles, dit l'abbé Papillon (2); » je ne sais ce qu'elles sont devenues. » — Il existe un très-grand nombre de livres sur l'usure. Un contemporain de Collet, Jacques Gaitte, chanoine de Luçon, en avait fait un en latin, qui fut publié à Lyon, mais si rempli de fautes, qu'il le fit réimprimer à Paris en 1688; il en fut rendu compte, l'année suivante, dans le Journal des savants, et dans l'Histoire des ouvrages des savants du mois d'octobre. Je n'extrairai du dernier de ces journaux que le passage qui suit : « Le mot *usure*, dans toutes les langues, présente à l'esprit quelque chose d'odieux. En hébreu (*cherchech*), le même mot signifie la morsure du serpent, parce que l'usure, aussi bien que la morsure empoisonnée de ce reptile, est fatale et mortelle. Tout le monde la déteste, et tout le monde l'exerce. Sénèque disoit que c'étoit un nom inventé par l'avarice qui avoit converti les devoirs de l'amitié en office mercenaire: *Quid foenus et usura, nisi cupiditatis humanae extra naturam quaesita nomina ?* » — J'ai cité, p. 50 de la première partie de ma Bibliographie lyonnaise du XVe siècle (Lyon, *L. Perrin*, 1851, in-8), un passage traduit de la *Somme des vertus et des vices* attribuée à Guillaume Pérauld, évêque suffragant de l'archevêque de Lyon, Philippe de Savoye; je crois devoir le reproduire ici : « Anciennement, on aurait eu de la peine à trouver dans toute la ville un seul usurier,

tes de Juvénal, on trouve un certain nombre de vers extraits de la traduction d'Horace.

(1) Le privilége du Roi est donné au sieur D****, ce qui ferait supposer que le nom de l'auteur commence par un D.

(2) Expression empruntée à Molière. V. Richelet, au mot PANACHE.

(1) Voyez la lettre de M. de Fontanes du 10 messidor an IV, t. I, p. cxxxiij des Œuvres de Thomas, Paris, 1825. — M. Techener, p. 43 du Catalogue qu'il a publié en déc. 1845, a placé le t. I de la traduction de Silvecane, qu'il donne comme le seul ayant paru, entre l'*Aloysia* et *la Rome ridicule* ; on l'excuserait s'il eût fait cet honneur à la traduction de Juvénal par M. H.

(2) *Vie de Ph. Collet*, t. 3 des *Mém.* de Desmolets.

et, s'il y en avait un, il exigeait de l'emprunteur le plus profond secret. Si, par hasard, il était découvert, sa maison était bientôt appelée la *Maison du diable*, et sa vigne, la *Vigne du diable*, et ainsi de toutes ses propriétés ; on ne lui donnait pas le baiser de paix à la messe, et ses voisins n'allaient pas chercher du feu chez lui ; les enfants étaient saisis d'effroi à son approche, et ils le montraient alternativement au doigt. » Voyez les commentateurs de l'Ode d'Horace, la 2e du 5e livre, *Beatus ille qui procul negotiis*, etc. Voyez ci-dessus, les P. de 1683, et ajoutez à ce que j'en ai dit : « L'an 1557, Pierre de Bourbon, ayant esté excommunié à la poursuite de ses créanciers, Louis de Bourbon, son fils, voulut le faire absoudre après sa mort, afin de faire prier Dieu pour lui. Le pape Innocent XI leva l'excommunication sur l'assurance et sur l'obligation dudit Louis de Bourbon qui s'engagea de payer les debtes de son père. » *Traité des restitutions des Grands*, par Claude Joly, p. 22.

Vies des Saints patriarches de l'Ancien Testament (par *Nicolas Fontaine*). A Lyon, chez *Claude Rey*, rue Mercière, 1690, in-8. — Sur le titre est une *Couronne d'épines* (enseigne de Rey) avec cette légende : *In spinis collige rosas*. V. Barbier, n. 19002 et 19141.

Vertus des Bains d'Aix en Savoye, par *J. B. de Cabias*. Lyon, *P. Valfray*, 1690, in-12. — Réimprimé en 1623 (1).

Le Virgile travesty en vers burlesques de M. *Scarron*. Lyon, *J. B. de Ville*, 1690, in-12, avec un titre gravé. — On lit dans l'*Abecedario*, à l'article Callot : « ..... Je vois souvent que, quand on veut donner une idée du style burlesque, on emprunte la comparaison des ouvrages de Callot ; mais cette comparaison n'est point juste. Le style burlesque de Scarron, de Dassoucy, etc., est un style bas et ignoble, dont ces auteurs se sont servi pour travestir le style noble de Virgile et d'Ovide, et, en cela, ils ont abusé de leur talent, et se sont rendus méprisables. Pour peu qu'on ait tant soit peu de goût, on ne peut lire leurs poésies sans ennui. Il n'en est pas de même de Callot; il est auteur de figures grotesques, mais il les emploie avec choix ; on ne le voit point les employer pour dégrader des sujets sérieux. Ses pantalons, ses bossus restent dans les plans qu'ils doivent occuper. » J'ajouterai que Scarron préférait Ronsard à Malherbe ; il lui était plus facile, en effet, d'imiter l'un que l'autre. V. les P. de 1677.

(1) En 1590, il a été publié à Lyon, un Traité des eaux minérales de Bourbonne-les-Bains; l'auteur y rapporte une inscription antique ainsi conçue : *Borboni thermarum deo Mam — monae Calatinius romanus — in Gallia pro salute Caeciliae — uxoris ejus ex voto erexit*. Le Journal des sçavants (juin 1738) reproche à M. Baudry, auteur d'un Traité sur les mêmes eaux (Paris, 1736) d'avoir tronqué en la reproduisant cette inscription, qui n'a pas échappé à l'abbé Greppo. Voyez les *Eaux thermales ou minérales de la Gaule*, Lyon, 1846, in-8.

1691.

Prévôt des Marchands : *Estienne de Bartholy* (1).

Echevins : *Antoine Blauf*, — *Antoine Roland*, — *Matthieu Aumaitre*, — *Matthieu de la Font*.

Janvier 15. *Jean Anisson* (2), un de nos plus célèbres typographes, est nommé directeur de l'Imprimerie royale. — Il succéda dans cet emploi à la veuve de Sébastien Mabre-Cramoisy; il s'associa, en 1705, Claude Rigaud, son beau-frère, en faveur duquel il se démit en février 1707. Celui-ci prit pour associé, en 1723, son neveu Louis-Laurent Anisson (fils de *Jean*), qui fut nommé directeur en 1725. Ce dernier fut remplacé, en 1755, par *Jacques*, son frère, qui eut pour successeur, vers 1760, son fils Louis-Laurent, 2e du nom. En 1788, le fils de ce dernier, Etienne-Alexandre-Jacques Anisson du Perron, le remplaça, et périt, sous la hache révolutionnaire, le 25 avril 1794. Hippolyte, son fils, qui avait été nommé, en 1789, inspecteur de l'imprimerie royale, en obtint la direction, lorsque la charge supprimée fut rétablie par une ordonnance du 28 décembre 1814, et il l'exerça jusqu'en juillet 1829, époque à laquelle Gabriel Michaud en fut investi. V. la *Notice* d'Auguste Bernard sur l'*Imp. imp.*, Paris, 1848, in-8.

Mars 28. Première représentation à l'Académie royale de musique, de *Coronis*, tragédie lyrique de *Daniel-Paul Chappuzeau de Baugé*, musique de Théobald. V. les P. de 1672, *les Parfaits amis*.

Même mois.... Publication de l'édit du Roi, relatif à la création d'un conseiller-chevalier d'honneur dans chacun des présidiaux du Royaume. V. le *Dict. héraldiq.* (dans la collection Migne), col. 945.

Avril 5. Le Consulat délivre un mandement de 610 livres à *Pierre Perricaud*, contrepointier de la ville, pour 4 années de ses appoin-

(1) Etienne de Bartholy était probablement de la famille de Thomas Bartholy, échevin en 1604. V. *les Fam. cons. de la ville de Lyon*, par M. Vital de Valous, p. 40.

(2) Il eut des relations intimes avec les hommes les plus érudits dont il imprima les ouvrages; de ses presses en sortirent deux de Bossuet, l'*Instruction sur les estats d'oraison*, 1697, in-8, et la *Relation sur le Quiétisme*, 1698, même format. V. les P. de 1688, *Glossarium*, et de 1690, *Historia*...

tements. — Vers les premiers jours de 1724, il s'était démis, et il avait été remplacé, le 24 mars, par *Jean Dufour*, dans la charge de tapissier de la ville. Note de M. Rolle.

Même mois 18. Mort de *Françoise Bouzonnet Stella*, peintresse célèbre, née à Lyon, le 12 déc. 1638. — « A l'exemple de *Claudine*, sa » sœur, elle peignoit et gravoit, mais en un » moindre degré d'habileté. » Mariette, *Abécédaire*, t. 5, p. 258. V. au 1er oct. 1697, et la B. Didot, art. Stella.

Juin 15. Naissance d'*Ennemond Quinson*, fils de *Pierre-Joseph*, seigneur de Poleymieux, lieutenant du Roi en Dauphiné, et de *Marie-Anne de Baronnat* (1), lequel eut pour parrain *Ennemond de Chapponay*, président à Pignerol, et pour marraine *Françoise de Baronnat*, femme de *Philippe de Chevalet*, seigneur de *La Garde*. A. de T.

Même mois 19. Le Parlement de Dijon déclare abusive une ordonnance de l'archevêque de Lyon, qui avait uni à l'Hôpital général nouvellement établi à Bourg-en-Bresse, une distribution de pain, qui se faisait, tous les dimanches, après le prône de la paroisse de Charveyriat, pendant huit mois de l'année. « Si la cause des hôpitaux, observe Prost de Royer, est favorable, celle des pauvres habitants de la campagne l'est beaucoup aussi, puisqu'ils ont peine à subsister du travail le plus dur et le plus assidu. » *Dict. de jurispr.*, I, 549.

Juillet 7. *Jean Cotelle*, bourgeois de Lyon, et *Marguerite Monfouilloud*, sa femme, vendent, moyennant la somme de 15000 livres, par acte reçu Me Mayoud, notaire (2), à *Antoine Aubernon*, chirurgien juré en cette ville, une maison située rue Port-Charlet, par eux acquise de *Claude Gouvignon* et de *Germaine Berger*, sa femme, le 30 décembre 1662. Sur le prix de cette vente l'acquéreur payera en l'acquit des vendeurs, 2 mille livres qu'ils doivent aux religieuses du monastère de *Notre-Dame de la Providence* établi à Lyon, rue et côte Saint-Sébastien, suivant un acte du 12 décembre 1657. — A la fin du 18e siècle, cette maison appartenait au célèbre médecin Louis Vitet, maire de Lyon, et député au corps législatif, etc., qui y demeurait; elle a été démolie lors de l'ouverture de la rue Impériale.

Même mois 20. Une Déclaration du Roi maintient les prévôts des marchands et échevins de la ville de Lyon, qui ont exercé lesdites charges jusqu'au 31 décembre 1639, et leurs descendants dans la jouissance des priviléges de noblesse, sans payer aucune finance. — Cette Déclaration confirme ceux qui ont exercé depuis 1640 jusqu'au dernier décembre 1650, et leurs descendants dans la jouissance desdits priviléges en payant les sommes auxquelles ils seront taxés au Conseil. *Dict. hérald.*, col. 945, collect. Migne. V. *infra*, oct. 1704.

Août 12. Un arrêt du parlement de Paris, rendu sur les conclusions de l'avocat-général Daguesseau, décide que la trésorerie du Chapitre de Saint-Jean, non plus que les custoderies et les perpétuités, ne sont pas sujettes à l'expectative des gradués. Henrys, I, *Quest.* 55.

Même mois 58. Les sieurs *Laborie* et *André Duchamp*, courriers de la chapelle de Saint-*Roch*, adressent à l'intendant de Lyon un rapport sur la confrérie des *Colporteurs*, qui a son siége dans cette chapelle. Catal. Coste, n. 5015.

Septembre 20. *Jean-François Philibert* renonce sans réserve à sa noblesse consulaire. V. *supra*, déc. 1672. — Deux autres ex-échevins firent une pareille renonciation, *Benoît Gayot*, le 22 du même mois, et *Gaspard Genevey*, le 8 octobre. V. de Valous, *Fam. cons.*

Octobre 15. Mort, à Lyon, de *Paul Mignard*, né à Avignon, vers 1749. — Il était fils de Nicolas, et frère de Pierre. V. l'*Abécédaire* de Mariette, et ci-dessus, fin de 1659, et déc. 1689; ci-après 31 mai 1695.

Même mois 19. *Isaac de Benserade*, célèbre par ses *Rondeaux*, meurt à Paris, âgé de 78 ans. — Il avait une pension de 500 écus sur la Maison de Ville de Lyon. Gouget, *Biblioth.*, XVIII, 292.

Novembre 21. Le Parlement enregistre un édit royal du mois d'octobre précédent, qui fixe à 40 le nombre des *notaires* de Lyon. — Ce nombre était alors de 50, conformément à l'édit du mois d'avril 1644. V. ci-après, année 1793; ci-dessus au 8 avril 1594, et les P. de 1696 et de 1701.

Même mois 26. Mort de *Claude d'Albon*, chanoine-comte de Saint-Jean depuis le 12 septembre 1642. — Il fut archidiacre et abbé de Savigny; il était fils de Pierre, seigneur de Saint-Forgeux, et de Marie, fille du baron Antoine de Sassenage. J'ai cité, au 28 novembre 1679, le début d'un poème en 10 chants, l'*Innocente Geneviève*, que lui avait dédié *Laurent Sonnery*; je crois devoir en citer encore un passage extrait du dernier chant; Siffroy a reconnu son crime; dévoré de remords, il s'écrie :

..... Au lieu de m'approcher, tout le monde me fuit.
Le hibou, près de moy, gémit toute la nuict;
Le soleil, qui portoit mille beautez naissantes,
Me semble tout taché par des marques sanglantes;
Mille fantômes vains passent devant mes yeux;
Tout ce qui me plaisoit me paroît odieux.

(1) V. sur la famille de Baronnat, la *Biogr. lyonn.*, p. 25, et ajoutez aux sources qu'on y indique : Rubys, *Priviléges*, p. 38; Pernetty, I, 382; mes Documents sur Lyon, sept. 1567, et 31 janv. 1568.

(2) Dans un acte du 16 janvier 1692, reçu par le même notaire (Me Mayous), figure Messire *Claude Cotelle*, prêtre chanoine en l'église collégiale et paroissiale de *Saint-Just*, fils et héritier de Jean.

Aorsque je veux prier, je vois tourner la face
Cux images de Dieu qui sortent de leur place.
Lelle que j'adorois n'a pour moy plus d'appas;
Les ombres de ma femme accompagnent mes pas.
Mes songes sont affreux; des monstres m'apparoissent;
Pour tomber aux enfers, les estoiles paroissent;
Les rochers, chaque jour, à mon estonnement,
Semblent s'aller loger jusques au firmament;
Une voix inconnue, au milieu des ténèbres,
Me répète souvent des paroles funèbres;
Enfin tout me prédit ce qui m'arrivera,
Et que le juste Ciel enfin me punira....

Même mois.... Le duc *de Chaulnes*, à son retour de Rome, s'arrête deux jours à Lyon, pour les passer auprès de sa sœur, l'abbesse de *Saint-Pierre*, qui lui donna, dans son couvent, un splendide repas. — Le duc était accompagné du marquis *de Coulanges*, qui rapporte ce fait à la p. 512 de ses *Mémoires.* V. ci-dessus, oct. 1658, et ci-après, année 1708.

Décembre 21. M. J.-B. Aubert, advocat en parlement et ez cours de Lyon, prononce l'oraison doctorale dans la grande salle de l'Hôtel-de-Ville. — Il reçut le 10 janvier suivant une gratification de 125 livres. Note de M. de V.

Décembre 22. *Charles-François de Châteauneuf de Rochebonne* est reçu chanoine-comte de Saint-Jean. — Il mourut archevêque de Lyon, le 18 février 1740. V. la Notice que j'ai publiée sur ce prélat. Lyon, 1864, in-8.

Même mois 26. On lit à cette date dans le journal de Dangeau: « Le Roy a donné à l'abbé *Bossuet*, neveu de l'évêque de Meaux, l'abbaye de Savigny, près de Lyon, qui vaut 8 mille livres de rente. Il y avoit 190 ans qu'elle étoit dans la maison de M[rs] d'*Albon.* » V. le Cartulaire de Savigny, p. cxij, 15 novembre de la présente année, et 15 nov. 1679; ci-après, mai 1704.

Même année. Pierre de Sève est nommé lieutenant-général à la sénéchaussée de Lyon.

— *François de Mornieu*, écuyer, seigneur *de Jarlan*, est nommé chevalier et capitaine du Guet de Lyon. Arch. mun., p. 159 de la série BB.

— Le Consulat consent à l'enregistrement des lettres de *don* accordées à *François*, comte *de la Chaize*, capitaine des gardes de la porte et sénéchal de Lyon, « de faire partir, deux » fois chaque semaine, sur le fleuve du Rhosne, » de Lyon en Avignon, et d'Avignon à Lyon, » pour transporter toutes sortes de marchan- » dises esdites villes, » pourvu que la liberté des transports sur le fleuve soit maintenue dans les mêmes conditions que précédemment. A. M.

— Le Consulat fait payer mille livres à *Marie-Madeleine Chenard*, veuve de *Paul Mignard*, peintre ordinaire de la ville, pour deux années du traitement alloué à son mari. A. M.

Dans le courant de cette année, la maison de Paris, dans laquelle était la bibliothèque d'*Huet*, évêque d'Avranches, s'écroula, et ses livres furent en proie au pillage jusqu'au moment où les Jésuites vinrent faire cesser le brigandage. Cet événement fournit à *Santeul* le sujet d'un *Carmen* dans lequel il suppose que les auteurs entassés pêle-mêle dans les décombres cherchent à en sortir. Le P. *Menestrier* est du nombre de ces auteurs, et voici le passage où il est nommé :

Ipse Menestriades non una insignis ab arte,
Scalam de libris fecit amore fugae.
Evolat è fossae telluris hiatu,
Dum videt artifices, hicque doesse typos.
Antiquas Rhodanus dum praeterlabitur urbes,
Non sic praecipites in mare volvit aquas.
Non ita fugisset, si quae vestigia Romae
Detegeret; quales cuderet inde libros...

Voyez les Œuvres de Santeul, p. 280 de l'édit. de 1698, et les Mémoires d'Huet, traduits par M. C. Nisard, livre 6e, p. 236.

Même année. Le P. *Antoine Boissieu*, écrivain ascétique, né à Saint-Germain-Laval en Forez, en 1625, meurt à Lyon. V. Colonia, II, 755; la B. Backer, I, 102, et les P. de 1686, *Le Chrétien.*

Même année. André Falconet, médecin, né à Roanne, le 12 nov. 1612, meurt à Lyon, où il était venu s'établir en 1636. — Son traité sur le Scorbut, publié en 1642, fut réimprimé en 1684; c'est lui qui fit le distique ajouté aux six vers latins de Scaliger, qu'on lisait autrefois sur la façade intérieure de l'Hôtel-de-Ville. Il fut l'ami et le correspondant de Guy Patin. Son fils, Noël, fut médecin consultant du Roi, et son petit-fils, Camille, un des fondateurs de l'Académie de Lyon. V. la *Biogr. lyonn.*

Même année. Le P. *Hyacinthe* de l'Assomption, religieux carme, meurt dans le couvent de son ordre, à Avignon. Il était né en Dauphiné, et avait fait profession en 1656. Il se distingua par son talent pour la prédication, et se fit souvent entendre dans les chaires du diocèse de Lyon. — Un autre prédicateur du même prénom, le P. *Hyacinthe de Lorgues*, capucin, se rendit non moins célèbre par ses sermons; enfin, et de nos jours, un troisième *Hyacinthe*, après d'éclatants débuts à Lyon, a fait retentir, pendant l'Avent de 1865, les voûtes de Notre-Dame de Paris de sa parole éloquente et persuasive, devant le plus brillant auditoire.

P. S. Vers les derniers mois de 1865, il a été publié, par ordre de M. le duc de Persigny, ministre de l'Intérieur, les premiers fascicules de l'*Inventaire sommaire des archives communales de la ville de Lyon antérieures à 1790*, rédigé par M. *F. Rolle*, conservateur-adjoint de ces précieuses archives; je devrais en reproduire la majeure partie dans mon travail, mais ce serait donner à mes lecteurs une seconde édition de celui de M. Rolle; je me bornerai donc à en extraire les principaux faits, surtout ceux qui auront trait à l'histoire littéraire de notre province (1). J'ajouterai ici que, dans un Rapport présenté à l'Empereur, le 5 janvier 1866, par M. Lavalette, ministre actuel de l'Intérieur, on lit : « Je signalerai particulièrement à Votre Majesté le premier volume imprimé par la ville de Lyon ; on y trouve une correspondance politique des souverains de France, d'Espagne et de Savoie avec les chefs de la Ligue, les agents du roi catholique et du Saint-Père. Les arts n'y sont pas oubliés, et l'histoire biographique y recueillera de curieux détails sur l'origine des travaux et les succès des peintres et des sculpteurs employés à l'occasion des fêtes et d'entrées solennelles, et parmi lesquels on remarque *Pierre Ebrard* (1455), Perréal (1511) (2), *Sébastien de Bologne*, l'architecte *Philibert de Lorme*, un grand nombre de graveurs de plans, de monnaies, de médailles, le *relieur de Grolier* (3), etc..... L'histoire constate-t-elle sans étonnement que les échevins de Lyon apportaient plus de persévérance à faire rechercher, après les troubles de la Ligue, les lettres-patentes qui leur conféraient l'annoblissement qu'à préserver la cité des invasions des Bohémiens, Egyptiens, bateleurs et nécromanciens, qui venaient augmenter les charges de l'*Aumône* générale, plus spécialement fondée pour les ouvriers sans emploi ou invalides.... »

Publications de 1691.

Apologie de Pierre Garnier sur le Dialogue satyrique de Néophile le Mystagogue. Lyon, 1691, in-4. Catal. Falconet. — L'auteur de cette Apologie est le médecin Pierre Garnier luimême ; quant au Dialogue satyrique, il est du médecin *Jean de Rhodes*. V. la *B. Médicale* de Panckoucke, Pernetty, II, 109, et les P. de 1692 et de 1697.

Le Bouclier de la France, ou les Sentiments de Gerson et des Canonistes sur les différends des rois de France avec les papes (par *Eustache le Noble*, baron de *Saint-George*.) Cologne, 1691, in-12. — Réimprimé sous ce titre : *l'Esprit de Gerson*, 1692, in-12, s. n. de l. Voyez la *Biogr. univ.*, art. Lenoble, et ma *Notice sur M. de Saint-George*, archevêque de Lyon, 1865, in-8 ; ajoutez-y ce passage de Saint-Simon, t. 7, p. 61..... Saint George, archevêque de Lyon, y mourut, prélat pieux, décent, réglé, savant, imposant, résidant et de grande mine avec sa haute taille et ses cheveux blancs. Il y avoit longtemps que cette grande Eglise dont il avoit été chanoine ou comte, comme ils les (*sic*) nomment,..... n'avoit vu d'évêque, et depuis lui elle n'en a pas vu, j'entends des évêques qui prissent la peine de l'être...... »

Comédies de Térence, traduites en françois avec le latin à costé (par *Le Maistre de Sacy*). Lyon, *J.-B. de Ville*, 1691, in-12. — Voyez les P. de 1677.

De la Critique (par *Saint-Réal*). Lyon, chez *Anisson* et *Posuel*. Voyez le P. Gallifet, *De Cultu sancrosancti Dei*, etc., Romae, 1726, in-8, édit. originale, et Barbier, 5196.

Examen de la Lettre de M. *de Rhodes*, par *Pierre Garnier*, Lyon, 1691, in-12, *Cat.* Falconet. V. ci-après, *Lettre.....*

Défense de l'Histoire des Variations contre la Réponse de M. Basnage, par *J. Benigne Bossuet*. Paris et Lyon, 1691, in-12.

La Dévotion au Sacré Cœur de N. S. Jésus-Christ, par un Père de la C. de J. (*Jean Croiset*). Nouvelle édition, augmentée. Lyon, *Antoine* et *Horace Molin*. 1691, in-12. — Barbier n'a pas cité cette édition ; mais sous le n. 22307, il a enregistré celles de Paris, 1693 et 1741, in-12 (1). — C'est à Lyon qu'a été publiée la 1re édition des *Vies des Saints* du P. Croiset (*Antoine Boudet*), 1723, 2 vol. in-fol. Voici en quels termes le P. Desmolets en a parlé dans ses *Mémoires*, tome XI, p. 445 et suivantes : « Le R. P. Jean Croiset, dans sa belle préface sur les *Vies des Saints*, remarque fort à propos que le Cardinal Baronius dit *sagement* que « la » moindre fausseté qu'un lecteur trouve dans

(1) J'aurai aussi à puiser dans l'*Inventaire sommaire des archives du dép. du Rhône*, rédigé par M. Gauthier, qui, de même que M. Rolle, a toujours été, depuis plusieurs années, si bienveillant pour moi.

(2) Voyez sur cet artiste, la *Biogr. lyonn.*, p. 222; ma *Notice*, insérée dans la *Revue du Lyonn.* de 1859, et l'*Essai* biographique, le Mémoire publié par M. *Dufay* dans les *Mémoires* de la Soc. litt. de Lyon de 1864.

(3) Voyez sur *Jean Grolier*, vicomte d'Aguisi, la *biogr. lyonn.*, p. 137, et l'opuscule d'Arnett, *An inquiry into the nature and form of the books*, p 140.

(1) Un membre correspondant de la Société littéraire de Lyon, M. l'abbé Cucherat, a publié à Autun, en 1864, une *Histoire populaire de la bienheureuse Marguerite-Marie Alacoque*, in-8. A la p. 540, après avoir dit que le culte de la pieuse fille est magnifiquement établi dans tout l'univers, l'estimable biographe ajoute: « Quel triomphe de la vertu sur » toute la littérature des beaux esprits ! Sur qui re» tombent maintenant les fades et sottes plaisanteries » prodiguées au nom glorieux d'Alacoque, par les Piron, » les Lamonnoye, les Bouhier, les Gresset, *e tutti » quanti* ? » Chacun sait que Gresset a parlé dans son *Ver-vert* de Marie Alacoque; mais il serait assez difficile de dire dans quel endroit de leurs ouvrages, les trois autres auteurs, qui sont morts très-chrétiennement, se sont raillés de la religieuse de Paray-le-Monial. Quant à son culte à Lyon, il fut établi en 1718, sous François-Paul de Neufville de Villeroy.

» une histoire, le fait douter de tout le reste, » et qu'il ne peut plus s'assurer de rien, dès » qu'il s'est vu une fois trompé. » C'est un témoignage domestique que les RR. PP. Bollandistes n'oseront récuser. Si l'on vouloit tabler en toute rigueur sur le principe que le P. Croiset assure être sagement établi, et qui l'est effectivement, le lecteur ne seroit-il pas en droit *de ne plus s'assurer* de l'exactitude du P. Croiset même? Il promet dans la préface qu'il ne rapportera aucun fait qui ne soit assez autorisé pour trouver créance; ce sont ses propres termes. Oublieux de sa promesse, dès l'entrée de son livre, à la page 15 du tome premier, de l'édition de Lyon, de l'année 1725, dans la Vie de saint Pierre Thomas, Carme, patriarche de C. P., assez mal placée au 4 janvier, il dit que « le Pape Clément VI, ayant ordonné que » son corps fût transporté à *La Chaise-Dieu* » *dans le Velay*, dont il avait été abbé avant son » pontificat, la commission en fut donnée à » saint Pierre Thomas. » Double erreur dans moins de deux lignes, d'histoire et de géographie. Clément VI n'a point été abbé de la Chaise-Dieu,... qui n'est point dans le Velay; elle est certainement dans l'Auvergne....... » Quant aux autres erreurs que relève le P. Desmotets, mes lecteurs, s'ils sont curieux de les connaître, voudront bien recourir à ses Mémoires; toutefois il est à croire que le P. Croiset les a corrigées dans les éditions de son livre publiées à Lyon, en 1731 et 1742.

Histoire de Tertullien et d'Origène, par le sieur *de la Motte* (*Pierre Thomas*), sieur *du Fossé*. Lyon, *Jean Certe*, 1691, in-8. — Les deux Pères de l'Eglise dont le sieur du Fossé a exquissé l'Histoire, ont été, depuis un demi-siècle, le sujet de nombreux travaux; — Tertullien surtout, dont les principaux traités ont été de nouveau traduits. Quand je publiai, en 1823, la première édition de ma version de l'*Octavius* de Minucius Félix, elle fut mise à la suite de l'*Apologétique* et *des Prescriptions* de Tertullien traduites par l'abbé de Gourcy; de concert avec Claude Breghot du Lut, mon regretté beau-frère, nous y fîmes quelques corrections, et nous y ajoutâmes queques notes. Depuis, et en 1845, M. Zénon Collombet, qui, en sortant du séminaire, s'était fait homme de lettres, donna sous son propre nom, une traduction des *Prescriptions*, qui n'était à peu de choses près que celle de l'abbé de Gourcy, qu'il avait gâtée en la remaniant. Un exemplaire en fut offert à M. l'abbé Gorini, qui fit part à M. Collombet de ses remarques critiques; lors de la vente des livres de cet écrivain, elles sont tombées en mes mains. Ces notes, marquées au coin du bon goût et de l'érudition, mériteraient d'être publiées.

R. P. Laymann, è soc. Jesu. *Theologia moralis*.... editio novissima.... Lugduni, apud *Rolinum Glaize*, 1691, in-fol. — Edition omise dans la B. Backer. — La Dédicace au P. *de la Chaise*, recteur du collége de la T.-S. Tri[nité] (1) contient ce passage: « Laudabunt q[ui] » Lugdunum adventaverint, urbis majestate[m] » atque frequentiam, sed qui *Bibliotheca[m]* » hanc inviserint, tantum opus tamque elegan[s] » demirabuntur, et prae admiratione penit[us] » obmutescent; fatebunturque te vel hoc un[o] » opere tam augusto, tamque sublime, excel[sae] » magnique animi tui monumentum aere pe[-] » rennius exegisse. »

Lettre en forme de dissertation de M. de Rho[-]des, escuyer, docteur en médecine,..... à Mon[-]sieur *d'Estaing*, comte de Lyon, au sujet d[e] *la prétendue possession de Marie Volet*, de [la] paroisse de Pouliat (*nunc* Polliat) en Bresse.. Lyon, *Th. Amaulry*, 1691, in-12, de 4 ff. pou[r] le titre et les approbations, et de 75 pp. pou[r] le texte. La lettre de M. de Rhodes est datée d[e] Lyon, le 20 déc. 1690, et la réponse de l'abb[é] d'Estaing (2) du 5 janvier suivant. — L'exem[-]plaire que je possède de ce petit volume pro[-]vient de la B. de *F. L. Jamet*, qui l'a enric[hi] de quelques notes, et qui le tenait de M. d'Es[-]taing. Le P. Lebrun a reproduit la lettre d[u] docteur de Rhodes dans le t. 4 de l'*Hist. d[es] pratiq. superstitieuses*, et l'auteur de l'artic[le] RHODES, dans la B. Didot, en a donné une ana[-]lyse. V. les P. de 1690, *Lettre*....

Lettres de Monsieur le chevalier de Méré. Pre[-]mière partie, à Lyon, chez la veuve de *Gui[l-]laume Langlois*. — Seconde partie, à Lyon chez la veuve de *Fleury Martin*, 1691, 2 vo[l.] in-12. — Voici quelques passages extraits d[e] cette lettre:

P. 44. En matière d'amitié, il est moi[ns] honteux d'estre la duppe que le pipeur.

P. 74. Je lis quelquefois Démosthène [et] Ciceron, et quand cela m'arrive, si j'ose di[re] ce qui se passe en moy, les choses de mauva[is] air qui me rebutent de ces grands homme[s] sont en plus grand nombre que celles que [je] suis bien aise d'y voir. Aussi l'éloquence m[e] paroit plus pure et plus agréable dans les ou[-]vrages de Platon que dans ceux de Démosthèn[e] et je la trouve plus belle et plus noble dan[s] César que dans Cicéron (*Lettre à M. de Balzac*).

P. 98. Plutarque nous assure qu'il n'y [a] point d'homme de bon goût qui ne fût plu[s] aise de passer la nuit sur l'Iliade

Qu'entre les bras d'Hélène, au monde revenue,
En l'estat glorieux où Pâris l'a connue.

P. 147. Je voudrois qu'Alexandre n'eût p[as] esté si jaloux des hauts faits d'armes d'Achille et ce que disoit Thémistocle que les trophé[es] de Miltiade l'empêchoient de dormir, me par[oît] petit, de mauvaise grâce et d'un demi-brave (3).

(1) Le Père de la Chaise, nommé confesseur du R[oi] avait quitté Lyon, en 1675. La dédicace de la Théol[o-]gie morale du P. Laymann se trouvait dans une éd[i-]tion antérieure, car son livre n'a pas un titre rafraîch[i].

(2) « Bonhomme, mais peu grec. » Note de Jamet.

(3) On lit dans l'Avant-propos de la biographe d[e]

P. 178. Pétus, contraint de se tuer par le commandement de Néron, tenoit un poignard dans sa main, mais il n'étoit pas assez résolu ; sa femme, qui s'en aperçut, prit le poignard, et s'en étant donné dans le sein : *Tiens, Pétus*, lui dit-elle, *il ne m'a point fait de mal*. Cette femme, en se laissant conduire aux mouvemens de la nature, dit ce qu'il falloit, et d'un grand air ; et ce poète que vous sçavez (1), qui vouloit embellir cette action à force de subtiliser mal-à-propos, l'a gâtée (*Lettre à M. Ménage*).

P. 178. Lettre à Mme la duchesse de Lesdiguières. Aventure prise de Pétrone (2).

P. 224. Lettre à Mme *de Maintenon*: « ..... Je pense avoir été le premier qui vous ay donné de bonnes leçons, et je puis dire sans vous flatter que jamais enfance ne m'a paru plus aimable que la vostre, tant pour les charmes de vostre personne, que pour avoir le meilleur cœur du monde. Je me souviens que je vous instruisois à vous rendre aimable et que dès-lors vous ne l'étiez que trop pour moy ; de sorte que si l'on ne vous regardoit aujourd'hui comme une dame parfaitement accomplie, il ne s'en faudroit prendre qu'à moy, si ce n'étoit peut-estre que la Cour vous eust gastée (3)..... »

P. 361. Lettre à Mlle Ninon de l'Enclos :... « Personne du monde ne juge mieux que moy des merveilles qui sont en vous, et si j'avois autant d'esprit à les publier qu'à les connoistre, je pourrois ajouter quelque chose à votre réputation si exquise et de si bonne odeur (4)... »

En voilà assez pour avoir une idée de l'intérêt que présente le recueil de ces curieuses lettres qui mériteraient d'être réimprimées, malgré, ou plutôt à cause de *son chien* de style. Voyez la lettre de Sévigné du 24 nov. 1679.

OEuvres de Rabelais (Hollande, Rouen ou Lyon), 1691, in-12, 5 vol. - Sous le n. 478 d'un Catalogue de livres provenant de l'ancienne abbaye de Sixt-Faucigny, et dont la vente a été faite à Paris, en mai 1858, par le libraire Claudin, figure l'article suivant : *Méthode*, ou briève introduction pour parvenir à la cognoissance et solide médecine, composée par M. Léonard Fuchs ; et traduit en françois par Maistre *Guillaume Paradin*. Lyon, *Jan de Tournes* et *Guillaume Gazeau*, 1553, in-16. » A la suite de ce titre est une note de M. Claudin ainsi conçue : « *Précieux volume* portant sur les marges de nombreuses notes latines et grecques de la main de *François Rabelais*, vérifiées sur le *fac-simile* de l'*Isocraphie*-(1)... » — Il est à croire que cet exemplaire avait été envoyé à Rabelais par G. Paradin, et il est à présumer que notre célèbre historien avait connu le médecin de Chinon pendant que celui-ci exerçait son art à Lyon.

Parmi les personnages célèbres qu'Epistemon voit en Enfer (*Pantagruel*, c. 30), on a substitué, dans les éditions de Paris et de Poitiers publiées en 1543, le *Bossu de Suabe* au pape Alexandre ; l'auteur du *Formulaire fort récréatif de tous contracts*, Benoist du Troncy, a fait mention de ce *Bossu* dans la *Transaction drôlatique*, et, au lieu de *Suave*, on y lit *Sueve*, et, au même endroit, on lui donne pour femme la duchesse de *Suede* ; je ne crois pas que les commentateurs de Rabelais nous aient dit dans quel roman de chevalerie figurent ces illustres époux (2).

Rabelais donne une plaisante origine à la source du Rhône. Voyez page 25 de la *Notice* de M. Brunet *sur deux anciens romans intitulés* LES CHRONIQUES DE GARGANTUA, Paris, 1834, in-8.

On lit p. 174 du *Voyage littéraire* de *Charles-Etienne Jordan* (3), ministre du S. Evangile à Berlin (La Haye, 1736, in-12) : « M. *de Moivre*, qui entend très-bien son Rabelais, et qui, par la manière qu'il le lit, en sçait faire appercevoir les beautez, ne croit pas que le Ve livre soit *de lui*. Ce savant mathématicien n'a d'autre raison qu'une preuve de sentiment que l'on peut acquerir par une lecture fréquente de cet auteur divertissant. » — « Les deux écrivains français que *de Moivre* préférait, étaient *Rabelais* et *Molière*; il les savait par cœur, et un jour il dit à quelqu'un « qu'il eût mieux aimé être ce célèbre comique que Newton (Biogr. Didot). »

M. de Moivre n'est pas le premier qui ait contesté à Rabelais la paternité du 5e livre de son roman. Voyez la Note de Le Duchat (4)

illustre prélat : « Thémistocle ou Epaminondas, je ne sais précisément lequel des deux, ne pouvait dormir quand il pensait aux trophées de Salamine et de Platée..... *Verba movent, exempla trahunt.* »

(1) Probablement Bussy-Rabutin (Voyez le Martial de Simon, t. 3, p. 359). — On peut reprocher à Martial d'avoir affaibli le mot divin d'Arrie par l'addition qu'il y a faite. Voyez Pline le Jeune, l. 3, lettre 16.

(2) Les commentateurs de La Fontaine disent qu'on retrouve le conte de la Matrone dans le *Dolopatos*, dans nos anciens fabliaux, etc., etc. J'ajouterai qu'on le retrouve encore dans Brantome (t. 2. p 303, de l'édition du Panthéon) dans les *Œuvres meslées* de Saint-Evremont (Lyon, 1679, in-12); enfin dans un volume de traductions de divers auteurs, publié par Fr. *Julien*, augustin de Lyon, en 1484 ; voyez ma *Bibliogr. lyonn.* du 15e s. n. 310.

(3) Voyez, sur le séjour de cette fameuse courtisanne à Lyon, mes *Docum.*, année 1648.

(4) On trouvera, p. 187 et suiv. une lettre à la duchesse de Lesdiguières, qui contient quelques particularités sur la jeunesse de Mme de Maintenon.

(1) Voyez l'article RABELAIS dans la *Biographie lyonn.*, p. 242, et la *Biogr. médicale* de Panckoucke, t. 4, p. 284.

(2) « On dit mangeurs du Rhin, beuveurs de Saxe, courtisanes de *Suave*, parjures de Westphalie... »

(3) Né à Berlin, le 27 août 1700, Charles-Etienne Jordan était probablement le fils du Lyonnais de ce nom qui, après la revocation de l'édit de Nantes, émigra en Prusse avec plusieurs de ses compatriotes, tandis que d'autres portèrent leur industrie et leurs richesses en Hollande.

(4) Voici le passage de *Loys Guyon* cité mais non

dans l'édition d'Amsterdam, 1741, in-4, t. 2, p. 175).

A la page 524 de l'*Hist. des ouvrages des savants* (mai-aoust 1688), Basnage de Beauval donne l'analyse d'une notice sur Rabelais considéré comme médecin, laquelle se trouve dans le *Theatrum virorum clarorum* de Freher; on y lit : « La principale ordonnance que Rabelais donnoit en qualité de médecin, étoit de se bien réjouir, parce que, selon lui et bien d'autres, la joie fait mille fois mieux que les remèdes et les drogues. Rien ne lui paroissoit plus mortel que le chagrin et la tristesse (1). »

L'article suivant est extrait du *Dictionnaire du Dauphiné*, ouvrage posthume publié par M. Gariel : » RABELAIS (François) étoit véritablement Tourangeau ; mais je lui dois un article dans cet ouvrage, parce qu'il a demeuré *plusieurs années* dans Grenoble, en la maison du Président *Vachon*, qui étoit l'asyle des hommes de lettres, et une académie perpétuelle des gens sçavants ; il a mesme composé une partie de son *excellente satire* en Dauphiné. » — Guy Allard avait déjà dit dans sa *Bibliothèque* (Grenoble, 1680) : FRANÇOIS RABELAIS estoit de Touraine, comme chacun sçait, mais tout le monde n'a pas appris qu'il a achevé dans Grenoble son *Pantagruel*, s'estant réfugié dans cette ville pour éviter quelques persécutions que son libertinage lui avoit attirées. Le Président *Vachon* fut son patron, et sa maison fut son azile (2). »

Voici l'épitaphe que fit à Rabelais J. A. de Baïf :

O Pluton, Rabelais reçoy,
Afin que toy qui es le roy
De ceux qui ne rient jamais,
Tu ais un rieur désormais.

reproduit par Le Duchat : « Quant au livre dernier (de Rabelais) qu'on met entre ses œuvres, qui est intitulé l'*Isle sonnante*, qui semble à bon escient blasmer et se mocquer des gens et officiers de l'Eglise catholique, je proteste qu'il ne l'a pas composé, car il se fit longtemps après son décez; j'estoy à Paris lorsqu'il fut fait, et say bien qui en fut l'autheur, qui n'estoit médecin. » *Les diverses Leçons*, l. 2, c. 3, p. 389 de l'édition de Lyon, par *Claude Morillon*, imprimeur de Madame la duchesse de Montpensier, 1610, in-8. — Du Verdier ne donne que *quatre livres* au roman de Rabelais, et ne parle pas de l'*Isle imaginaire*; il est à remarquer qu'il avait très-mal parlé de lui dans sa *Bibliographie*, et qu'il s'est rétracté dans sa *Prosopographie*. V. Niceron, t. 32, p. 371.

(1) Voyez Montaigne, I, 25, et III, 9.

(2) Le séjour de Rabelais à Grenoble, dit M. Rochas (*B. du Dauphiné*, art. VACHON), est un fait intéressant, et qui mériterait d'être étudié. » C'est ce qu'aurait pu faire M. Gariel ; car les assertions de G. Allard sont bien hasardées. Richelet, dans la *Biblioth.* de son *Dict.*, est muet sur ce point, et contrairement à G. Allard, il dit que le *Pantagruel* a été composé à Meudon. Il n'est question dans ce dernier livre que du *Mons du Dauphiné*, une des merveilles de cette province, lequel est en forme de potiron, ch. 67 du 4e livre.

Portrait de Jésus-Christ, fait par lui-même, âgé de 52 ans, et envoyé à Abgare, roi d'Edesse. Histoire et dissertation par *Jean-Baptiste Pianello*. Lyon, *Marcellin Gaucerin*, 1691, pet. in 12. *Catal. Veinant*, n. 12. V. Peignot, *Recherches sur la personne de J.-C.*, p. 59.

Psalmorum (*Liber*), additis Canticis, cum notis *Jac. Benigni Bossuet*. Lugduni, *J. Anisson*, 1690, in-8. — Parmi les raretés bibliographiques que possède M. l'abbé Flachy, premier aumônier de notre Hôtel-Dieu, je citerai *Les Pseaumes de David* traduicts en françois (par *Le Maistre de Sacy*). A Loudun, chez *René Billaut*, imprimeur du Roy et de la Ville, par ordre de Madame *de Montespan*. M.DC.XCVII, in-8 de 624 pp. non compris le titre sur lequel sont les armes de la maison de Rochechouart. Ce livre est imprimé en caractères saint-augustin de 17 lignes à la page. Point de préface, de privilége ni de table ; il est divisé en 7 parties reliées en maroquin rouge avec les mêmes armes sur le plat. On lit sur la garde de chacune de ces plaquettes : « Ce livre ap» partient à Mademoiselle *de Mesgrigny de* » *Viuonne*, à Paris, ce 20 auril 1713. » Il est à croire que cet exemplaire, peut-être unique, était celui de Madame de Montespan, et que, après sa mort, arrivée le 20 avril 1707, il aura été donné par ses héritiers à Mlle de Vivonne, sa parente. — La première édition de la traduction de Sacy parut en 1665 (date du privilége), chez *Pierre Le Petit*, qui, en 1672, en donna une nouvelle reveuë et corrigée, petit in-8, sur 5 colonnes, avec une double version latine, l'une selon l'hébreu, l'autre selon la Vulgate. En regard du titre est une gravure représentant David pinçant de la harpe. Les deux premières éditions de cette version ont été inconnues à Barbier, qui n'a mentionné que celle de Paris, 1688, in-12...

Recueil de diverses oraisons funèbres, harangues, etc. Lisle, 1691, 4 vol. in-12. — Le t. 5 contient, entr'autres pièces, l'Eloge de Pompone de Bellièvre, premier président du parlement de Paris, un Compliment fait à l'archevêque de Lyon, Camille de Neufville, par M. Mignot de Bussy, et la Harangue prononcée à l'Hôtel-de-Ville de Lyon, par M. du Tour de Saint-Nizier, le 22 déc. 1688.

Regimen antonianum...... Lugduni, *Joan. Thioly*, 1691, in-16. — Le livre le plus rare sur l'Ordre des Antonins, a pour titre : *Antonianae historiae Compendium à F. Aymaro Falcone*, domus Sancti Antonii Bariducis, Lugduni, *Theobaldus Paganus*, 1534, in-fol. goth (1). V. sur ce dernier ouvrage : Panzer,

(1) Le *Dict.* de Prost de Royer, art. ANTONNINS, donne à ce livre la date de 1507 ; c'est une erreur : Thibaud Payen n'a imprimé à Lyon que de 1533 à 1570. La B. de L. possède un exemplaire de son édition de la *Décoration d'humaine nature*, etc., par André Le Fournier, 1533, in-16, relié avec l'*Entretenement de vie* de Jehan Goeurot (*sic*), impr. à

la Biogr. du Dauphiné, et le Catal. Crevenna.

Il Regno di Luigi XIII.... Historia del Co' *Alessi Roncoveri....* In Lione (et se trouve, à Paris, chez *Jean Anisson*), 1691, in-4. — On lit dans le Journal des sçavants du 21 nov. 1691 : « En parlant, dans le 5e livre du P. *Bérulle*, instituteur des prêtres de l'Oratoire, l'auteur lui donne la qualité de *confesseur du Roi*, laquelle il est certain que le P. *Cotton* possédoit alors (en 1616) et qu'il ne quitta que l'année suivante pour la laisser au P. *Arnoux*. »

La Rhétorique de Cicéron, ou les Trois livres du Dialogue de l'Orateur (par *Jacques Cassagnes*). Lyon, *Antoine* et *Horace Molin* (de l'imp. de *Claude Chize*), 1691, in-12. — La première édition est de Paris, 1673; Horace Molin, seul, en donna une 5e, en 1692, avec le texte en regard, en tête de laquelle est, comme dans la précédente, un Discours à M. C. (1) contenant une analyse de ce traité : « On y trouve, dit l'abbé Cassagnes, la morale la plus pure qui puisse descendre de la raison naturelle, et par conséquent la moins éloignée de celle du christianisme, sur quoi, nous lisons dans *Arnobe* (l. 5, c. 7), une chose bien remarquable, lorsqu'il rapporte qu'il entendoit dire aux payens de son temps, que le Senat devoit donner un arrest pour condamner les livres de Cicéron au feu, parce qu'ils disposoient les esprits à recevoir la religion chrestienne (2). » — Les savantes et nombreuses notes qui accompagnent cette traduction ne sont pas de l'abbé Cassagnes, car on lit à la p. 366 de l'édition de 1692, la remarque suivante sur ces mots, *Illud egregium Sexti*, *et ex tempore*, *manus lava*, *inquit*, *et coena* : « Puisque cette riposte satyrique de Sextius a échappé à l'exactitude de notre traducteur, il est nécessaire pour l'expliquer que ce n'étoit pour le fait de la raillerie seulement qu'Appius passoit pour malhonnête homme, mais que, par un déréglement de conduite, il s'étoit attiré la réputation de se souiller sans scrupule par des rapines et des impudicitez honteuses, et c'est ce que Sextius lui reproche, en lui disant de laver ses mains, c'est-à-dire de s'abstenir d'être un scélérat, avant que de vouloir souper avec un si honnête homme que lui (1). » — Les trois remarques qui suivent m'ont paru dignes d'être reproduites : « P. 75. « Le *Cardinal de Richelieu*, le plus grand génie de son siècle, ne doutoit point que ce fût ce qu'il y a de plus difficile dans l'éloquence de bien parler en public, puisqu'on lui a souvent oui dire qu'il croiroit qu'il faut avoir un grain de folie pour s'y exposer, s'il ne connoissait des personne d'un excellent esprit qui le font avec beaucoup de tranquillité. » — P. 126. « Les sacrificateurs, chez les Romains, connoissoient des affaires de leur religion, et celui qui étoit Souverain Sacrificateur ou Pontife, présidoit à toutes les assemblées où l'on traitoit des choses sacrées. L'authorité des Souverains Pontifes ne subsista que jusqu'au règne de Jule Caesar, qui joignit cette dignité à la royale, et fut imité de ses successeurs. » — P. 169. « Les Philosophes païens aussi bien que nos Théologiens chrétiens étoient en contestation sur le sujet de la vertu, savoir si l'on pouvoit être vertueux par le seul secours de la nature et de la raison, ou si les dieux y contribuoient par une faveur spéciale. Socrate tenoit cette seconde opinion, et Gallien, se déclarant pour la première, disoit que les vertus dépendoient de notre tempérament (2). Les Péripatéticiens, gardant un juste milieu entre ces deux extrémités, enseignoient qu'il y avoit une semence de vertu dans nos âmes qui germoit par un secours surnaturel (3). »

La Science de la Noblesse, ou la nouvelle méthode du blason, par le P. C. F. Menestrier. Paris, *Michallet*, 1691, in-12. Titre gravé

1692.

Prévôt des Marchands : *Jean-Baptiste Dulieu*, élu par le Consulat le 6 janvier de cette année, en remplacement de feu *Etienne Bartholi* (4).

Echevins : *Matthieu Aumaire* ; — *Matthieu de la Font*; — *Barthélemy Dareste* ; — *André Choisity* (5).

Janvier 25. Camille de Neufville écrit aux recteurs de l'Hôtel-Dieu : « Le Roy nous ayant commandé d'avoir soin de marquer un lieu aux Suisses et aux Allemands, qui habitent

Lyon en la maison de *Claude Veycelier*, demeurant en rue Merciere, à l'enseigne de Sainct Jehan-Baptiste, in-16, goth., s. d. Ce Claude Veycelier ne se trouve pas dans les tables de Panzer.

(1) Probablement *Conrart*, car on lit à la fin du Discours : « Voilà, Monsieur, tout ce que vous aurez de moi, en recevant cette traduction; je m'abstiens de parler pour ne pas être obligé de la défendre, et je vous en laisse le soin, puisque vous en voulez prendre le hasard. Peut-être qu'en cette occasion l'interest d'un Ami vous contraindra de découvrir une chose qui a été jusqu'ici un mystère, et de sortir de la profonde dissimulation dont vous vous êtes si longtemps servi pour nous faire accroire que *vous n'avez jamais appris la langue latine.* » V. l'*Hist. de l'Acad. franç.*, t. 2, p. 121 de l'édit. de M. Livet.

(2) Je ne puis me dispenser de signaler ce passage aux partisans de l'abbé Gaume. V. ci-dessus.

(1) Cf. Le Cicéron de J.-V. Le Clerc, ch. LX.

(2) « Bonne ou mauvaise santé. — Fait notre philosophie, » a dit l'abbé de Chaulieu (Ode XII). — « La bonne » et la mauvaise santé est, après tout, la plus grande » partie du bonheur ou du malheur. » Cousin, *Du Vrai, du Beau et du Bien*, p. 412.

(3) Cette dernière note a été faite sur ce passage du ch. 58 : *Si modo tradi rationi possit*, etc.

(4) C'est par erreur que M. Morin a fait figurer Etienne Bartholy dans l'émeute du 17 mai 1693.

(5) V. sur ces deux derniers échevins, les *Fam. cons.* de M. V. de Valous.

en cette ville, où ils puissent faire enterrer ceux de leur nation qui y meurent, il est ordonné aux sieurs recteurs de l'hôpital des malades de continuer à leur donner une place, pour y être inhumés à la manière accoutumée qui s'est pratiquée cy-devant... » — Cete lettre, qui se trouve dans l'*Hist. du grand Hôtel-Dieu*, par Dagier, est jointe à une délibération des recteurs du 30 de ce mois. — Tous les ossements qui étoient dans le cimetière de l'Hôtel-Dieu ont été exhumés, il y a quelques années, et transportés à Loyasse; mais la pierre tumulaire de la fille d'Young, après avoir servi de dalle, a été replacée dans le mur de l'ancien jardin de la pharmacie. Voyez le *Tombeau de Narcissa*, par A. de Terrebasse, Lyon, 1850, in-8; ci-dessus, mars 1598, et les P. de 1674, *Traité*....

Mars 1. « On a vendu plusieurs lieutenances de Roi de nouvelle création ; le duc *de Villeroy* a acheté, pour son fils, celle de Lyon. » Dangeau. V. ci-après, 26 août.

Juin 19. Le P. *Jean Berthet*, ancien professeur au Collége de la Trinité, né à Tarascon le 22 février 1622, meurt à Paris. — « J'ai beaucoup ouï parler, dit le P. Oudin, du P. Berthet (1). Etant à Lyon, où il régentoit les mathématiques, le jour que le Provincial fit la visite des classes, ce professeur, au lieu d'expliquer la leçon, entonna un mottet dont il avoit composé la musique, battit lui-même la mesure, et le fit exécuter par ses écoliers, donnant pour raison de cette singularité que la musique est une partie des mathématiques. Il étoit attaché au cardinal *de Bouillon*, qui disoit que, pourvu qu'il eût avec lui le P. Berthet ou son chien, il étoit sûr de ne jamais s'ennuyer. Vous avez peut-être ouï parler de la devineresse (la *Voysin*) ; elle faisoit grand bruit du temps que j'étois écolier, et je me souviens de l'avoir vue sur les écrans. Le P. Berthet, étant à Paris, à la suite du Cardinal, s'avisa d'aller la consulter. Le feu roi (Louis XIV) en fut averti, et, comme ce prince entroit beaucoup dans le détail de notre gouvernement, il ne voulut pas que le P. Berthet restât parmi nous... » — Chorier nous apprend dans ses Mémoires, que s'il dédia son *Histoire générale du Dauphiné* au cardinal de Bouillon, ce fut d'après les conseils du P. Berthet. Voyez la lettre de Patin à Falconet du 10 juillet 1664, et celle à Spon du 12 septembre suivant; les *Mém.* de Desmolets, t. 8, p. 507 ; la Biogr. Barjavel, et ci-dessus, février 1622, août 1659, note 5, et les P. de 1654.

Juillet 5. Un vendeur de vin et sa femme, qui demeuraient place *Neuve*, sont assassinés dans leur cave, à dix heures du soir. — Sur l'indication du fameux imposteur *Jacques Aymar*, un bossu, arrêté à Beaucaire, fut mis en jugement, et condamné, le 30 août, comme complice de cet assassinat, à être rompu vif. — Le P. Menestrier, qui ne croyait pas qu'Aymar fût un imposteur (1), rapporte dans ses notes inédites, que cet homme naquit la nuit du 7 au 8 septembre 1622, sous le signe de la Vierge (Mss. de la B. de L., n. 1358). Voyez, p. 14 de mes *Variétés historiq.*, une lettre de Leibnitz sur ce sujet; une Dissertation de M. Gilardin, insérée dans la *Revue du Lyonn.*, t. 5 (2); Bayle, art. Abaris; le Boileau de Saint-Surin, t. 4, p. 585 et 519 ; la *Biogr. dauph.* de M. Rochas, et ci-après, les P. de 1693.

Même mois.... *Te Deum* et réjouissances à l'occasion de la prise de Namur. — Boileau fit à ce sujet une ode dont il supprima plus tard le dernier couplet, qui se lit ainsi dans une lettre de Desmaizeaux :

Un torrent dans les prairies
Roule à flots précipitez ;
Malherbe, dans ses furies,
Marche à pas trop précipitez.
J'aime mieux, nouvel Icare
Dans les airs *cherchant* Pindare,
Tomber du Ciel le plus haut,
Que, loué de Fontenelle,
Razer, *craintive* hirondelle,
La Terre comme Perrault.

Si j'ai reproduit cette strophe, c'est parce qu'elle offre deux variantes qui n'ont pas été signalées dans les commentateurs. La lettre de Desmaizeaux se trouve dans les *Nouvelles de la Rép. des lettres*, août 1701. Le cahier du mois de septembre suivant contient une analyse de l'Oraison funèbre de *Frédéric Spanheim*, par Jacq. Triglang, où il est dit que l'E-

(1) Lettre à M. Lantin, t. 1, p. 332 des *Mélanges* de Michault; voyez aussi t. 2, p. 370. — Le P. Berthet était lié avec Samuel de Sorbière, qui lui écrivit, de Paris, le 14 novembre 1655, sur la mort de Gassendi. Voyez *Lettres* et *Discours de M. de Sorbière*, Paris, 1660, p. 362. On trouvera encore dans ce volume deux lettres adressées à M. *de Monconis*, l'une du 17 octobre 1658, l'autre du 8 août 1657. Dans la première, Sorbière s'excuse de présenter le portrait du cardinal *de Mazarin* à un Grand, et j'en extrairai ce passage : « On a voulu immortaliser à » Anvers, en une statue de marbre, que j'ai vue à la » porte de la grande église, un certain serrurier, qui » devint excellent peintre, afin de plaire à une maî- » tresse qui le méprisoit à cause de son métier. Il » pourroit bien arriver que Monsieur *** estimeroit » d'autant plus mes pensées, que je n'ai guères d'ha- » bitudes dans le grand monde ; mais il seroit bien à » souhaiter que S. E. me traitât ensuite de même que » cette cruelle traita son serrurier.... » Dans sa 2e lettre, Sorbière exhorte Monconis à publier une relation de ses voyages. V. ci-dessus, les P. de 1663, *Journal*,... et celles de 1694, *Sorberiana*....

(1) V. la *Philosophie des images*, p. 422, édit. de 1698.

(2) Cette dissertation ayant pour titre : *Un procès à Lyon en 1692, ou Aymar, l'Homme à la baguette*, a pour épigraphe : *Quidam creduli, quidam negligentes sunt, quibusdam mendacium obrepit, quibusdam placet*. Seneca, *Nat. quaest.* VII, 16.

glise de Lyon le voulut avoir pour son pasteur en 1659, mais qu'il refusa cette dignité.

Août 14. Nicolas Chorier, écrivain polygraphe, né à Vienne, le 1er septembre 1612, meurt à Grenoble, où il fut enterré dans un des caveaux de la cathédrale de cette capitale du Dauphiné, qui avait alors pour évêque le cardinal Lecamus (1). Chorier eut, à Lyon, de nombreux amis; il y plaida et y prononça la harangue de la Saint-Thomas, en 1654. — On lit dans le Journal des Sçavants du mois de juin 1680 : « Chorier n'étoit pas moins bon poète » (2) que bon historien. » La postérité n'a pas confirmé ce jugement. La plupart de ses ouvrages, soit en latin, soit en français, ne sont plus recherchés que par quelques bibliomanes dauphinois. La question de savoir quel est le véritable auteur des dialogues sotadiques publiés à Grenoble en 1678, sera longtemps encore un problème à résoudre (3). Voyez et conférez la *Bibliothèque* et le *Dictionnaire du Dauphiné* de Guy Allard; ci-dessus, septembre 1652; décembre 1654 ; juillet 1655 ; les P. de 1654, de 1661, de 1675, et de 1678.

Même mois 26. Le Consulat enregistre les lettres-patentes qui nomment *François-Catherin de Neufville*, chevalier *de Villeroy*, lieutenant de S. M. dans les provinces de Lyonnais, Forez et Beaujolais. V. ci-dessus, 1er mars.

Même jour. Mort, à Paris, de *Jean Varin*, graveur, né à Liége en 1604. — On lit dans un article de MM. Deriart et Steyert, inséré dans le t. 30 de la *Revue du Lyonn.*, n. s. : «.... Le plus ancien artiste à qui l'on attribue la gravure des *jetons du Consulat* est Varin, graveur de la Monnaie, établi à Lyon depuis 1642. On doit citer vers le même temps *Gendre* et *Clément*, puis les *Jacquemin* (4), qui, pendant le 18e siècle, furent, de père en fils, les graveurs en titre de la ville ; ils eurent pour collaborateurs *Gentot*, *Bigant* et enfin le célèbre *Duvivier* (5), dont l'habile burin a gravé, dans la seconde moitié du dernier siècle, nos jetons consulaires les plus élégants. » V. ci-dessus, année 1651, p. 42, 1671, p. 90.

Même mois 28. Bayle écrit, de Rotterdam, à Minutoli : « La *Poétique d'Aristote*, avec les notes de M. Dacier, ouvrage fort estimé, vient d'être réimprimée, Amsterdam, in-12, par nos réfugiés de Lyon, Mrs *Huguetan*, qui font rouler incessamment dix ou douze presses. »

Même mois. Edit portant création de 40 offices de courtiers, agents de change, dans la ville de Lyon, savoir 52 pour une somme de 7 mille livres seulement, et les huit autres celle de 20 mille livres. — Ces huit offices d'agents de change furent supprimés par édit du mois d'avril 1753; mais une Déclaration du 22 mars 1760 les rétablit. Par autre édit de février 1771, les 40 offices furent supprimés, et 40 autres offices de courtiers, agents de change, banque et commerce de la ville de Lyon, furent créés, moyennant 30 mille livres chacun. V. le Dict. de Prost de Royer et les Alm. de Lyon.

Même mois. Inondation extraordinaire du *Rhône*, qui détruit « de fond en comble » les horlolages du broteau d'*Ainay*. A. M.

Décembre 21. *Jean-Louis Vigier*, docteur de Sorbonne et chanoine de N. D. de Moulins, prononce l'oraison doctorale, et reçoit une gratification de 122 livres dix sols. — Cette oraison a été publiée la même année sous ce titre : *Discours sur la Connoissance de soy-même*. Lyon, *B. Vignieu*, in-4.

Même année. Le Roi crée des officiers en titre pour en composer la juridiction des douanes de Lyon, qui, jusqu'alors avait été exercée par une commission depuis 1563, date de son établissement. Elle connaissait des contraventions en matière de droit d'entrée et de sortie, etc.

Même année. On lit dans le Journal des sçavants du 11 août: « Il y a dans la ville de Lyon un *horlogeur* nommé *Jacques des Flèches*, qui entend parfaitement bien *l'art de fondre les cloches* et de leur donner les proportions nécessaires pour les tons que l'on veut qu'elles ayent, en sorte que, sans en mettre aucune sur le tour, il peut faire plusieurs octaves fort d'accord, et dans les règles les plus rigoureuses de la musique ; il demeure place du *Change*. » — En 1675, demeurait à Lyon, près de la *Douane*, un autre *horlogeur* nommé *Jean de Bombourg*, loué par Spon, p. 206 de sa *Recherche*. On doit à cet artiste un curieux opuscule que MM. Rolle et de Montaiglon, après l'avoir annoté, ont fait réimprimer sous ce titre : *Les Tableaux et les Statues de Lyon au dix-septième siècle*, Paris, *Tross*, 1852, in-8.

Cette même année, fut baptisée, dans l'église paroissiale de *L'Arbresle*, une cloche portant cette inscription :

(1) Ce prélat, qui fut le protecteur de Chorier, avait été lié avec La Fontaine, qui l'a loué dans sa 25e Epître : « Il sait (dit-il) notre langue à miracle. » Chorier, lui aussi, a dû connaître La Fontaine ; mais on n'a aucune preuve des relations qu'ils ont pu avoir entr'eux.

(2) On ne connait de lui que des poésies latines publiées en 1680 ; on ne cite pas de vers français composés par lui.

(3) Voyez l'article SYGEA dans le Manuel de Brunet, la *Biogr. du Dauphiné* par M. Rochas. Voyez aussi la note de Laharpe sur le ch. 63 de la Vie de Tibère, dans sa traduction de Suétone.

(4) « Le dernier des Jacquemin, qui probablement avait pris part aux excès de la Terreur, périt dans les massacres des prisons, en 1797 (L. mai 1795). » Note de MM. D. et S.

(5) Voici l'article que lui a consacré la *Biogr. portative* de 1844 : « DUVIVIER (P.-Sim.-Benjamin), graveur en médailles, membre de l'Académie. Paris, 1730-1819. Il s'attacha à l'étude de l'antique, et fit sortir son art de la décadence où il était tombé sous le règne de Louis XV. »

« *Tempestate libera nos, Domine.*

» Jean Besson, archiprêtre, curé de l'Ar-
» bresle : — Très-illustre seigneur Mre *Jac-*
» *ques-Benigne Bossuet* (1), abbé et baron de
» l'abbaye royale de Savigny, parrain, et
» marraine très-puissante dame *Julie-Fran-*
» *çoise de Crevant*, princesse d'*Yvetot* et mar-
» quise *d'Albon* et *de St-Forgeux*. 1692. » V. *supra*, 16 déc. 1688, *infra*, 1698, à la fin.

Même année. Mort de *Roger d'Hostun*, marquis de *la Baume*, comte de Tallart, etc., commandant pour le roi, en l'absence des gouverneurs, dans les provinces de Lyonnois, Forez et Beaujolois. Voyez sa notice dans Moréri, article Tallart.

— Le Consulat autorise les recteurs de l'*Hôtel-Dieu* à vendre, jusqu'à concurrence de cent mille livres, quelques-uns des immeubles appartenant à cet hospice, dont les charges étaient « extraordinairement augmentées par le passage des gens de guerre et par les misères publiques, si bien qu'estant entré, l'année précédente plus de *seize mille malades* dans cette maison, il a fallu faire doubler presque tous les lits, et en faire faire plusieurs autres en differens appartemens; » qu'il « y a eu plus de *trois mille enfants exposez*, et plus de douze mille qui ont esté secourus par l'assistance donnée à leurs mères, outre les femmes grosses qui y sont accouchées, et les remèdes qu'on a distribués tous les jours gratuitement à tous les pauvres. » Vers le même temps, les recteurs de l'*Aumosne générale* adressèrent leurs doléances au Consulat: les dépenses de cet hospice avaient pris, disent-ils, un accroissement énorme, « depuis trois ou quatre années, par la cherté excessive du bled, du vin et de toutes les autres denrées, ainsi que par la cessation, qui est notoire, de toutes les fabriques de soye, qui faisoient presque tout le commerce de cette ville, et par l'abandon qu'ont fait la pluspart des ouvriers, dans ces temps malheureux, de leurs femmes et de leurs enfants, pour aller à l'armée, lesquels mourroient de faim sans l'assistance desdits recteurs, ce qui a porté la distribution du pain à soixante et dix mille pesant par semaine, et a augmenté le nombre des pauvres renfermez jusqu'à deux mille cinq cens. » — Le Consulat prolonge en faveur de l'Hospice de la Charité la levée de l'octroi 2 sols 6 deniers par année, sur le vin récolté dans le gouvernement de Lyon, et de dix sols sur le vin étranger. A. m. p. 158 de l'Inventaire, série BB.

— Le Consulat arrête à 1025 livres la dépense faite à l'occasion de la réception du prince de *Monaco* et de la duchesse de Valentinois, sa femme, nièce des *Villeroy*, gouverneurs de Lyon. A. m. BB.

— *Claude Lenoir* succède à *André Molin* (1), dans l'imprimerie que ce dernier avait fondée à Trévoux, en vertu de la permission que lui avait donnée Mademoiselle de Montpensier, le 12 mai 1671. « Le 20 février 1697, le duc du Maine donna un nouveau privilége à *Pierre Le Rouge*, qui le céda à *Lambert Gaspariny*, avocat au parlement, lequel le transmit à un nommé *Drapier*. En 1695, *Nicolas Justet* se qualifie dans l'édition qu'il reproduisit du *Nouveau Testament*, de maître imprimeur et directeur de l'imprimerie de S. A. S. (le duc du Maine). Le 29 juin 1699, *Jean Boudot*, libraire à Paris, fut appelé à la direction de l'imprimerie du prince de Dombes. A peine installé, il s'associa *Etienne Ganeau*, qui devint luimême directeur titulaire, le 28 août 1707, et fonda, dès cette dernière année, avec les principaux libraires de Paris, la Société connue au 18e siècle, sous le nom de *Compagnie de Trévoux*... Brillon, t. 2, p. 91 de son *Dict. des arrêts*, assure que, de son temps (2), l'imprimerie de Trévoux pouvait être considérée « comme la rivale de celles de Hollande, et » le modèle de celles de France. » La plupart des ouvrages publiés à Trévoux par la Compagnie, de 1720 à 1762, ont été imprimés avec une fausse rubrique; mais un œil exercé reconnaît facilement les éditions trévoltiennes, surtout celles antérieures à 1732, au caractère qui sortait de la fonderie de Christophe Moucherel. En outre les in-12 édités sous la fausse rubrique de Hollande ou d'Allemagne, portent dans le titre une sphère sur bois ;.... les in-fol. et les in-4 sont reconnaissables par la capitale initiale des chapitres; elle est en blanc, dans un carré haché selon l'azur du blason, et semé de fleurs de lis; la lettre broche sur le tout. Après la réunion de Trévoux à la France, la Compagnie fut dispersée; l'imprimerie du prince de Dombes prit le nom d'*Imprimerie du*

(1) C'était le neveu de l'évêque de Meaux. V. le Cartulaire de Savigny, p. cxij. — On lit dans l'*Improvisateur français*, t. 13, p. 273 : « *Bossuet*, qui joignait à son évêché de Meaux plusieurs riches abbayes, parlait un jour devant Louis XIV, avec exagération du désintéressement de tous les ecclésiastiques; ils ne font (disait-il) aucun cas des bénéfices ni des richesses; loin d'en faire cas, ils s'en *moquent*. « Vous vous *moquez* donc bien d'eux, » lui dit le Roi. » — M. Sallentin, en reproduisant cette anecdote, a fait une singulière bévue; ce n'est pas à *Bossuet* que Louis XIV a dit cela, mais à l'évêque de *Metz*, M. d'Aubusson de la Feuillade. Voyez les *Œuvres de Racine*, p. 380 de l'édit. de Lefèvre, 1835, gr. in-8.

(1) André Molin avait ses ateliers à Lyon et à Trévoux; il imprima dans ces deux villes un très-grand nombre de livres. — Le plus ancien document relatif à l'imprimerie de Trévoux en Dombes, est un privilége accordé le 28 déc. 1603 par Henri de Bourbon-Montpensier à *Claude Morillon*, de Villefranche en Beaujolais. Mais en usa-t-il? M. Guigue, auquel j'emprunte ce document, ne le dit pas. (V. ses *Fiefs et paroisses de l'arrondissem. de Trévoux*, p. 297). Voyez et conférez mes *Documents* sur Lyon au 12 mai 1671.

(2) En 1727, Brillon nous apprend, même page, que le souverain des Dombes lui avait confié l'examen et la censure des ouvrages de jurisprudence qui s'imprimaient à Trévoux.

Roi, et déclina rapidement. *Aimé de La Roche* la dirigea de 1770 à 1789 ; il eut pour successeur *Ph.-Jh. Pinet*... » Extrait du livre de M. Guigue déjà cité.

Même année. Mort, sous les drapeaux, de M. *Caze*, jeune militaire, aimant aimé de Mlle *des Houlières*. Voyez *Les Deux des Houlières*, Lyon, 1855, in-8, et la note de M. Walckenaer, t. 4, p. 355 des *Mémoires sur Sévigné*, où se trouvent quelques fautes que je crois devoir relever : ligne 2, au lieu de *par un architecte italien*, lisez *par M. de Boissac* ; même ligne, au lieu de *Cazes*, lisez *Caze*; ligne 5, au lieu de *plusieurs pièces*; — p. 354, l. 6, au lieu de 1668, lisez 1688; l. 14 et l. 20, au lieu de *Madame*, lisez *Mademoiselle*.

PUBLICATIONS DE 1692.

Adoration perpétuelle de N. S. J. dans le très-saint Sacrement de l'autel, établie dans la paroisse de Saint-Nizier de Lyon. A Lyon, chez la veuve de *F. Larchier*, 1692, in-16. Cat. Coste, 3016.

Biblia sacra. Lugduni, *P. Guillimin*, 1692, in-fol. Voyez les P. de 1688.

Dissertation..... dans laquelle il est prouvé que les talents extraordinaires qu'a *Jacques Aymar* de suivre avec une baguette les meurtriers et les voleurs à la piste, de trouver de l'eau, de l'argent caché, les bornes, etc., dépendent d'une cause très-naturelle et très-ordinaire ; par *Pierre Garnier*, docteur en médecine (1). Lyon, J.-B. Deville, 1692, in-12. — Réimpr. dans le t. 5 de l'*Hist. des pratiq. superst.* du P. Lebrun. V. le Bayle de Beuchot, t. 1, p. 14.

L'Esprit de Gerson (par *Eustache le Noble*, baron de Saint-Georges), 1692, in-12, s. n. de v. Catal. Falconnet, n. 1605; B. janséniste, p. 119, Barbier, 5372. Voyez ma Notice sur Claude de Saint-Georges, archevêq. de Lyon, p. 17.

Histoire du marquis de Courbon. Lyon, *Amaulry*, 1692, in-12, B. de M. de Lubac. Voyez la Biogr. dauph., t. 1, p. 50 et p. 278.

De l'Imitation de Jésus-Christ,.... par *Thomas à Kempis*, trad. en françois (par *Michel de Marillac*) du latin pris sur le Manuscrit de l'Auteur, par *Héribert Rosweyde*, de la Comp. de Jésus. A Lyon, chez PIERRE GVILLIMIN, ruë Belle-Cordière, 1692 (2), in-48. Voyez Barbier, n. 8539, et les P. de 1608, 1609, 1676, 1678, 1686, 1687 et 1697.

La Jurisprudence du célèbre conseiller et jurisconsulte *Guy Pape*,.... par Me *Nicolas Chorier*... Lyon, *Jean Certe*, 1692, in-4. — Dédicace de l'auteur à Mgr. *de Saint-André*, premier président au parlement de Dauphiné, suivie de la vie de Guy Pape, où Chorier nous apprend que ce jurisconsulte, peu de temps après son retour de Paris, où il avait reçu le bonnet de docteur, en 1550, perdit *Catherine Aymar*, sa mère, qui voulut être ensevelie dans l'église de Venissieu, puis il ajoute : « Un » grand homme (1) étoit persuadé que *M. » Vinictius* (2), consul romain sous Tibère, a » communiqué son nom à ce lieu, et qu'il » étoit Gaulois.... » V. ci-dessus, 14 août 1692.

Lettre d'un Académicien à un Seigneur de la cour, à l'occasion d'une momie apportée d'Egypte, et exposée à la curiosité publique en 1692. Paris, 1692, in-4 de 8 ff. — Le P. *Menestrier*, auteur de cette Lettre, était-il membre de quelque académie ? je ne saurais le dire ; il y avait alors en France un certain nombre de compagnies savantes dont il eût mérité de faire partie, et je m'étonne qu'il n'ait pas été un des membres de celle fondée à Lyon en 1700. V. le Dict. de Bruzen de la Martinière, au mot ACADÉMIE. — Une seconde lettre du savant jésuite sur le même sujet parut aussi, la même année, in-4 de 8 ff.

Lettre à Monsieur Mayer, sur une pièce antique. In-4 de 8 pages, s. n. de v. — Cette Lettre commence ainsi : « Votre figure de » Minerve en buste, sous un pavillon à quatre » piliers.... » J'en ai donné une nouvelle édition, Lyon, *L. Perrin*, 1836, in-8 de 6 pp. — M. *Mayer* (*Marc*) était libraire à Lyon; je présume qu'il était fils de Michel, libraire de cette ville en 1674.

Lettre à Monsieur Mayer sur une pièce antique qu'il a apportée de Rome. S. n. de v. ni d'impr., in-4 de 8 pp. — Le Journal des sçavants a rendu compte (p. 113) de cette Lettre qu'un bibliophile normand, M. *Leber*, a fait réimprimer en 1829, et qui n'avait été tirée qu'à 3 exemplaires ; j'en dois un à sa gracieu-

(1) Il était fils de Pierre, 1er du nom, mort doyen du collége de médecine de Lyon, le 6 juin 1681, lequel fut un des correspondants de G. Patin. Voyez Pernetty, t. 2, p. 107, et ci-dessus, 24 mai 1650.

(2) Je présume que cette date, donnée par les PP. Backer, t. 1, p. 653 de leur Bibliothèque, est fautive; l'exemplaire que je possède est ainsi daté : M.DC.LXXXII (1682). Une réimpression de cette traduction justement estimée a été faite à Paris, en 1864, par les soins de M. de Sacy. V. la Biogr. Didot, t. 33, col. 766. — La plus ancienne traduction de l'Imitation est celle qu'Henri Mayer a imprimée à *Tholouse* (sic) en 1488. Mais ce serait à Tolosa, en Espagne et non à Toulouse, en France, suivant M. Hubaud, qui a publié tout récemment une dissertation qui a pour titre *Examen critique* d'un nouvel opuscule de M. le docteur Desbarreaux-Bernard, intitulé l'*Imprimerie à Toulouse aux XVe, XVIe et XVIIe siècles*, Marseille, 1866, in-8. Voyez mes Documents sur Lyon, année 1687, à la fin.

(1) Probablement le *Summus vir* (M. Dugué de Bagnols) à qui Chorier a dédié sa Vie de Boessat.

(2) *Vinictius* ou plutôt *Vinicius*, qui fut consul sous Claude, l'an 45 de l'ère chrét., et qui fut empoisonné par Messaline.

seté, et, en attendant que je me décide à donner une troisième édition de ce rare et curieux opuscule, j'en reproduis ici le premier alinéa :

« Monsieur, après avoir exactement considéré cette Passoire ou Couloir antique qui a esté trouvée à Rome, et que vous avez fait graver pour exciter la curiosité des antiquaires à en rechercher les usages, et à développer les mystères qui sont cachez sous les figures qui en embellissent le manche, il m'a semblé que ce ne peut estre autre chose qui a servi à ces fêtes de Bacchus, qu'Hérodote a succinctement rapportées dans son Euterpe, qui est sa seconde Muse, ou le second livre de son Histoire. Les sacrifices de cochons que l'on immoloit à Bacchus, le figuier, le godenot, le dieu Pan, le bouc, la huche, l'haste et le lambda grec, sont autant de symboles qui nous marquent l'usage de cet instrument... »

Liber sacerdotalis, seu Rituale secundum usum primae Lugdunensis Ecclesiae : de mandato.... *Camille de Neufville*... Lugduni, *J.-B. Deville*, 1692, in-4 de 6 ff. non chiffrés, et de 244 p. — On a joint à quelques exemplaires un *Formulaire* pour faire le prône, in-4 de xij pp. V. les P. de 1695, *Très-humbles remontrances*.

Mémoires du Mareschal de Bassompierre... Cologne, 1692, 2 vol. pet. in-12. - - Il est plusieurs fois question de Lyon dans ces Mémoires; je n'en extrairai que deux passages qui auraient été mieux placés à leur date. « Le mercredy, 16 janvier 1650, dit l'illustre diplomate, je partis de Paris pour aller ambassadeur extraordinaire en Suisse, et vins coucher en poste à Verrant, jeudy à Bony, vendredy à Nevers, samedy à la Palisse, où je recouvray mon train, et dimanche à Tarare. Le lundi 22, j'arrivay à Lyon où je trouvay Monsieur le cardinal *de Richelieu*. M. *d'Alincourt* me logea chez luy. Ce mesme jour arriva le comte de Saint-Maurice, de la part de Mr le prince de Piedmont, qui envoya offrir à Mr le Cardinal passage et estapes par les païs du duc, son père, et quand et quand le prier qu'il se pust aboucher avec luy au pont de Beauvoisin..... Mr le cardinal le receut très-bien, et luy respondit qu'il... luy feroit response le lendemain...... J'estois present à cette première veuë,.... et me sembla qu'il estoit bien aise de s'aboucher avec Mr le prince de Piedmont, espérant que cette entreveuë pourroit engendrer l'entier accomplissement des affaires, ce qu'il désiroit pour retourner promptement à la Cour,.... et je l'y exhortay en allant à *Esné* (Ainay) où il voulut loger, ne se trouvant bien à l'Archevesché. Il avoit envoyé quérir Mrs de Montmorency, la Force, Scomberg et Alincourt, qui le vinrent trouver au jardin d'Esné, où il leur demanda leurs advis.... Mr le Cardinal escouta nos diverses opinions, et suivit celle de Mr de Scomberg, qui n'avait point été d'avis de l'entrevue au pont de Beauvoisin... Nous passasmes nostre temps en la maison de Mr d'Alincourt, qui nous fit très-bonne chère, et Mr de Montmorency et moy alternativement, donnasmes, les soirs, le bal aux dames de Lyon, dans le salon de Mr d'Alincourt. — Le lundy 28, le sieur *Julio Mazarini* vint à Lyon, de la part du nonce Panzirole, que le Pape avoit envoyé pour traiter de la paix; il le dépescha le mardy 29, puis il partit pour s'acheminer à Grenoble. Je partis de Lyon le lendemain; je vins coucher à *Boesse* (*La Boisse*),.... le 1er février à Nantua,.... le dimanche 3, j'arrivay à Genève, où je fus très-bien receu... »

Le dimanche 4 aoust, M. de Bassompierre était de retour à Lyon, « où M. d'Alincourt fut son hoste. » « Le Roy, dit-il, y arriva le 7, et je pris congé quelques jours après pour aller à Paris. Le mardi 17, je partis de Lyon et vins coucher à la Bresle... Le 21 aoust j'arrivay à Paris... »

N. Sous le n. 907 de la 2e partie du catalogue des livres de M. Veinant (Paris, Potier, 1863), est une pièce manuscrite ayant pour titre l'*Ombre de Charles-Quint apparue à Volcart* : Dialogue sur les affaires du temps, 1688, in-8. En tête de cette pièce sont les 12 vers qui suivent datés de la Bastille, le 15 août 1659 :

Remarquez de mon sort la singularité :
Je suis, même le jour, privé de la lumière,
Et, dans la même chambre, où, par autorité,
Se trouve justement mon parent *Bassompierre* (1).
Puisse l'affreux véroulx dont le bruit m'importune
Retenir à son tour le caffard Le Tellier ;
Qu'une corde à son coup, sans indulgence aucune,
A toi, de Maintenon, serve aussi de collier.
O séjour de douleurs, exécrable Bastille,
Serai-je encor longtemps à secouer mes fers ?
Et, vous qui soupirez, malheureuse famille,
Vengez-vous, poignardez des ministres pervers (2).

Méthodes nouvelles et abrégées pour l'extraction et l'approximation des racines, par *Thomas Fantet*, sieur de *Lagny* (3), de l'Acad. des sciences. Paris, 1692, in-4. — L'auteur, né à Lyon, en 1660, mourut à Paris, en 1754. V. la Biogr. univ., art. Lagny.

OEuvres (*Les*) *de Monsieur de Molière*, revues, corrigées et augmentées du *Médecin vangé* (sic), et des épitaphes les plus curieuses sur sa mort, enrichies de fig. en taille-douce à chaque pièce. A Lyon, chez *Jacques Lyons*,

(1) Accusé d'avoir pris part à l'intrigue qui amena le mariage de Gaston d'Orléans avec Marguerite, sœur du duc de Lorraine, Bassompierre fut mis à la Bastille le 25 février 1631, et n'en sortit que le 19 janvier 1643. Voyez ses Mémoires, et la Table de la Gaz. de Fr., t. I, p. 99.

(2) Ces vers seraient-ils du maréchal de Vitry, qui fut mis à la Bastille le 27 octobre 1637, et qui n'en sortit, comme Bassompierre, qu'après la mort de Richelieu.

(3) *Camille de Neufville*, pendant qu'il était abbé d'Ainay, ajoutait à ses titres celui de *comte de Lagny*. Sa noblesse ne remontait pas assez haut pour qu'il pût être *comte de Lyon*; cependant il prit ce titre quand il devint archevêque.

1692, 8 vol. in-12. — Cette édition est en plus beaux caractères et sur un meilleur papier que celle de 1690, qui porte sur le titre *Jacques Lions*. Catal. Potier, Paris, mars 1864, n. 563: dans l'exemplaire de cette vente, l'amateur avait fait relier avec le tome 8., la *Vie de Molière*, par Grimarest, Lyon, 1692. V. les P. de 1690, et ajoutez aux remarques que j'y ai consignées, celles que voici :

Molière, dans la première scène du *Misanthrope*, fait dire à Alceste :

Je veux qu'on soit sincère, et qu'en homme d'honneur,
On ne lâche aucun mot qui ne parte du cœur.

La même pensée se retrouve dans la première scène du Tartuffe où Madame Pernelle dit à Damis :

Je vous parle un peu franc, mais c'est là mon humeur,
Et je ne mâche point ce que j'ai sur le cœur.

Comment se fait-il que ce rapprochement ait échappé à Aimé Martin et sans doute à bien d'autres ?

Le distique suivant est-il antérieur ou postérieur au *Festin de Pierre*, et quel en est l'auteur ?

Nulla est mundo praestantior herba tabaco ;
Expurgat cerebrum, laetificatque caput.

On lit dans le *Ménagiana*, t. 1, p. 144 : « La » prose de Molière vaut beaucoup mieux que » ses vers.... » Tel n'était pas l'opinion de Boileau : « Enseigne-moi, Molière, où tu trouves la rime...» *Satire* 2e.

Un médecin de Paris, le docteur *Le François*, auteur de *Réflexions critiques sur la Médecine* (Paris, 1713, in-12), signale *Pétrarque*, *Montaigne* et *Molière* comme les plus célèbres et les plus implacables ennemis de la médecine. Voyez le J. des Sçav. de 1714, p. 87.

M. Maurice Raynaud a publié à Paris, en 1862, un in-octavo ayant pour titre *Molière historien de la philosophie*. M. *Frédéric Morin*, qui a rendu compte de ce livre dans le *Progrès* (journal de Lyon) du 22 septembre 1862, termine ainsi son appréciation : « Molière n'a toute sa valeur que pour celui qui connaît à fond le mouvement philosophique du 17e siècle, parce qu'il fut l'un des auxiliaires de ce mouvement, parce qu'il puisa la sève comique dans la grande révolution qui s'accomplissait autour de lui. Il y aurait à faire à ce point de vue une édition très-neuve et très-curieuse de son immortel théâtre, et tant que cette édition ne sera pas faite et devenue populaire, les chefs-d'œuvre du plus grand écrivain du 17e siècle ne seront pas compris dans ce qu'ils ont de plus intime et de plus vivant. »

M. Armand Fraisse, après avoir dit, dans une de ses *Causeries dramatiques*, que *Molière* avait le droit de faire la langue, ajoute : « Il avait même celui de faire des calembourgs (1) comme celui-ci que j'ai découvert ces jours-ci dans *Tartufe*, et qui m'avait toujours échappé.

Et, comme l'autre jour un docteur dit fort bien,
C'est véritablement la tour de *Babylone*,
Car chacun y *babille*, et tout du long de l'*aune*.

« Il est probable, continue M. Fraisse, que c'était une plaisanterie contre un prédicateur du temps (*Salut public* du 24 mars 1866). » Si quelque commentateur de Molière reproduit cette remarque, il pourra y joindre ce passage extrait d'une lettre écrite le 17 juin 1659, par Guy Patin à Falconet : « Votre fils est allé dîner chez Carolus, où doivent se rendre ma femme, ma bru et mes deux belles-sœurs qui sont allées gagner les pardons à un certain petit sermon dont je ne sais pas seulement le nom ; mais ce ne sont pas toujours les pardons qui font aller les femmes ; voilà pourquoi l'on dit ce plaisamment que saint *Trottel*, saint *Caquet* ct saint *Babil* sont les plus grands patrons de cit sexe dévot. »

Dorine dit à Mariane (a. 2, s. 3) :

Certes, monsieur Tartuffe, à bien prendre la chose,
N'est pas un homme, non-, qui *se mouche du pied*.

« Je suis fils d'un homme qui *se mouchait du coude* (1), » répondit Anthistènes le Cynique à quelqu'un qui le questionnait sur sa race. Il faisait entendre par cette expression proverbiale, dit M. de Méry, la médiocrité de son origine. *Hist. des proverbes*, t. 1, p. 96.

J'ai signalé ci-dessus (p. 241), l'erreur de l'abbé Guillon, qui avait dit qu'il existait à Lyon, du temps de Molière, un apothicaire du nom de *Fleurant*, qui demeurait dans la rue *Saint-Dominique* ; ce n'est qu'en 1745 que l'on trouve un apothicaire du nom de Fleurant dans cette rue, où il exerçait encore sa profession en 1760. Longtemps auparavant, en 1697, il y avait eu un Claude Flurant, apothicaire, place du Gouvernement, et, en 1729, un François Flurant, chirurgien-major à l'Hôtel-Dieu de Lyon. C'étaient probablement des descendants du Fleurant de Paris qui vinrent s'établir à Lyon.

Quelques Remarques sur le grand couvent de *S. Bonaventure* de Lyon, par *Jean-Baptiste Bazin*, cordelier. Lyon, *Claude de la Roche*, 1692, in-12. V. les *Gr. Cordeliers* de M. Pavy, p. 193 et 276, et les P. de 1693, *Magnificences*. — En 1592, le Consulat fit un don de 100 écus aux Cordeliers de Saint-Bonaventure, qui devaient être employés à la fabrication d'une paire d'orgues pour le service de Dieu, dans leur église, à la charge d'y mettre les armoiries de la ville. A. M., série BB., p. 68.

Quinte-Curse,..... de la traduction de M. *de Vaugelas* (2), avec les suppléments de Jean

(1) N'y a-t-il pas un calembourg dans ce vers que dit Dorine dans la même pièce (a. V, s. 4) : « Ce monsieur *Loyal* porte un air bien *déloyal* ! »

(1) Conférez Diogène Laerce, l. 1, c. 1, et Plutarque, *Traité de l'exil*, à la fin.

(2) Vaugelas naquit à Meximieux, où il fut baptisé le 6 janvier 1585 ; il mourut à Paris en 1650. La Biogr. univ. le fait naître à Chambéry, et Palissot à Bourg-

Freinshemius traduits par feu M. du Ryer. Lyon, *Claude Chize*, 1692, in-12. — La première édition est de Paris, 1647 ; Vaugelas y travailla pendant trente ans; aussi Gui de Balzac disait que si l'Alexandre de Quinte-Curse était invincible, celui de Vaugelas était inimitable. — On lit dans le Journal des Sçavans du 27 avril 1705 : « Suivre les paroles sans suivre le sens, c'est la méthode de M. du Ryer; suivre le sens sans suivre les paroles, c'est celle de M. d'Ablancourt ; mais suivre les paroles et le sens, c'est celle de M. de Vaugelas. » — Je venais d'achever cette dernière note, lorsque le hasard a fait tomber sous mes yeux le *Figaro* du 25 janv. 1866, et ce n'est point sans étonnement que j'y ai lu que « l'inexactitude de l'*Histoire de la vie et des ouvrages de Molière*, par M. *J. Taschereau*, est devenue proverbiale. » L'auteur anonyme de cette médisance a-t-il donc oublié que cette Histoire a eu trois éditions, toutes trois épuisées ? Que le vieux lecteur de la B. imp. livre donc au public celle qu'il a sans doute dans son portefeuille, et nous verrons.

Rénovation des promesses du saint baptême, et pratiques de piété pour vivre en vray chrestien, avec les règlements de la nouvelle confrairie érigée dans la paroisse de St-Michel, transférée dans l'église collégiale d'Esnay, pour tous les Chrestiens. Lyon, J. Bruyzet, 1692, in-12. Catal. Coste, n. 5017.

Rhétorique (La) de Cicéron, ou les trois livres de l'Orateur en latin et en françois. Nouvelle traduction (par l'abbé *Cassaigne*). A Lyon, chez *Horace Molin*, 1692, in-12. V. les P. de 1691, où j'ai déjà parlé de ce livre.

Le Secrétaire du cabinet, ou la Manière d'écrire que l'on pratique à la Cour, par le sieur D. L. S. Nouvelle édition. Lyon, *J.-B. Guillimin*, 1692, in-12. — Il s'y trouve une lettre de consolation à la marquise de *Saint-Chaumont*, sur le trépas du comte de Tournon, son père. V. les P. de 1690, *Lettres fam.*

Vie de la vénérable Mère Jeanne-Marie Chezard de Matel, fondatrice de l'Ordre du *Verbe incarné*, par le R. P. *Antoine Boissieu*. Lyon, *Molin* et *Barbier*, 1692, in-8. B. Coste, n. 15427. V. l'Alm. de 1755, p. 58.

1693.

Prévot des Marchands : *Jean-Baptiste Dulieu.*

Echevins : *Barthélemy Dareste*, — *André Choisity*, — *Jean-Baptiste de Laforest* (1), — *Jean-Baptiste de Belly* (2).

Mars 28. Le duc de *Villeroy*, nommé maréchal de France, prête serment en cette qualité entre les mains du Roi. Dangeau. — On lit dans le *Mercure galant* d'avril suivant : « Jamais souverain ne s'est attiré tant de cœurs que le Roy. Quoique ce monarque donne, il l'assaisonne de manières si obligeantes, qu'on en est beaucoup plus charmé que de ses dons (3) ; cela parut tout récemment à l'égard de M. le duc de Villeroy, à qui S. M. a dit qu'Elle l'avoit fait maréchal de France, et qu'il pouvoit faire partir un courrier pour en porter la nouvelle à son oncle l'archevêque de Lyon ; c'est, ajouta le Roi, pour le faire vivre quelques années davantage. » Sitôt qu'il eut reçu cette nouvelle, Camille de Neufville renvoya le courrier au Roi avec une lettre de remerciment, et demanda la permission de pouvoir bientôt voir son neveu, revêtu de cette nouvelle dignité. S. M. s'empressa de la lui accorder, et lui écrivit de sa propre main :

« Monseigneur l'Archevêque de Lyon, j'ai leu avec bien du plaisir ce que vous m'avez écrit sur la justice que j'ay renduë au duc de Villeroy, vostre neveu, à la mémoire de son père, et à vos propres services ; je souhaite que cette nouvelle marque de ma confiance et de mon estime vous fasse encore bien porter plusieurs années, et vous mette en estat de venir icy. Personne sans exception ne vous y verroit avec plus de joye que moy, qui prie Dieu, Monsieur l'Archevêque de Lyon, qu'il vous ait en sa sainte garde. A Versailles, le 13 avril 1693. Louis. » Voyez ci-après, février 1702.

Avril 5. Mort, à Paris, de la duchesse *de Montpensier*. — Le duc d'Orléans, Philippe Ier, lui succéda dans la souveraineté du Beaujolais, et le duc du Maine, dans celle de la Dombes. Voyez ci-dessus, année 1658, et ci-après, les P. de 1695, *Oraison funèbre....*

Mai 5. Une déclaration du Roi réduit à 40 le nombre des *notaires* qui avait été fixé à 50 par la déclaration de juin 1691. — La nouvelle déclaration exempte les notaires du logement des gens de guerre, de toutes tailles et impositions ordinaires pour les biens qu'ils occupent ou font valoir par leurs mains; ils sont autorisés à passer tous actes sans être obligés de se servir de témoins, en les faisant signer en *second* par un de leurs confrères.

Même mois 6. Mort, à Paris, de *François Tallemant le Vieux*, premier aumônier de *Madame* (charge qui lui coûta 45 mille livres ; il

en-Bresse. C'est aussi par erreur que l'on a fait naître dans cette dernière ville l'historien des Croisades, *Joseph Michaud*, qui est né à Albenas en Savoye, vers 1767. Quant à son frère Louis-Gabriel, l'archibiographe, il est né, non à Bourg-en-Bresse, mais à Villette, dans le château de Richemont, le 19 janvier 1773.

(1) Il déclara jouir du privilége de la noblesse consulaire, le 30 déc. 1694. V. de Valous, *Fam. cons.*, p. 53.

(2) Il prit les mêmes armoiries que Claude Belly, échevin en 1683, qui, le 22 septembre 1691, avait renoncé à sa noblesse consulaire. Le même, p. 19.

(3) « La façon de donner vaut mieux que ce qu'on donne. » Th. Corneille, le *Menteur*, sc. 1.

avait encore l'abbaye de Val-Chrétien, qui était dans l'apanage de Monsieur, et le prieuré de *Saint-Irénée* (1), qui valait 4 mille livres de rente, et qui était à la nomination du Roi ; il était de l'Académie française. DANGEAU (2). — En 1636, Gédéon Tallemant des Réaux, son frère, avait été envoyé en Italie avec l'abbé *de Gondi* (le futur cardinal de Retz). « En passant à Lyon, dit M. Sainte-Beuve, il s'éprend de la fille d'un ami, chez qui il loge, et emporte avec lui promesses et bracelets de la belle, une intention de tristesse ; il se croit un des amoureux de l'Amadis ; mais foin des héros de roman ! il ne peut faire longtemps ce rôle. « Tout cela, dit-il, ne m'empêcha pas de me » bien divertir en Italie, tant c'est belle chose » que jeunesse (3). » — François de Tallemant comptait au nombre de ses amis *Samuel Sorbière*, qui lui adressa le 1er juin 1659, une lettre qui se termine ainsi : «.... Vous avez choisi sans doute le meilleur parti en vous attachant à l'histoire et aux langues que vous possédez si bien. Je ne vous conseille point de les changer pour l'algèbre, mais je vous prie de les cultiver plus modérément que vous ne faites, et avec quelque égard à votre santé. N'avez-vous pas encore assez de grec et de latin, assez d'anglois, d'italien et d'espagnol ? Vous entendez les plus difficiles auteurs qu'il y ait en ces langues, et vous êtes un des souverains arbitres de la nôtre que vous venez d'enrichir de votre belle traduction des Vies de Jules-César et d'Alexandre. Que nous serions heureux si nous avions tout Plutarque de votre main, et que nous y apprendrions d'excellentes choses, qu'*Amyot* n'a pas entièrement défrichées ! car il ne faut pas s'étonner qu'en un travail si long, ce docte prélat, qui étoit comme vous occupé à la Cour (4), n'ait pas eu le loisir d'applanir toutes les difficultés, que les lacunes et les corruptions du texte ont laissées dans l'original, et vous ne lui faites point de tort, lorsque, venant après lui, vous ne vous occupez qu'à ce qu'il vous a laissé à faire, et à ce que la politesse de notre langue vous permet de retoucher. Certainement si tout *Plutarque* étoit de votre stile, il n'y auroit point de lecture plus agréable que celle de ses ouvrages, et il ne seroit plus nécessaire que ce merveilleux esprit, qui est aujourd'hui en France, un des principaux ornements de son sexe, nous apprît dans les Romans à bien parler, et à avoir de beaux sentiments. Nous trouverions l'un et l'autre avantage dans votre auteur, et l'Histoire nous fourniroit une assez grande variété d'exemples et de pensées sans le secours que nous donne la féconde imagination de cette personne incomparable. Je ne veux pas vous exhorter à prendre cette peine aux dépens de votre santé, ni en vous relâchant de l'assiduité que vous apportez à la Cour qui vous occupe depuis si longtemps ; mais si je vous voyois quelque jour là où vous méritez d'être, c'est-à-dire dans un poste semblable à celui où le bon Amyot acheva ce qu'il avoit entrepris de même que vous, en servant le Roi, je pourrois bien ne pas vous laisser en repos. Mon importunité ne seroit pas une mauvaise marque de l'estime que je fais de votre savoir, et le soin que je prendrois de modérer un peu vos études, vous témoigneroit que je chéris votre personne. Je me persuade que cette vérité vous est connue, et que c'est à cause de cela que vous me faites l'honneur de m'aimer ; c'est pourquoi je ne me mets pas beaucoup en peine de vous le prouver en cet endroit, ni de vous dire autrement qu'en deux mots, mais qui sortent du fond du cœur, je suis, Monsieur, votre très-humble et obéissant serviteur : SORBIÈRE (*Lettres et Discours*, Paris, 1660, in-4). » V. les P. de 1684, *Les Vies*....

Même mois 17, dimanche, fête de la Trinité. Emeute populaire occasionnée par la disette des céréales (1). Voici en quels termes cet événement est raconté dans les actes consulaires de la ville de Lyon ; c'est le prévôt des marchands, M. *Dulieu*, qui parle : «... Etant chez le sieur de Lafont, ex-consul, avec les échevins et la plupart des ex-consuls, au retour de la cérémonie qui se fait le jour de la Trinité (au collége des Jésuites), j'ai été averti sur les 3 heures que beaucoup de peuple s'attroupoit devant l'hôtel de M. l'Intendant (2), à Bellecour ; je m'y suis rendu ; j'ai ordonné à M. *Ferrus*, capitaine de la ville, et au sieur *Colomby*, chevalier du guet, de me prêter main forte pour faire écarter cette populace ; j'ai d'abord employé la voie des remontrances qui a réussi. Toutes choses m'ont paru tranquilles jusques à 8 heures du matin, 17 du même mois, que les gens de M. l'Intendant m'ont averti de me rendre auprès de lui. La populace et plusieurs femmes se trouvoient assemblés autour de son hôtel. Cette troupe ayant accouru à moi avec des discours sédi-

(1) Il avait succédé, comme prieur de Saint-Irénée, à *Antoine Grollier*, neveu de *Claude*, qui avait aussi possédé ce bénéfice. V. *infra*, 31 mai.

(2) Voyez la lettre du P. Pouget sur la mort de La Fontaine, t. 1 des *Mémoires* du P. Desmollets ; les *Mélanges* de Chapelain, p. 244 ; ci-dessus, juin 1666, et les P. de 1684.

(3) TALLEMANT ET BUSSY, *Moniteur* du 19 janvier 1857.

(4) L'abbé Tallemant était alors conseiller et aumônier ordinaire du Roi ; il était né à La Rochelle, au château des Réaux, en 1620.

(1) La famine désolait alors toute l'Europe. Il y avait déjà eu disette en 1663, et Boileau, en 1669, avait dit au Roi, dans sa première épître :

« On verra par quels soins ta sage prévoyance
Au fort de la famine entretient l'abondance.

Voyez Guilbert, *Grands hommes de la Seine-Inférieure*, art. DUFOSSÉ.

(2) Pierre de Bérulle, qui fut remplacé, l'année suivante, par H.-F. Lambert d'Herbigny.

tieux; m'a demandé du pain insolemment..... J'ai répondu qu'on chercheroit à la satisfaire. Alors on s'est jeté sur moi, m'arrachant mon manteau, me prenant à la gorge, et m'insultant.... Heureusement, cinq ou six gentilshommes sont venus à mon secours et m'ont retiré des mains de cette populace, qui menaçoit de me brûler et de piller ma maison. M'étant retiré chez M. l'Intendant, plusieurs officiers des quartiers vinrent me dire que le peuple refusoit de leur obéir, ce qui m'a obligé de recommander de ne donner des armes qu'aux bons bourgeois. Ayant vu que toutes les douceurs étoient inutiles, il m'a fallu agir avec fermeté, et des insolents m'ayant jeté des pierres ainsi qu'à ceux qui étoient auprès de moi, la vigueur des officiers et des soldats a écarté cette populace qui s'est ralliée à diverses reprises sur les quatre heures du soir. Tous les capitaines penons étant sous les armes dans chaque quartier, ce gros de populace s'est dissipé en proférant beaucoup de cris séditieux. — « Aujourd'hui 19, Mr l'archevêque, étant arrivé sur les 6 heures du matin, a trouvé toutes les choses tranquilles (Notes de M. J. M.) (1). » — Suivant Germain Guichenon, l'honneur d'avoir appaisé la sédition appartiendrait à Camille de Neufville. Voyez la *Vie* de ce prélat, publiée par ce religieux, en 1695, in-12, p. 257, et ci-après, année 1709.

Même mois 31. Le Roi a donné un petit bénéfice dans Lyon, au frère aîné de M. *de Saillans*, comte de Lyon, et homme fort retiré. Dangeau. — Ce petit bénéfice est le prieuré de Saint-Irénée, vacant par la mort de l'abbé Tallemant, et celui à qui il fut donné est l'abbé *Joachim-Joseph d'Estaing-Saillans*, qui résigna son canonicat le 8 septembre 1694. L'année précédente, il avait été nommé évêque de Saint-Flour; il mourut âgé de 88 ou 90 ans. Le 15 avril 1742, il eut pour successeur au prieuré de Saint-Irénée, qui avait été mis en commende en 1702, Antoine de Castillon, vicaire-général et official de Die, mort en novembre 1763, à Grignan, où il habitait, et son bénéfice fut donné à *Michel-François Martin d'Orsin*, qui était encore prieur en 1790. V. ci-dessus, 6 mai.

Juin 3. *Damas de Marillat*, doyen du Chapitre, procède, dans l'église de St-Jean, à la bénédiction des quatre drapeaux du *Régiment de Catinat*. — L'abbé *Massillon*, qui était alors à Lyon, dans la Maison de l'Oratoire, fit à cette occasion un Discours, qui se trouve ordinairement à la fin de son *Petit Carême*.

Même jour. — *Camille de Neufville*, après une maladie de huit jours, meurt dans l'Hôtel de Villeroy, place du Gouvernement; il était né à Rome, le 22 août 1606, et avait eu pour son parrain le cardinal Borghese (le futur Paul V). — Il fut nommé abbé d'Ainay en 1621, lieutenant de Roi au gouvernement de Lyon en 1646, archevêque de cette ville en 1653 (1). Immédiatement après sa mort, l'évêque d'Autun, Gabriel Roquette vint administrer le diocèse et y resta jusqu'au 24 novembre suivant, jour où Mgr. de Saint-Georges prit possession du siége vacant. — Camille fut remplacé, comme lieutenant de Roi, par le marquis d'Alincourt, qui avait la survivance de cette charge. — Alfonse Bonne de Créquy, duc de Lesdiguières et comte de Canaples, remplissait alors les fonctions de commandant; c'était un vieil imbécille, qui, à l'imitation du feu archevêque, donnait, de son carrosse, la bénédiction aux passants. Etant fort vieux, il épousa Gabrielle-Victoire de Rochechouart (2); le cardinal Coaslin lui ayant demandé pourquoi il se mariait? « Pour avoir des enfants, répondit-il; » mais votre femme est bien vertueuse, répartit le Cardinal (3). Il fut rappelé en 1697, époque à laquelle le commandement de Lyon fut remis au Consulat; il mourut à 85 ans, le 5 août 1711, sans laisser de postérité (voyez ci-après, 7 janvier 1694).

Même mois. M. *de Meschatin*, chanoine-comte de Lyon, est nommé abbé de Mesmac. *Gaz. de Fr.*

Juillet 13. Un service funèbre est célébré dans l'église des Carmélites pour le repos de l'âme de Camille de Neufville.

Septembre 7. Mort, dans l'abbaye de Chelles, de l'abbé *de Brissac*, oncle du duc *de Brissac* et de la duchesse de *Villeroy*. Dangeau.

Même mois 8. *François-Henri de Nettancourt de Haussonville*, est nommé abbé d'*Ainay*, en remplacement de Camille de Neufville. — Il fut ensuite évêque de Montauban, et mourut à Paris le 17 avril 1736, âgé de 81 ans. Voyez Du Tems, IV, 595; le Cartulaire de Savigny, 2e partie, *ad init.*; ci-dessus, 20 déc. 1684.

Même jour. *Antoine de Thelis de Valorge* (4)

(1) Si j'ai donné ce récit tel qu'il se trouve dans nos actes consulaires, c'est afin de ne pas lui ôter son cachet de vérité; toutefois j'en ai supprimé quelques passages insignifiants.

(1) Pendant le mois de juin 1653, il y avait eu, à Lyon, des émeutes occasionnées par le renchérissement des blés. Ainsi Camille vit le commencement et la fin de son épiscopat troublés par des événements de même nature.

(2) Elle était née en 1670, et mourut le 23 mars 1740; elle avait 44 ans de moins que son mari; c'était une femme très-pieuse; elle assista à tous les exercices de la mission faite à Lyon par les Jésuites en 1712. Voyez ma *Notice sur Mgr. de Saint-Georges*, Lyon, 1854, in-8.

(3) Voyez Saint-Simon, t. 3, p. 352, t. 10, p. 56 et 66; La Place, *Pièces intéressantes*, t. 1, p. 164.

(4) On conserve aux archives de l'Hôtel-de-Ville, un mémoire de cet abbé, qui accuse Camille de Neufville d'avoir acheté le pré du *Poulet* en Beaujolais, près Villefranche, sur le bord de la Saône, pour l'échanger contre la terre de *Vimy*, qui dépendait de l'Isle-Barbe, échange dans lequel il y aurait eu lésion d'outre moitié au préjudice de l'Abbaye.

est nommé abbé de l'*Isle-Barbe*, en remplacement de Camille de Neufville. — Une bulle d'Innocent XII confirma cette nomination le XII des cal. de janvier 1694. Le nouvel abbé jouissait encore de ce bénéfice en 1751. Voyez ci-dessus, mai 1684, et ci-après, nov. 1718.

Octobre 15. *Antoine de Foudras*, chanoine-comte de Saint-Jean, meurt à Rochetaillée ; il était fils de *Christophe*, chevalier, seigneur *de Contenson*, et de *Marguerite*, fille de *Bertrand d'Albon*, chevalier, seigneur de *Saint-Forgeux*.

Novembre 9. *François-Ferdinand de Sainte-Colombe* est reçu chanoine-comte de Saint-Jean. — Le 27 de ce mois, *Marc de Montferrand* fut honoré de la même dignité.

Même mois 24. Mgr. *de Saint Georges* prend possession par procureur de l'archevêché de Lyon. — J'ai cité dans ma Notice sur ce prélat, les noms de ses grands-vicaires ; l'un d'eux, *Sauveur Manis*, était probablement le frère ou le neveu de *Jacques*, chanoine et trésorier de l'église de Saint-Paul ; c'est lui qui fut le premier directeur des *Dames de la Propagation de la Foi* fondées à Lyon vers 1659. *Jean-Jacques Manis*, qui fut échevin en 1653, était sans doute de la même famille. Voyez l'*Alm. de Lyon* de 1755, p. 60 ; G. Guichenon, *Vie de Camille de Neufville*, p. 157.

Décembre 8. *Guillaume de Gadagne*, comte d'*Avreux*, est ensépulturé en l'église des Jacobins, dans la chapelle des Florentins. Ms. Ramette, fol. 157.

Même mois 21. *Matthieu Terrasson*, avocat en parlement, prononce l'Oraison doctorale et reçoit une gratification de 140 livres. Voyez son article dans la *Biogr. lyonn.*, p. 292, et ajoutez aux sources qui y sont indiquées : Taisand, p.652, et La Chenaye-Desbois, t.12, p 602.

Même mois 28. Mort d'*Henri de Villars*, archevêque de Vienne, né à Lyon en 1621. — *Massillon* prononça son Oraison funèbre. V. ci-dessus, année 1663.

Le P. *Billet* était alors provincial de la Compagnie de Jésus en la province de Lyon.

PUBLICATIONS.

Alphabetica series rubricarum omnium juris utriusque civilis et canonici, in duas tabulas distributa. Lugduni, apud *L. Plaignard*, ad insigne *Herculis* magni. 1693, petit in-12. — Ce livre a pour auteur *J.-B. Dantoine*, avocat et professeur de droit à Lyon. Voyez les *Recherches sur l'enseignement du droit à Lyon*, par M. l'avocat *Brouchoud*, 1865, in-8, et ci-après, les P. de 1710 et de 1720.

Des Bons mots et des bons contes (par *François de Callières*)... Troisième édition... Lyon, *Th. Amaulry*. 1693, in-12. — D'autres exemplaires portent : « A Lyon, chez *Hilaire Baritel*. » — Livre curieux et intéressant, où se trouvent plusieurs anecdotes qui avaient déjà été mises en vers, celle-ci, entr'autres : « Une » fille galante reprochoit à son frère sa pas- » sion pour le jeu qui le ruinoit. — « Quand » cesserez-vous d'aimer ? répondit le frère. » » — Ah ! malheureux, répliqua la sœur, vous » jouerez toute votre vie (1). » — Il y aurait bien des choses à extraire de ce livre et de ses autres ouvrages. Celui qui a pour titre : *Des mots à la mode*, contient un *Discours* en vers où sont « des véritez vigoureusement expri- » mées; » en voici un passage :

Faustin met tous ses soins à faire le seigneur ;
Il y fait consister sa gloire et son bonheur ;
Semblable à cet oiseau fier de son beau plumage,
Où des cent yeux d'Argus brille la vive image ;
Il étale à nos yeux son bien, sa qualité,
S'admire et se complaît en sa propre beauté.
Bion, Cléanthe, Acis sont des fous d'armoiries ;
Ils fatiguent la Cour avec leurs rêveries ;
Et par leurs vains discours, leurs blasons ennuyeux,
Chez tous les souverains ils se font des ayeux (2).

Les vers qui suivent sont extraits d'un autre ouvrage de Callières, *la Science du monde* :

Nous sommes ici-bas dans un lieu de passage ;
Du seul bonheur sans fin faisons notre héritage ;
Les autres biens sont superflus ;
Et le temps, qui fit de la cendre
Des restes du grand Alexandre,
A fait que sa cendre n'est plus.

Ces derniers vers nous rappellent la belle strophe de l'Ode par laquelle Lebrun a terminé son recueil :

Le temps a soufflé sur la cendre
Des murs qu'aux rives du Scamandre
Cherchait l'ami d'Hephestion ;
Et quand tout meurt, peuples, monarques,
Homère triomphe des Parques
Qui triomphèrent d'Ilion.

Le Cantique des Cantiques expliqué dans son sens littéral, par Mre *Aurat*, prieur de Saint-Allyre, habitué de l'Eglise de Lyon. Lyon, 1695, in-8 (J. des sçav., mars 1694). J'ai déjà mentionné, en 1688 et 1689, deux ouvrages sur ce sujet, et j'aurais pu rappeler que la plus ancienne imitation du Cantique des Cantiques

(1) Voyez les *Aventures du baron de Faeneste*; p. 157 de l'édition 1631, et p. 173 de celle de M. Jannet, voyez aussi les *Petites poésies* du chevalier d'Aceilly; et le *Recueil de pièces choisies* publié par Lamonnoye, t. 2, p. 49.

(2) Après avoir cité (t. 2, p. 286 de son *Hist. litt.*) une inscription à l'éloge d'un chevalier romain, *L. Besius*, le P. de Colonia s'exprime ainsi : « M. Spon, en rapportant cette inscription, fait descendre de ce *Besius* une de nos bonnes familles lyonnoises (celle des *de Bais*), comme Paradin fait descendre une autre de *Laurentinus* (celle de *Laurencin*). Ces sortes d'adulations discréditent l'histoire, révoltent les personnes sensées; il faut néanmoins que ces fabuleuses origines dont nous avons tant d'exemples, ne laissent pas d'être, en certain sens, un titre d'illustration pour les maisons distinguées, parce que c'est un *fabuleux* qui ne peut convenir qu'à eux. » V. Spon, *Recherche*, p. 128, et A. de Boissieu, *Inscrip. antiq.*, p. 260.

est celle de Willeram, abbé de Mersebourg (1), mort vers 1087. En voici le début.

Quem sitio votis nunc oscula porrigatoris,
Quem mihi venturum prompserunt organa vatum,
Nunc etiam per se praesens dignetur adesse,
Oscula praebendo sua dulcia verba loquendo,
Ubera nempe tui praecellunt pocula vini,
Suaviter unguentis flagrantia sat pretiosis.

Les imitations en vers français, si l'on en excepte celle de Cotin, de Voltaire (2) et de Gentil-Bernard, sont peu connues; cependant il en est deux que je crois devoir mentionner: La première, publiée en 1708, est du sieur de la Bonnodière; le Journal des sçavants, dans son cahier du 3 septembre, en cite le début:

Que, par un saint baiser de sa divine bouche,
Mon bien-aimé réponde à l'ardeur qui me touche;
Que cet amour est doux! qu'il est délicieux!
Quels vins et quels parfums sont aussi précieux!
Du parfum répandu de votre renommée
Il n'est jeune beauté qui ne soit parfumée.

La 2e est d'un anonyme; elle a pour titre: *Explication en vers du Cantique des Cantiques* (Paris, 1717); l'auteur a employé, en traduisant le passage qu'on vient de lire, les mêmes rimes pour les deux premiers vers:

Qu'il me donne un baiser de sa divine bouche,
Que jusqu'au fond du cœur sa parole me touche.
Venez, Fils du Très-Haut, venez Verbe éternel,
Sauver le genre humain devenu criminel.
Chaste époux de nos cœurs, Verbe saint, vos mamelles
Sont du solide bien les sources immortelles;
Ces mamelles, pour nous, meilleures que le vin,
Sont votre loi, Seigneur, et votre amour divin.

Comédies de Térence traduites en françois (les trois premières par Lemaistre de Sacy, les trois autres par Martignac). Lyon. *Matth. Libéral*, 1693. 2 vol. in-12. Voyez les P. de 1627 et de 1677.

Cérémonies nuptiales de toutes les nations et de toutes les religions, par le sieur *Gaya*. Lyon, *Des Marets*, 1693, in-12.

Critique sincère de plusieurs écrits sur la fameuse baguette,... par *André Renaud*. Lyon, *Laurent Langlois*, 1693, in-12. — V. sur ce livre, la *Biogr.* de l'Ain, t. 1, p. 545.

Les Dépêches du Parnasse, ou la Gazette des savants. — Chacune de ces Dépêches, publiées par *Vincent Minutoli*, pasteur et professeur à Genève, était de 48 pages ou de 2 feuilles petit in-12; la première est datée du 1er septembre 1693. Ce journal contenait les nouvelles de la littérature et des poésies fugitives, et s'imprimait à Genève; mais comme les libraires de Lyon le faisaient réimprimer à mesure qu'il paraissait, celui de Genève fut obligé d'en discontinuer l'impression; il n'en a paru que 5 numéros. Bayle, *Œuvr. div.*, IV, 701; Barbier, n. 5474.

Dictionnaire étymologique des droits royaux et seigneuriaux,.... par *Charles Dugas*. Lyon, *Marcelin Gaulherin*, 1693, in-12.

Discours contre les Egards, prononcé par le procureur-général de la ville de Lyon (*Thomas du Moulceau*), le 20 décembre 1693, pour l'élection de Mrs les nouveaux prévost des marchands et eschevins de ladite ville. Lyon, *François Barbier*, 1693, in-4 de 19 pp. (*in* Arch. mun.).

Entretien sur les dixmes, aumônes et autres libéralités faites à l'Eglise (par Philibert Collet), s. n. de l., 1693, in-12. — V. les P. de 1678.

Grammatica Joannis Despauterii Ninivitae, in commodiorem docendi et discendi usum redacta,... per *Joannem Behourt*, Rothomagum... Ad Reverendos Patres Societatis Jesu. Lugduni, apud *Joannem Bapt. De Ville*, in vico Mercatorio sub Signo Scientiae. 1693, de 654 pp. et de 5 ff. non chiffrés. — Le privilége du Roy donné à *Laurent Metton*, imprimeur et libraire à Lyon, est daté du 5 septembre 1666; les permis d'imprimer de M. Vaginay et de M. de Sève, donnés à *A. Laurens*, sont du 25 juin 1691. — Cette édition est mieux imprimée que celle dont j'ai parlé en 1687. — Chacun sait que Molière a fait réciter très-malicieusement par le jeune comte qui figure dans la *Comtesse d'Escarbagnas*, la première règle de ce rudiment: *Omne viro soli quod convenit, esto virile*, et que ce vers donna lieu à de plaisants quolibets; comment se fait-il que dans les réimpressions postérieures, on n'ait pas remplacé ce vers par un autre? Il est même inconcevable qu'on y ait laissé subsister quelques mots obscènes qui se trouvent dans le chapitre intitulé *Les noms latins et français que les enfants entendent prononcer à toute heure*, et surtout un passage de Suétone traduit d'une manière assez crue; il s'y trouve aussi plusieurs proverbes que M. Le Roux de Lincy se serait bien gardé de reproduire dans son Recueil. Ce ne fut que vers 1710 que l'on renonça au vieux Despautère pour le Rudiment de *Bistac*, dont la 2e édition parut en 1717, et qui ne cessa d'être classique qu'à la fin du dernier siècle, où l'on adopta généralement la Grammaire de *Lhomond*. — Guy Patin cite, sans dire d'où il l'a tirée, cette épitaphe de Despautère:

Grammaticam scivit, multos docuitque per annos;
Declinare tamen non potuit tumulum.

Un disciple du marquis d'Argens, M. Joseph Boulmier, auquel on doit une *Vie de Dolet*, a dit, à propos du mouvement intellectuel de la Renaissance: « De l'Espagne, s'avancent » Louis Vivès et Antoine Lebrix (lisez *Lebrixa*); » soldat de la science, plus courageux que

(1) Voyez sa notice dans la *B. méd. et int.* de Fabricius.

(2) L'imitation de Voltaire a été condamnée au feu; celle de Bernard aurait eu le même sort si elle eût été publiée avant 1790; on la trouvera dans l'édition stéréotype de Didot, mais ne la cherchez pas dans celle d'Herhan. Millevoie s'est aussi exercé sur ce sujet; son imitation est dans l'Alm. des Muses de 1810.

» bien armé, celui-ci fait place à *Coclès Ninive* » que j'ai failli passer sous silence. » Il est à croire que M. Boulmier, en écrivant cela, avait oublié que *Coclès Ninivita* n'est autre que le flamand Despautère, qui naquit à *Ninove*, et qui était borgne.

Jeu d'armoiries des Souverains et Estats d'Europe pour apprendre le Blason,.... par *Oronce Fine*, dit *de Brianville*. Lyon, *Th. Amaulry*, 1693, in-16. V. les P. de 1672, *Jeu*...

Laudatio funebris.... Camilli de Neufville... dicta die x Kal. Augusti in aede sacra Collegii Lugdunensis.... à *Dominico de Colonia*... Lugduni, *J.-B.* et *Nic. de Ville*, 1693, in-4. V. le J. des sçav. du 23 août, et ci-dessus, 5 juin.

Lettre de M. Chauvin, médecin agrégé au Collége de Lyon, à Madame la marquise *de Senozan* (1), sur les moyens dont on s'est servi pour découvrir les complices d'un assassinat commis à Lyon, le 5 juillet 1692, Lyon, *J. B.* et *Nic. de Ville*, 1693, in-12. — Cette lettre a été insérée dans le tome 3 de l'*Hist. critiq. des pratiq. superstitieuses* du P. Lebrun. Voyez la Biogr. du Dauphiné, art. AYMAR (*Jacq.*); la Revue du Lyonnais, t. 5, où se trouve, p. 81 et suiv., un mémoire de M. *Alphonse Gilardin* ayant pour titre : *Un procès à Lyon en* 1692, ou *Aymar, l'Homme à la baguette.* V. aussi les P. de 1692, *Dissertation*....

Les Magnificences de Rome à la canonisation des BB. Jean de Capistron et Pascal Baylon, religieux de l'ordre de Saint François,... par le P. *J.-Bapt. Bazin*, d'Auxonne. Lyon, *Claude de la Roche*, 1693, in-12. — Contient une relation de ce qui s'est passé à cette occasion, à Lyon, à Montbrison, à Villefranche et à Châlon-sur-Saône. Voyez *Les Grands-Cordeliers*, par M. Pavy, p. 293 et 296; *Lyon anc. et mod.*, t. 1, p. 469.

M. Val. Martialis Epigrammata, demptis obcenis, cum interpretatione ac notis *Jo. Juvency*. Parisiis, 1693, in-12. — *Louis Declaustre*, imprimeur-libraire à Lyon, fit, en 1706, une réimpression de cette édition (V. les P. de 1641, de 1674 et de 1675). — Dans l'édition *ad usum* de Martial, on a rejeté à la fin du volume les *Epigrammata obscoena*, ce qui a fait dire à Lord Byron que l'on avait imité, en cela, les anciens qui reléguaient au fond de leur jardin la statue de Priapus. Martial, pour s'excuser de sa lubricité, disait à Domitien : « *Lasciva est nobis pagina, vita proba est.*» Lui aussi, *Auguste Barbier*, s'est excusé d'avoir plus d'une fois parlé dans ses *Satires* avec trop de liberté :

Si mon vers est trop cru, si sa bouche est sans frein,
C'est qu'il sonne aujourd'hui dans un siècle d'airain;
Le cynisme des mœurs doit salir la parole,
Et la haine du mal enfante l'hyperbole.
Or donc, je puis braver le regard pudibond :
Mon vers rude et grossier est honnête homme au fond.

Voyez dans le *Salut public* du 10 nov. 1865, l'article de M. *Armand Fraisse* sur *Auguste Barbier*.

Menagiana. Paris, *Florentin et Pierre Delaulne*, 1693, in-12 de 24 ff. non chiffrés de pièces liminaires, de 504 pp. de texte, et de 28 ff. non chiffrés pour la Table des noms et pour celle des matières terminée par un Errata au verso du dernier f. — A la fin de l'Avertissement, se trouvent les noms des personnes « qui ont contribué à cet ouvrage avec leurs marques. » Celui de *Galland* y est, mais celui de *Goulley* y manque, car on attribue à ces deux littérateurs la publication de ce premier Menagiana. Le privilége du Roi est du 20 nov. 1692. — Le quatrain suivant, qui est dans les pièces liminaires, est de Galland :

Optima quae docto fudit Menagius ore
Inclytus, hoc libro, candide lector, habes.
Dum fuit in vivis, multi stupuere loquentem,
Tu simul, ut stupeas, Bibliopola facit.

J'ai si souvent cité le *Menagiana* dans mes Documents pour que j'aie cru ne pas pouvoir me dispenser d'en mentionner les différentes éditions à leur date; mais je me réserve de publier plus tard ce travail.

Mercure galant..,.. Juin 1693, Lyon, Th. Amaulry, in-12. — Ce volume contient des Observations touchant les trésors cachés, par M. Comiers (1); on y lit, p. 69 : « *L'Homme à la baguette* ne peut suivre ni connoître toutes sortes de meurtriers, mais seulement ceux qui, d'un dessein prémédité, commettent un assassinat avec crainte, frayeur et cruauté, parce qu'ils exhalent dans cet état des corpuscules qui sont la cause physique du mouvement de la baguette. Je dis par la même raison que l'Homme à la baguette ne peut connoître la chose volée, ni la personne qui a fait le vol en plaisantant ; c'est pourquoi la baguette de *Jacques Aymar* ne tourna point contre madame la lieutenante générale de Lyon (2), qui avoit pris en plaisantant la bourse de M. *Puget*... » V. ci-dessus, *Lettre*...

Les OEuvres de Tacite de la traduction de *Nicolas Perrot d'Ablancourt*, nouvelle édition revue et corrigée. Lyon, *Molin* et *Barbier*, 2 vol. in-12 avec un frontispice gravé par *Ogier* (voyez le *J. des sçav.* du 27 avril 1705). — Cette même année, parut à Lyon, une traduction des six premiers livres des *Annales* par *Amelot de la Houssaye*, en 2 vol. in-12. Voyez les P. de 1689, *Hist. des Empereurs*.

Oraison funèbre de.... la duchesse *de Montpensier*, souveraine de Dombes, prononcée à Saint-Denis, le 7 mai 1693, par Messire *M. A. Anselme*. Paris, 1693, in-4. — Les vignettes

(1) Voyez Pernetty, I, 415; Tables de la Gaz. de France, et .l. de Valous, *Fam. cons.*, art. OLIVIER; ci-après, *Mercure*.

(1) Claude Comiers, chanoine d'Embrun, mort à Paris, en octobre 1693. Biogr. Didot.

(2) Madame *de Canaples*.

dont cette pièce est ornée en font le principal mérite ; elles ont été dessinées par *Audieu* et gravées par *J. Audran.* — J'ai eu déjà plus d'une fois l'occasion de parler de Mlle de Montpensier ; j'ajouterai que l'abbé *de Marolles* lui dédia sa traduction des *Fastes* d'Ovide, et l'abbé *Cotin* sa *Ménagerie.* On doit regarder comme apocryphes certaines anecdotes où l'on a mis en scène l'auguste princesse, notamment celle qu'on lit dans l'*Improvisateur français*, t. 2, p. 260 ; mais on ne peut regarder comme inventée à plaisir celle-ci qui a été rapportée par plusieurs écrivains et notamment par Lecerf de la Vieuville, dans sa *Comparaison de la musique italienne et de la musique françoise*, Bruxelles (Rouen), 1706, 2 vol. in-12 (1) : Pendant que *Lully* était sous-marmiton de Mademoiselle de Montpensier, un soupir qu'elle fit par un autre endroit que par la bouche, et sur lequel il fit un air fut la cause de sa disgrâce ; mais j'ajouterai que, plus tard, il entra dans les violons du Roi, ce qui fut cause de sa fortune.

Oraison funèbre de..... *Nicolas Brulart*, premier président au parlement de Dijon,.... par le R. P. *Archange Cenami*, définiteur des Capucins de la province de Lyon. Lyon, *Th. Amaulry*, 1693, in-4. — Le P. Cenami appartenait probablement à une famille Lucquoise qui s'établit à Lyon au 16e siècle ; *Gacon* lui a dédié sa 12e Satire.

Pensées ingénieuses des anciens et des modernes (par le P. *Bouhours*). Lyon, *Hilaire Baritel*, 1693, in-12.

Pratique de médecine de *Théodore Turquet de Mayerne*,... Lyon, 1693, in-8. V. le J. des sçav. du 11 mai.

Recueil de plusieurs lettres d'un curé (l'abbé Chanel) à d'autres curés, contenant diverses pratiques pour sanctifier les paroisses. Lyon, *J.-B. de Ville*, 1693, in-12. Voyez sur un passage curieux de ce livre, *la Manière de parler la langue françoise*, par l'abbé *Renaud*, p. 351 et 366, *infra*, P. de 1694.

Réflexions sur les défauts d'autruy (par l'abbé *Pierre de Viviers*. Lyon, *Hilaire Baritel*, 1693, in-12. — Le privilége accordé à Barbin est daté du 28 février 1690. — Il faut que ce livre ait eu un certain succès pour que trois autres libraires de Lyon (Amaulry, Anisson et Plaignard) aient obtenu de Barbin, la permission d'en publier une nouvelle édition. Voici quelques pensées extraites de ce livre :

« C'est un stérile talent que celui de la raillerie ; il ne faut compter, quand on a ce talent, ni sur avoir des amis, ni sur faire sa fortune.

» Il n'y a point de prélat, de religieux ou de prêtre qui ne voulût être confesseur du Roi; mais je ne sais si tout le monde voudroit être le P. *de la Chaize*. On regarde le crédit qu'il a dans ce poste, on ne regarde point la vertu par laquelle il s'est donné ce crédit. Le confesseur du Roi est un homme qui gouverne la conscience d'un monarque puissant, et qui a plus de pouvoir que personne dans la distribution des bénéfices; voilà ce qu'on voudroit être. Le P. de la C. est un religieux qui, au milieu de son crédit, est modeste, humble et extrêmement régulier à remplir les devoirs de sa profession. Ce n'est pas ce qu'on cherche quand on envie sa place; cependant l'un vaut bien mieux que l'autre, et le P. de la C., à mon sens, est bien au-dessus du confesseur du Roi (1).

» Il n'y a point de compagnie du monde que la présence et l'habit d'un moine ne dépare.

» Pour savoir le monde, il faut y avoir vécu toute sa vie, et quelque longue qu'elle soit, on est encore novice quand on meurt (2).

» Les rapports les plus vraisemblables sont ordinairement les plus faux.

» Le P. Le M..... m'a toujours fait rire dans les endroits où il a cru me faire pleurer. J'ai vu feu M. le Prince rire de tout son cœur à la représentation de certaines tragédies, et être sérieux à la farce.

» Il n'y a point de femme si galante qui ne devienne chaste quand il y a de son intérêt ou de sa gloire.

» Il n'y a rien qu'une honnête femme oublie moins que les faveurs qu'on a obtenues d'elle; il n'y a rien qu'une femme galante oublie plus tôt.

» Qu'un Janséniste étudie *S. Augustin*, il trouvera S. Augustin janséniste ; un autre le trouvera autrement ; on ne l'étudie que pour le mettre dans son parti; on ne veut point être ce qu'étoit S. Augustin, mais on veut que S. Augustin ait été ce que nous sommes.

» Une dévote se distingue presque toujours par une table délicate et propre ; mais on n'y donne point, à la vérité, dans les excès de la délicatesse.

» Après la table du Roi, c'est d'ordinaire à la table d'une dévote que les pois verts paroissent les premiers ; j'en ai mangé chez Mme de P. avant qu'on en eût servi à la Cour (3).

» Quand celui à qui appartient un crucifix

(1) Le tome 2 de ce livre contient un *Discours sur la musique d'église* dans lequel La Vieuville reproche à M. *Brossard* de ne pas être assez grave dans ses *motets*, et demande s'il n'est pas joli de le voir conter fleurette à la Sainte-Hostie dans son motet *Ave vivens Hostia*; puis il ajoute que si M. Brossard était moins rempli d'érudition, il n'aurait pas fait des *Amen* et des *Alleluia* dignes du sifflet. Voyez le Journal des sçav. de 1706 et les P. de 1681.

(1) Voyez l'*Epitre* de Sanlecque au P. de la Chaize, présentée en 1690.

(2) C'est la pensée de Martial, épigr. 52, livre XII : *Semper bonus homo est tiro*.

(3) Voyez la 10e satire de Boileau, et *Les Dévotes*, par Arthur de Gravillon, Paris et Lyon, 1862, in-12.

comme pièce qui coûte deux cents pistoles, on ne pense guère à la passion de J.-C.

» Lucine n'a pas été une seule fois à sa paroisse pendant tout le Carême, parce que le prédicateur est d'un Ordre qu'elle n'aime pas. » — Voyez les P. de 1682, *Art de prêcher*.

Relation du voyage d'Espagne (par Mme *d'Aulnoy*). Lyon, *Anisson*, 1693, 2 vol. in-12.

Remarques ou *Réflexions* critiques, morales, etc. (par *Laurent Bordelon*). A Lyon, chez *Jacques Lions*, ruë Mercière, au *Bon-Pasteur*, 1693, in-12. Voyez les P. de 1695, *Nouvelles remarques*.

La Rhétorique de Suarès traduite en françois, par le sieur *Hébrais*, docteur en théologie, etc. Lyon, *J.-B. Guillimin*, 1693, in-12. — L'abbé *Hébrais* (et non *Hébrois*) était curé de Nervieux en Forez; le Suarès dont il a traduit la Rhétorique s'appelait *Cyprien Soarez*; il a un article dans la B. des PP. Backer. — J'ai parlé, dans les P. de 1609, d'un autre jésuite du même nom, *François Soarès*, lequel, à son passage à Lyon, dîna chez *Horace Cardon*, qui, pendant le repas, fit faire le portrait de cet illustre théologien par un peintre déguisé en valet. On sait que *Saint-Simon* eut recours à un stratagème non moins ingénieux pour avoir le portrait de l'abbé *de Rancé*. V. ses *Mém.*, t. 1, p. 257, édit. de M. Chéruel.

Traduction nouvelle des satires de Perse en vers françois, avec des remarques sur les passages les plus difficiles, par M. *de Silvecane*. Lyon, *François Barbier*, 1693, in-12. — Le Journal des sçavants du 6 juillet, après avoir dit que la plus grande partie des commentateurs modernes de Perse n'ont fait qu'augmenter les ténèbres dont ce poète s'est enveloppé, continue ainsi : « Casaubon les a plus éclaircies que nul autre ; M. de Silvecane achève de les dissiper; sa traduction a découvert toute la pensée de Perse, et ses remarques en ont développé la beauté et les richesses. » Ce jugement n'a pas été confirmé par la critique moderne, et la version du magistrat lyonnais n'a pas même eu les honneurs d'une réimpression (1). Chacun connaît le passage de la 5e Satire qui se termine par ce beau vers :

Virtutem videant, intabescantque relicta.

Voici comment il l'a paraphrasé :

Arbitre souverain du ciel et de la terre,
Pour punir les tyrans épargne ton tonnerre ;
Tu connois un tourment plus vif et plus affreux,
Qui prolonge la peine et qui leur convient mieux ;
Montre-leur à quel point devroit être estimée (*sic*)
Le prix de la vertu qu'ils n'ont jamais aimée,
Et sans que ta colère anime ton pouvoir,
Ce seul bien échappé fera leur désespoir (2).

Un littérateur estimable, M. *Auguste Desportes*, qui a fait, dans sa jeunesse, un long séjour à Lyon, a été mieux inspiré que Silvecane :

Puissant maître des dieux, pour punir les tyrans,
N'arme pas ton courroux de foudres dévorants,
Mais quand un noir venin dans leurs veines s'enflamme,
Et de pensers cruels vient embraser leur âme,
Montre-leur la vertu, doux trésors qu'ils n'ont plus
Et qu'ils sèchent soudain de regrets superflus.

M. *Jules Lacroix*, qui a dû connaître la traduction de son devancier, a été plus laconique :

Si des plus noirs tyrans tu veux venger le monde,
Puissant maître des dieux, lorsqu'un affreux dessein
Remûra les poisons qui brûlent dans leur sein,
Montre-leur la vertu, mais qu'ils sèchent loin d'elle.

A ces trois versions, et sans doute à bien d'autres, on préfèrera certainement celle de l'abbé *Delille* (ch. VI de l'*Imagination*) :

Qu'il est beau, qu'il est grand le mot d'un vieil auteur
Qui disait : Grand Dieu ! veux-tu punir le vice ?
Montre-lui la vertu, qu'il la voie et frémisse.

Bayle, dans son article sur Perse, rapporte ce passage extrait de la *Guerre des auteurs* : « Ce n'est point la quantité d'ouvrages qui donne l'immortalité ; deux feuilles de papier ont fait passer Perse jusques à nous; l'abbé de Cerisi ira plus loin avec sa *Métamorphose des yeux de Philis en astres*, que beaucoup d'auteurs qui occupent de grandes places dans nos bibliothèques, et *le Temple de la Mort* (par d'*Habert*) forcera mieux la rigueur des temps que les six cents volumes de l'évêque de *Belley* (1). » — « Voici encore, dit Bayle un peu plus loin, une observation que M. *Marais* m'a fournie. L'éloge du Commentaire de Jean Bond (sur Perse) se trouve dans un endroit où on ne l'iroit jamais chercher ; car c'est dans la préface de l'*Aloisiae Sigeae toletanae Satira sotadica*. Les paroles qui contiennent cet éloge contiennent encore mieux une description de l'obscurité de Perse : « Gratuleris tibi, *Aule* » *Persi*. Obvolvisti te ipsa coeca nocte; videri » nolebas, altam versibus et versuum sensibus » profudisti caliginem. Nolebas intelligi ; forte » et tu te non intelligebas. Non fecerunt ad te » nox et caligo ut exerraret (*Johan. Bond*) ve» nit, vidit, discussit noctem et caliginem (2). »

Traité de la Morale et de la Politique, divisé

(1) Voyez l'abbé Goujet, VI, 143, et ci-après, les P. de 1690, *Traduction de Juvénal*.

(2) Le président Nicole, dont la version parut en 1658, a mis dix vers pour rendre le même passage; voici les deux derniers :

Il n'est point de tourment qui soit plus effroyable
Que la peur de la mort dans une âme coupable.

(1) Voltaire, dans un de ses Dialogues, fait dire à Pégase par un vieillard :

On ne va point, mon fils, fût-on sur toi monté,
Avec ce gros bagage à la postérité.

(2) Bayle dit que son édition de l'*Aloisia* ne contient pas le passage sur Perse que M. Marais avait trouvé dans la sienne ; Bayle avait sans doute l'édition sans date que j'ai décrite dans l'opuscule que j'ai publié sous ce titre : *Curiosités littéraires* : Pétrarque et Pétrone : Louise Sygée et Nicolas Chorier. Lyon, 1862, in-8 ; le passage en effet ne s'y trouve pas. Je ferai observer que dans ma description du volume sans date, il est dit que l'*errata* contient 20 pages ; c'est une erreur, il n'en a que quatre.

en trois parties, sçavoir, la Liberté, la Science et l'Autorité,... par G. S. (*Gabrielle Suchon*) Aristophile. Aux dépens de l'auteur. Lyon, *B. Vignieu*, et se vend chez Jean Certe, 1693, in-4. — Les exemplaires datés de Paris, 1694, ont sans doute un titre rafraîchi. Voyez le J. des sçav. de 1694, p. 402; Papillon, *B. de Bourgogne*, p. 299; le *Dict.* de Prost de Royer, article ADMINISTRATION.

Très-humbles remontrances de M[rs] les Doyen, Chanoines, etc. de l'Eglise de Lyon, au sujet du nouveau Bréviaire. 7 juillet 1693, in-4. — Cat. Coste, n. 1973, où l'on ne dit pas si c'est un manuscrit ou un imprimé.

La Verge de Jacob, ou l'Art de trouver les trésors, les sources, etc., par l'usage du bâton fourché. Lyon, 1693, in-12. Brunet, 8918.

1694.

PRÉVOT DES MARCHANDS : *Matthieu de Sève*, baron de *Fléchères* (1).

ECHEVINS : *Jean-Baptiste de La Forest*, — *Jean-Baptiste de Belly*, — *Annet Ranvier* (2), — *Jean Giraud*, seigneur de *Saint-Oyen* (3).

Janvier 7. — Le Consulat enregistre un édit du Conseil d'état, rendu le 22 décembre précédent, portant réglement des dépenses de la ville pour 1693. La pension du maréchal de Villeroy y est portée à 12 mille livres ; celle du marquis d'Alincourt, à 8 mille. — En 1696 et 1697, M. *de Canaples*, qui commandait en l'absence du gouverneur et du lieutenant, obtint du Consulat, pour régal et don manuel du premier janvier, une étrenne de 12 mille livres.

Février 8. — Débâcle des glaces de la *Saône*. — Le pont Saint-Vincent et le pont de Bellecour furent emportés. — Le maréchal *de Villeroy* était alors à Versailles où il arrêta le mariage de son fils, le marquis *d'Alincourt*, avec Mlle *de Louvois*. DANGEAU, 14, 17 et 18 février.

Même mois. — Le sieur *Tricaud* est fait chevalier de Saint-Louis. *G. de Fr.*

Avril 30. — Le R. P. *Archange Cenamy*, âgé de 43 ans, originaire de Lucques, est nommé provincial dans le Chapitre général de la province de Lyon, tenu en cette ville. *Mercure galant*, p. 237. Voyez les P. de 1693, *Oraison funèbre*.

Juillet 5. — Mgr *de Saint-Georges* prend en personne possession du siége épiscopal de Lyon.

Même mois 17. — Mort d'*Antoine de Sainte-Colombe*, chanoine-comte de Saint-Jean. V. ci-dessus, 23 déc. 1687. — Le 1er août suivant, le Chapitre de la Primatiale perdit un autre de ses membres, *Charles de Châteauneuf*, qui avait été prévôt et chamarier.

Août 8. — *Henri-François Lambert d'Herbigny* est nommé intendant de Lyon, en remplacement de M. *de Berulle*. DANGEAU. Voyez ci-dessus, 13 juin, et ci-après, année 1701.

Septembre 28. — Mort de *Gabriel Mouton*, astronome, né à Lyon vers 1678. — On lisait au bas de sa pendule :

> Dum parvæ momenta rotæ fugientia cernis,
> Pars abiit vitæ non reditura tuæ.

Octobre 18. — *Pierre Morellet* est arrêté et enfermé à *Pierre-Sise* (1). — Il était fils d'Humbert, avocat au parlement de Dijon, et avait embrassé la même profession ; il s'était établi à Buxi, dont il représenta l'église réformée, en qualité d'ancien, à divers synodes provinciaux, où il remplit les fonctions de secrétaire. A la révocation de l'édit de Nantes, il fut un des premiers à abjurer ; mais sa femme, *Jeanne* Bouvot, qu'il avait épousée en 1669, refusa de se convertir, et mourut sans vouloir recevoir les sacrements de l'Eglise romaine. Cette opiniâtreté fit naître de violents soupçons contre son mari. Malgré ses protestations, on le tint pour mauvais catholique, et on commença par lui enlever sa fille, que l'on envoya dans un couvent du pays de Gex. Pour en finir, on l'arrêta lui-

(1) Pierre Sève, panetier, qui testa le 30 octobre 1481, est peut-être l'auteur de la famille des Sève, laquelle fut honorée dix-huit fois de la charge consulaire. V. de V. — Matthieu de Sève mourut dans l'exercice de ses fonctions. Ses funérailles furent célébrées aux frais de la ville, en l'église de l'Hôtel-Dieu. A. M., série BB., p. 160.

(2) *Annet Ranvier* ajouta à son nom celui de *Bellegarde*, et prit pour devise : *Cil que Dieu garde est de belle garde.* Voyez V. de V., et les *Recherches* sur l'assemblée bailliagère du Forez en 1789, par M. d'Assier, p. 83. Voyez aussi Prudhomme, *Dict. des Condamnés*, art. RANVIER.

(3) Jean Giraud avait le même blason que J.-B. Giraud, seigneur de Saint-Try, échevin en 1673.

(1) Le célèbre académicien, *André Morellet*, né à Lyon en 1717, et peut-être le descendant de *Pierre*, fut prisonnier pendant deux mois à la Bastille.

même, disent MM. Haag, qui ne nous apprennent pas s'il mourut dans sa prison. Voyez ci-dessus, année 1663, p. 18, et 1686, à la fin.

Novembre 9. — *Antoine de la Veyssière* est reçu chanoine-comte de Saint-Jean. — *Claude de Saint-Georges*, frère de notre archevêque, fut pourvu de la même dignité.

Même mois 19. — Furent pendus, à la Grève, un compagnon imprimeur, nommé *Rambault*, de Lyon, et un garçon relieur, nommé *Larcher*, pour avoir imprimé, relié, vendu et débité des libelles contre le roi. — Le 20 décembre suivant, le nommé *Chavance*, garçon libraire, de Lyon, fut condamné à être pendu pour la même affaire. Mis à la question, il jasa, accusant des moines; survint alors un ordre de surseoir à l'exécution. Voyez le *Manuel* de M. Brunet, art. SCARRON, col. 186.

Même mois... — Une déclaration du prince de *Dombes* attribue le premier degré de la noblesse aux officiers du parlement de Dombes. L'abbé Migne, *Dict. héraldique*, col. 950.

Décembre 21. — Maître *Philibert Maury*, avocat, prononce l'oraison doctorale, et reçoit une gratification de 140 livres.

Même année. — M. *Pierre Perrichon* est nommé par le Consulat notaire et greffier de la ville.

Même année. — M. *Joachim Visade* est nommé chirurgien de la ville. A. m., BB., p. 160.

— Depuis les premiers mois de cette année, plus de 4 mille soldats fiévreux, blessés, etc., se rendant en Piémont, en Flandre, etc., sont laissés à l'Hôtel-Dieu.

— Mlle *Bernard* prononce, en présence des recteurs de la Charité générale de Lyon, le panégyrique de sainte Catherine. — Serait-ce contre elle que *Gacon* a décoché les épigrammes qu'on lit à la fin de son *Poète sans fard?* V. le Catal. Falconet, n. 1210, et la Biogr. lyonn., p. 34.

Même année. — M. *de Vary* (1), colonel de dragons, fait l'acquisition du château de *la Duchère*, qui, depuis 1652, appartenait à *Jean-Baptiste* Gueston de Vaux (1), qui l'avait acheté du marquis de Nerestang (2). Antérieurement, il avait été possédé par *François Clapisson* (3), mort sans postérité. En 1698, il fut vendu par *François de Naris*, seigneur des Forts, à *Guillaume du May*, capitaine des gardes du duc de Villeroy, mort en 1716, lequel en fit donation à *Jeanne Gayot*, sa deuxième femme. Cette dame épousa l'échevin *Gaspard Albanel*, lequel était veuf de *Sibylle Fayard*, et en avait eu deux filles, dont l'aînée, *Blanche Albanel*, se maria, en 1725, à *Hugues Riverieulx de* Varax (4), et lui apporta en dot la Duchère, qui, depuis, est restée dans la famille de Varax. Pendant le siége de Lyon, le général Précy, pour protéger le faubourg de *Vaise* contre les attaques des assiégeants, établit, dans ce château, un poste considérable. Cinquante hommes de ce poste y firent, à plusieurs reprises, de vigoureuses sorties; mais le 19 septembre, quatre mille hommes de l'armée conventionnelle vinrent l'attaquer, et ce ne fut qu'après une longue résistance que les Lyonnais se virent forcés de l'abandonner en se retirant en bon ordre. — La galerie de la Duchère a été peinte par *Daniel Sarrabat*, qui vint, très-jeune, s'établir à Lyon, où il mourut en 1747 (5). Voyez Clapasson, p. 177; Muzade d'Aveize, *Promenades*, t. 1, p. 39; Fortis, *Voyage pittoresque*, t. 2, p. 403; Pierre Martin, *Sur l'Architecture du moyen âge et de la Renaissance à Lyon*, p. 7.

(1) Le 27 juin 1646, un sieur de Vary, officier dans le régiment des Galères, fut blessé dans un combat livré près d'Orbitello en Italie. G. de Fr.

(1) On lit, p. 195 de la *Recherche*, in-8°, de Spon: « La *Duchère*, qui appartient présentement à M. *Guetton*, baron de Vaux..., a un fort beau bois et une allée de *tillots* à perte de vue, dont la beauté seroit capable de faire aimer la vie champêtre, sans qu'on eût pris la peine d'ajouter ce dicton sur son entrée: *Rure tibi vivas, aliis dum vixeris urbi.* »

(2) Voyez mes Documents, avril 1608, janv. 1672, et fin 1695.

(3) Il fut prévôt des marchands en 1745. Voyez, sur la famille de Varax, les *Maz. de l'Isle-Barbe* et les *Familles cons.*

(4) Voyez les *Arch. du Rh.*, t. 7, p. 144.

(5) Sarrabat fut baptisé à Paris, le 10 octobre 1666; il était fils de Charles, horloger du roi. Il fit à Lyon un assez grand nombre de tableaux, et embellit de ses peintures plusieurs édifices de cette ville. Il eut, de son mariage avec Jeanne-Marie de Haynaud, un fils, Nicolas, qui se fit jésuite, et fut un physicien distingué. On trouve dans l'Abécédaire de Mariette, t. 5, p. 176, un Isaac Sarrabat, graveur en matière noire, qui fleurissait à la fin du 17e siècle; c'était le frère de Daniel. Voyez la Biogr. Haag, celle de Michaud et Pernetty.

Même année. — Les *cafés*, à l'instar de ceux de Paris, commencent à s'établir à Lyon, dans le voisinage de l'hôtel-de-ville (1). Les amis de J.-B. Rousseau lui conseillèrent de faire une comédie sur ce sujet ; il la fit. Représentée le 2 août 1694, elle n'eut point de succès ; un critique lui adressa ce rondeau sans refrain :

Le Café, d'un commun accord,
Reçoit enfin son passe-port.
Avez-vous trop mangé, la veille,
Ou trop pris du jus de la treille?
Au matin, prenez-le un peu fort ;
Il chasse tout mauvais rapport.
De l'esprit il meut le ressort ;
En un mot, on sait qu'il réveille.
Il ressusciteroit un mort ;
Et sur son sujet, sans effort,
Rousseau pourroit charmer l'oreille ;
Au lieu qu'à sa pièce on sommeille,
Et que, chez lui, seul il endort.

Voyez les *Anecdotes dramatiques*, t. 1, p. 165, les P. de 1686, et l'année 1697, à la fin.

Même année. — Artiste et auteur dramatique, *Marc-Antoine Legrand*, né à Paris, le 17 février 1673 (jour où mourut *Molière*), après avoir fait ses débuts au Théâtre-Français, le 13 mars 1694, vint à Lyon. Il y composa une comédie en un acte et en vers, *la Rue Mercière* ou *les Maris dupez*, laquelle fut représentée par les comédiens du maréchal de Villeroy. Le succès de cette pièce fut d'autant plus grand que l'on s'imagina que l'auteur avait mis en scène, sous les noms d'*Harpin* et de *Cornadet*, deux marchands lyonnais auxquels était arrivée l'aventure qui en fait le sujet. Trois autres comédies de Legrand furent représentées pendant son séjour à Lyon : *le Cafetier*, *la Fille précepteur* et *la Chute de Phaéton* (2). Cette dernière pièce en vers libres, dit M. Paul Lacroix, semble faire allusion au mauvais succès d'une salle d'opéras que la banqueroute avait fait fermer (1). J'ajouterai que, cette même année, les comédiens de Paris furent chassés de Paris, pour avoir joué des pièces trop licencieuses. Voy. les *Anecdotes dramatiq.*, t. 3, p. 194 ; la *B. dramatiq.* de M. Delandine, p. 497 ; les P. de cette année, celles de 1699, et ci-dessus, à la fin de 1686.

Même année. — Mort, à Paris, de *Constant de Silvecane*, ancien président en la Cour des monnoyes, et commissaire de S. M. en ladite Cour, au département de Lyon, en deçà de la rivière de la Loire, ancien prévôt des marchands, en 1669, etc. Il était fils de Jean, conseiller en la sénéchaussée et siége présidial de Lyon. Voici en quels termes le *Mercure galant de mai* 1694 a terminé l'article qu'il lui a consacré : « ....Il avoit beaucoup d'amour pour les belles-lettres, et la connoissance qu'il en avoit lui fit entreprendre les traductions de Juvénal et de Perse (2) qu'il a données en vers françois. Les notes dont il a embelli ces deux ouvrages sont fort curieuses et très-estimées ; il estoit honneste, bienfaisant, bon amy, et la droiture de son âme égaloit la bonté de son esprit. » — On a encore de lui, outre son Horace et son Perse : 1° *Cinquante Devises pour Mgr de Colbert*, Lyon, *Jacques Canier*, 1683, in-4°. Ces Devises sont en vers libres, et c'est par erreur que plusieurs biographes en ont grossi le bagage du P. *Menestrier*. Chaque devise est placée au-dessous d'une gravure emblématique, et le volume est orné du portrait de Silvecane, gravé en 1679 par *J.-J. Thourneissen*, d'après un dessin de *Thomas Blanchet ;* — 2° *Pensées chrétiennes*, mises en vers ; Lyon, 1685, petit in-12 (3). Voyez Pernetti, t. 2, p. 127 ; le *Mémorial de Dombes*, par M. d'Assier de Valenches, p. 107, et le *Mercure galant*, de décembre 1679.

Nota. — C'est par erreur que quelques biographes ont mis à cette année la mort de *Claudine Bouzonnet-Stella ;* cette célèbre artiste, née à Lyon, le 6 juillet 1636, est décédée à Paris, le 1er octobre 1697.

(1) François Damame, bourgeois de Paris, obtint, le 12 janvier 1692, un arrêt du Conseil d'état qui lui accorda le privilége de *vendre seul*, pendant six années, tous les cafés, thés, sorbets, et le chocolat avec les drogues dont il est composé, comme le cacao et la vanille, dans toutes les provinces et villes du royaume ; mais ce privilége fut révoqué le 12 mai de l'année suivante par un arrêt du Conseil d'état du roi. Voyez les *Documents* publiés par Champollion-Figeac, t. 4, p. 560.

(2) Voyez le Catalogue Soleinne, n. 1566, et la Biogr. Didot. — On jouait encore à Lyon, sous Napoléon Ier, une des meilleures comédies de Legrand, *l'Aveugle clairvoyant*. Notre premier comique, *Revelle*, y était toujours très-applaudi.

(1) En 1696, la salle de l'Opéra avait brûlé pour la troisième fois, et malgré l'opposition des Missionnaires, elle avait été rebâtie. Voyez les P. de 1696, *Poésies*.

(2) Voyez les P. de 1690 et 93. — (3) Voyez les P. de 1685.

PUBLICATIONS DE 1694.

Abbrégé (sic) *curieux de géographie historique et héraldique*, par le sieur *Rey*, mathémathicien (*sic*). Seconde édition. Lyon, *Claude de la Roche*, 1694, in-12. — Dédicace de l'auteur à M. de la Barmondière, seigneur d'Arcisse, secrétaire du roy, président au parlement de Dombes. — L'approbation donnée au sieur *Rey* (*Joseph*), par *Paul Landry*, dominicain, est du 25 octobre 1679, et le privilége du roy est du 17 juillet 1680. — Je ne citerai que ce passage : « Le Puy est un évêché considérable ; son évêque a le droit de porter le *Pallium ;* on en conserve même un fort ancien à Nôtre-Dame du Puy ; ce qui paroît surprenant et extraordinaire, car selon les sacrez canons, on doit enterrer le *pallium* avec le prélat qui le porte. » Je ferai observer que le *pallium* conservé à Notre-Dame du Puy était celui de *Jean de Bourbon*, mort en 1485, dans son prieuré de Saint-Rambert en Forez, et qu'il fut inhumé dans la chapelle qu'il avait fait bâtir à Clugny.

L'Art de la Poésie françoise et latine, avec une idée de la Músique sous une nouvelle méthode, par le sieur *de la Croix* (A. Phérotée). Lyon, *Th. Amaulry*, 1694, in-12. — Dédicace de l'auteur à *Marguerite Cossé*, maréchale *de Villeroy*, gouvernante de Lyon. — La première édition de ce livre parut en 1675, et il est bien étonnant que le sieur de la Croix, né vers 1640, à Lyon, où il professa les belles-lettres, la géographie et la musique, n'ait cité aucun poète lyonnais. V. Goujet, t. 3, p. 420, la Biogr. Didot, t. 28, p. 428, les P. de 1670 et de 1684.

L'Art de se connoître soy-même (par *Jacq. Abbadie*). Lyon, *Anisson* et *Posuel*, 1694, in-12. — Cette édition, suivant Barbier, a été publiée par l'abbé *Cohade*, qui en a retranché plusieurs endroits favorables aux calvinistes. — Je crois devoir extraire du 13e chapitre le passage suivant, qui aurait pu entrer dans les commentaires de l'Horace de Corneille : « Il y a une volupté de haine et de vengeance qui consiste dans la joie que nous donnent les disgrâces des autres hommes ; c'est un affreux plaisir que celui qui se nourrit des larmes que les autres répandent. Cependant vous trouverez, si vous y regardez de près, que ce plaisir ne fait pas la moindre partie des agréments des hommes du monde. Le degré de ce plaisir suit le degré de la haine qui l'a fait naître ; c'est pourquoi un poète de notre temps, qui a assez bien connu le cœur de l'homme, exprime l'excès de sa haine par l'excès du plaisir :

Puissai-je de mes yeux y voir tomber la foudre,
Voir les maisons en cendre et les lauriers en poudre ;
Voir le dernier Romain à son dernier soupir,
Moy seule en être cause et mourir de plaisir ! »

La note de Palissot sur l'imprécation de Camille se termine ainsi : « Que veut dire là *mourir de plaisir*, sinon mourir de l'excès de ravissement qu'une vengeance satisfaite peut faire éprouver ? » V. Bayle, *OEuvr. div.*, p. 744.

La belle Education, par Monsieur l'abbé Bordelon. Seconde édition.... Lyon, *Veuve de J.-B. Guillimin*, 1694, in-12, avec le portrait de l'auteur, gravé par *Trouvain*. — Tous les ouvrages de Bordelon ont été imprimés à Lyon, et malgré leur médiocrité, ils eurent quelques succès. M. Brunet lui a fait l'honneur de lui donner une place dans son *Manuel*, mais il s'est bien gardé de le louer.

Daugières (*Alberti*), è Soc. Jesu, Carminum libri quatuor..... Lugduni, sumpt. *F.-F. Anissoniorum et Joannis Posuel*, 1694, in-12. B. Backer, t. 2, p. 48 ; M. Livet, t. 2, p. 468 de l'*Hist. de l'Acad. franç*. — Dédicace de l'auteur à Ferdinand, évêque de Paderborn, suivie d'un *Carmen* adressé à ce prélat par le P. *Gaspar-Joseph Charonier*. A la p. 89, est une traduction en vers hexamètres du Sonnet de *Benserade* sur l'Embrazement de Londres ; à la p. 141, une pièce à la louange du médecin *André Falconet ;* à la p. 177, une ode sur la *Scientia canonica* du P. *Joseph* Gibalin, impr. à Lyon, en 1670. Le quatrain du P. *Bertet*, que j'ai cité ci-dessus (juillet 1673), se trouve à la p. 139. Voyez, sur ce quatrain, les *Mém.* de Desmolets, t. 8, p. 209.

Dictionnaire étymologique, ou Origines de la langue françoise, par M. *Ménage*. Nouvelle édition, revue et augmentée par l'auteur, avec les Origines françoises de M. *Caseneuve*, un Discours sur la science des étymologies, par le P. *Besnier*, de la compagnie de Jésus, et une Liste des noms de Saints, par M. l'abbé Chastelain. Paris, J. Anisson, 1694, in-fol. (1). — Cette édition est encore enrichie de passages qui n'ont pas été reproduits dans celle de 1750. De ce nombre est un de ceux qu'on lit à la p. 738, et sur lequel M. Caseneuve est revenu à la p. 100 de ses Origines. Un mot hébreu est resté en blanc dans cet article (2). — L'impression de cet ouvrage fut commencée du vivant de Ménage, qui en corrigea une épreuve deux heures avant sa mort. Les préfaces sont de M. P. Simon de Val-Hébert, un des légataires de l'auteur. C'est lui qui continua la révision à partir des dernières pages de la lettre S. C'est ce que nous apprend une lettre de Val-Hébert au neveu de Ménage, la dernière des pièces liminaires. L'impression fut achevée le 10 mars 1694. — Il y a un certain nombre de locutions lyonnaises à extraire de ce Dictionnaire; je n'en citerai qu'une qui se trouve au mot Lote : Ce poisson est fort estimé à Lyon, où l'on dit en commun proverbe : *Vens ta cote pour acheter une lote.*

Dictionnaire (*Nouveau*) *françois*, par *Pierre Richelet*....., sur l'imprimé. A Cologne, chez Jean-François Gaillard, 1694, in-4o, 2 vol. — Il est à présumer que cette édition a été exécutée à Lyon, sous les yeux de l'auteur. Voici quelques remarques à joindre à celles que j'ai faites dans les P. de 1681 : On lit à l'article Allobroge, que ce mot se prend satiriquement, et « signifie un grossier, un rustre, un animal, un homme qui n'a ni sens ni esprit, ou au moins en a très peu. (Ah! tu me traites d'Allobroge.) » L'article Beurrière se termine ainsi : « Les Beurrières donnent la plupart de leurs marchandises sur du papier et sur des feuilles de méchans livres que leur vendent les libraires. Le bruit court que plusieurs de ces beurrières ont été depuis peu acheter une bonne partie de l'impression de T, et que, par permission des Muses, elles font raison aux mânes de l'excellent Ab. de la témérité qu'a eue un petit orgueilleux, qui fait parler en pédant celui que l'illustre A. a fait parler en langage de Cour. » La plupart des critiques veulent que Richelet ait voulu parler ici de l'abbé Tallemant et de Perrot d'Ablancourt. V. les P. de 1700, *Dict. des Rimes*, et celles de 1709, *Dict. de la Langue franç.*

Divers caractères (*Les*) des ouvrages historiques, avec un plan d'une nouvelle histoire de la ville de Lyon...., par le P. *C.-F. Ménestrier*. Lyon, *J.-B.* et *Nic. Deville*, 1694, in-12. — Dédicace au P. *de la Chaise*. A la fin de ce livre, est une Liste des Antiquités sacrées, les Antiquités et Curiosités profanes, et les Curiosités modernes qui existaient alors à Lyon. V. les P. de 1669.

*Epître à Monsieur D**** (*Despréaux*), sur son Dialogue ou Satire X (par *F. Gacon*). 1694, in-8o de 5 p., non compris le titre et la préface. Cette pièce, réimprimée 1o dans le Recueil de Moetjens, 2o et dans *le Poète sans fard*, commence ainsi :

C'est en vain, Despréaux, que Pradon, comme un dogue,
Ne cesse d'aboyer contre ton Dialogue ;
Cet ouvrage, fameux parmi les beaux esprits,
Malgré tous ses efforts, aura toujours son prix....

Voyez le Boileau de Berriat-Saint-Prix, t. 1, p. CCXXVI, et les P. de 1695, *Apologie*.....

Explication de la machine exposée pour le feu de joye de la Saint-Jean-Baptiste, par ordre de Messieurs les Prévost des marchands et Echevins, le mercredi 23 juin 1694. A Lyon, chez *François Sarrazin*, imprimeur de Monseigneur le Gouverneur, rue Ferrandière, vis-à-vis le May. In-4o de 8 p. et 2 planches gravées, qui représentent les deux faces du feu de joie. — Cette Description est-elle du P.

(1) Ce livre est inscrit sous ce titre dans le Catal. Secousse : *Dict. étym.*, par Ménage, etc. *Lyon*, 1694, in-fol., ce qui me fait présumer qu'il a été imprimé à Lyon, où Anisson avait encore ses presses.

(2) On lit, p. 715 des Remarques de Joly sur Bayle : La langue hébraïque, plus chaste que la françoise même, manque de termes qui désignent les actions honteuses et les parties du corps que la pudeur nous ordonne de cacher; et c'est pour cela qu'on l'appelle la *langue sainte*. Si nous en croyons un auteur cité par S. Bonaventure (Ruban, *Etym.*, l. 14.). Voyez le livre intitulé : *Principium sacræ Scripturæ*, où le saint évêque d'Albano traite de la pureté de l'Ecriture sainte dans le récit des choses honteuses. — Avant Joly, l'abbé *André Renaud* avait dit, p. 35 de *la Manière de parler la langue françoise* (Lyon, 1694, in-12) : Les Rabins disent que leur langue est appelée *sainte*, parce qu'elle est si pure et si chaste qu'on n'y trouve point le nom des parties honteuses, etc. Voyez et conférez les *Etudes sur Isaïe*, par M. *de Nolhac*, t. 3, p. 6.

Charonier ou du P. *Ménestrier?* Peut-être n'est-elle ni de l'un, ni de l'autre.

Fables choisies de M. de La Fontaine. A Lyon, chez *Benoît Vignieu*, rue Belle-Cordière, 1694, 3 tomes in-12. — Le permis d'imprimer du procureur du roi (*Vaginay*), du 17 septembre 1694, nous apprend que le privilége accordé le 29 juillet 1677, pour quinze années, est expiré. Voyez, ci-dessus, les P. de 1679, et ci-après, celles de 1696.

Factum justificatif. In-4° de 18 p., sans date et sans nom de ville ni d'imprimeur. — Ce Factum a pour auteur le P. *Ménestrier*, qui avait publié, en 1689, l'*Histoire de Louis-le-Grand* par les médailles; on lui avait reproché d'avoir cru pouvoir faire seul un travail que devait exécuter l'Académie des Inscriptions; il affirme que, depuis plus de 35 ans, il s'était occupé de cet ouvrage, et qu'il n'avait point eu connaissance du projet de l'Académie; il énumère les travaux auxquels il s'est livré depuis 1658, pour la composition de cette histoire, et les détails dans lesquels il entre ne laissent aucun doute sur sa bonne foi. — On trouvera, t. 1 du *Mélange curieux* de Saint-Evremond, p. 207 et suivantes de l'édition de 1739, la préface de l'ouvrage publié par l'Académie sous ce titre: *Médailles sur les principaux évènements du règne de Louis-le-Grand*, avec des *explications historiques*.

La Gloire du Tiers-Ordre de S. François, ou l'Histoire de son établissement et de son progrès, par le R. P. *Hilarion de Nolay*, prédicateur capucin. Lyon, 1694, in-12. J. des sç., du 14 mars 1695.

Histoire facétieuse du fameux Lazarille de Tormes (par *Hurtado de Mendoza*), nouvelle traduction (par l'abbé *de Charnes*). Lyon, *Ant. Besson*, 1694, in-12. — Dédicace à M. *Milon*, signée A. D. R. (*F. Raclot*). — Une ancienne traduction françoise, attribuée à un libraire de Lyon, *Jean Saugrain*, fut publiée à Paris, en 1561, et fut plusieurs fois réimprimée. Voyez le *Manuel* de M. Brunet, article HURTADO, col. 385.

La Madeleine au désert de la Sainte-Baume, Poème spirituel et chrétien, par le P. *de Saint-Louis*. Lyon, *J.-B.* et *Nic. de Ville*, 1694, in-12 (1). — Ce fut à *Saint-Marcellin*, en Dauphiné, où il professait la rhétorique dans un collége de son ordre, que le P. de Saint-Louis mit la dernière main à son poème, et ce fut à Lyon qu'il en donna la première édition, en 1668. — La fable de *l'Amour et la Folie*, dont l'auteur a emprunté le sujet à *Louise Labé;* on en trouve une autre imitation en vers françois, par *Moreau de Mautour*, t. 2, p. 86 du *Recueil d'Archimbaud;* le P. *Commire* (2) l'a mise en vers latins, et c'est à Ménage qu'il a dédié sa traduction. — J'ai rapporté, dans mes *Variétés*, la diatribe du P. *de Saint-Louis* contre les cartes à jouer; Voltaire, dans une Epître à Mme Denis (t. 13 de l'édit. de Kehl), a fait aussi contre elles cette spirituelle apostrophe:

O roi David! ô ressource assurée!
Viens ranimer la langueur désœuvrée.
Grand roi David! c'est toi dont les sixains
Fixent l'esprit et le goût des humains.
Sur un tapis, dès qu'on te voit paraître,
Noble, bourgeois, clerc, prélat, petit-maître,
Femme surtout, chacun met son espoir
Dans les cartons peints de rouge et de noir.
Leur âme vide est du moins amusée
Par l'avarice, en plaisir déguisée.

Sainte Madeleine a été le sujet d'un autre poème non moins bizarre que celui du P. de Saint-Louis; il a pour auteur le capucin *Rémi*, de Beauvais, et n'a pas moins de vingt livres; il parut en 1617, à Tournay. Sablier, t. 1, p. 218 de ses *Variétés*, en cite un vers que le poète met dans la bouche d'un galant, qui attend, dans un jardin, que le souper donné par Madeleine à ses nombreux convives soit terminé, pour se rendre auprès d'elle: « Je croy, » dit-il dans un mouvement d'impatience;

Je croy que ces gueux-là n'auront jamais fini.

M. l'abbé Faillon a publié, dans la collection de l'abbé Migne, un recueil en 2 volumes de Documents sur sainte Madeleine; il n'y a pas compris deux mémoires sur l'arrivée de Lazare et de

(1) Parmi les pièces liminaires de cette édition, se trouve reproduite l'approbation de *Besian Arroy*, docteur de Sorbonne, datée de l'Isle-Barbe, le 28 avril 1668. V. les P. de 1688 et de 1700, *La Madeleine*.

(2) Voyez ses *Poemata*, p. 24 de l'édit. de 1687, publiée à Paris par Le Petit, sous la rubrique d'Amsterdam.

Madeleine en Provence, que possède la bibliothèque de Lyon, et qui sont dans le tome 4 des Mss du P. Columbi. — Celle de Carpentras conserve un ms qui a pour titre : *Inventio* (1) *corporis Sanctæ Mariæ Magdalenæ, anno* 1279, *mense decembri*. Voyez le Catalogue de M. Lambert, t. 3, p. 66, et à cette même page se trouvent inscrites les *Lettres patentes du roy Charles VIII*, contenant défense de donner ou laisser prendre quelque partie des reliques de Madeleine. Ces lettres sont datées de Lyon, le 31 janvier 1495 (vieux style) ; elles ont été enregistrées au parlement de Provence, le 11 novembre 1496 (n. s.).

Manière de bien parler la langue françoise...., par *André Renaud*, prêtre, docteur en théologie. Lyon, *Claude Rey*, 1694, in-12. — Dédicace de l'auteur à *François-Joseph de Netancourt d'Assonville* de Vaubecour (2), abbé d'*Ainay*. — André Renaud, né dans la *Dombes* (3), comme il le dit lui-même, p. 347 de son livre, passa la plus grande partie de sa vie à Lyon où il mourut, suivant M. Dépery, qui lui a consacré une notice dans la *Biogr. de l'Ain* ; il a aussi une notice dans les *Eloges de quelques auteurs françois* (Dijon, 1742), et dans le tome 4 de la *Bibliogr. des écrivains de la Compagnie de Jésus*, Compagnie dont il a fait partie pendant quinze années. L'abbé Goujet a rendu compte de son livre dans le tome 1er de sa *Bibliothèque françoise* (page 178, et tome 2, 421 et 429) ; en voici quelques extraits :

P. 33. Le P. Caussin disoit que les hommes ont bâti la *Tour de Babel*, et les femmes, la *Tour de Babil*.

P. 128. Après avoir cité ce mot de *Boccace* (4) : « C'est le comble de l'infortune d'avoir été heureux, » l'abbé Renaud ajoute : Cette pensée n'est pas moins forte que véritable, parce que le souvenir d'un bonheur passé rend plus vif le sentiment d'une disgrâce présente ; témoin ces vers de *Bertaud* : « Félicité pas- » sée, — Qui ne peut revenir, — Tour- » ment de ma pensée, — Que n'ai-je, en » te perdant, perdu le souvenir ! »

P. 268. Le jugement que notre auteur porte de *Molière* se termine ainsi : « ...Le héros de la belle Comédie jouoit admirablement les rôles qu'il avoit composés : ses yeux, ses pieds, ses mains, tout parloit, tout étoit éloquent en sa personne (1) ; et, certes, l'heureux succès des pièces de théâtre est dû principalement aux acteurs, et il est difficile qu'une comédie n'ait l'approbation publique quand elle est représentée par des comédiens aussi achevés que *Poisson*, que *Rosimon*, que *Bellerose*, que *Floridor*, que *Monfleuri*, qu'on a vus passionner admirablement ce qu'ils récitoient, et qui ne le cèdent point aux Roscius de l'antiquité. »

P. 277. La *Solitude* de Saint-Amant est admirable ; sa *Rome ridicule* est encore estimée.

P. 449. « La comparaison d'une personne que Dieu frappe de disgrâce pour la couronner ensuite, avec une fontaine où une pierre fait des cercles en tombant (2).....; celle d'un oranger chargé de fruits et de fleurs, avec la Sainte Vierge qui ne perdit point sa virginité en portant le Fruit de vie, sont très-belles et très-régulières.... »

J'aurais encore bien des choses à extraire de ce curieux ouvrage, mais elles trouveront place ailleurs. On a prétendu que l'auteur a fait de nombreux emprunts au P. Bouhours ; cette assertion me paraît fort hasardée. Voyez les P. de 1697.

Molière aux Champs Elisées. Nouvelle historique, allégorique et comique, dans laquelle se trouve la *Loterie de Scapin*,

(1) M*** voulait qu'on traduisît par *découverte*, et non par *invention*, le mot *inventio*.

(2) Cette dédicace a été supprimée dans les exemplaires datés de 1697. — Un des plus jolis madrigaux de Ménage est adressé à la comtesse de Vaubecour, la mère probablement de notre abbé : « Je ne vois rien à la Cour de si bien que Vaubecour.... »

(3) Et non en Dauphiné, comme l'a dit l'abbé d'Artigny, et, depuis, M. Rochas. — C'est par erreur que Barbier a donné le prénom d'*Antoine* à l'abbé Renaud.

(4) L'abbé Renaud se trompe peut-être en attribuant cette pensée à Boccace ; elle appartient à Dante, qui a dit, dans le 5e chant de l'*Enfer* : « Nessuno maggior » dolore — Che ricordarsi del tempo felice — Nella » miseria. »

(1) Tout porte à croire que l'abbé Renaud avait vu Molière et qu'il avait conservé le souvenir de ses impressions. Voyez, ci-dessus, années 1642, 1653, 55, 57, 67, 73, 81, 90 et 92.

(2) Voyez le *Minuciana*, Lyon, 1847, in-8°, p. 6.

Comédie en trois actes et en prose, par *Laurent Bordelon*. A Lyon, chez *Antoine Briasson*, rue Mercière, au *Soleil* (1), 1694, in-12. — On trouve, parmi les personnages de la *Loterie* (2), un Monsieur *Chante-Clair*, qui ne parle qu'en vers ; voici le sixain qu'il adresse à M. *Flatte-Oreille* :

On se croit habile en musique,
Et l'on fait aux autres la nique
Pour en sçavoir deux ou trois mots ;
Ces gens-là ne sont que des sots ;
Ils sont sçavans en ignorance
Et c'est là toute leur science.

M. Paul Lacroix a cloué la note qui suit au n° 1549 du Catalogue Soleinne : « Cet » ouvrage (*Arlequin comédien*, etc.), ainsi » que la plupart de ceux de Bordelon, » n'est pas commun, et l'on y remarque, » comme dans tous les autres, de l'érudi- » tion, du bon sens et de l'esprit. » — M. Brunet n'avait pas une aussi bonne opinion du talent de Bordelon que M. Lacroix ; voici ce qu'il en a dit dans son *Manuel*, article *Tours* (*Les*) *de maître Gonin* (par l'abbé Bordelon) : « Rien de plus in- » sipide que cet ouvrage dont le titre » semble promettre de la gaieté. C'est, » au reste, la seule production de cet » écrivain trop fécond, qui conserve en- » core quelque prix... » Voyez les P. de 1693.

Dassoucy est l'auteur d'un opuscule ayant pour titre : *L'Ombre de Molière* et son Epitaphe. Paris, in-4° de 2 f. et 7 p. — « Un passage de cette pièce, dit M. Paul » Lacroix, peut faire croire que Molière, » dans son *Tartuffe*, eut l'intention de » mettre en scène un bigot nommé *Mar-* » *tin* (3), que tout le monde avait re- » connu :

Pardonnez-moy, maistre Martin,
Si j'ay fait une esgratignure
A vostre pourpoint de satin.
Priez pour moy soir et matin. »

Voyez Catal. Soleinne, t. 5, n. 509.

J'ai dit, dans un opuscule sur *les Deux Deshoulières* (Lyon, 1853, in-8°), qu'en 1662, Madame Deshoulières adressa au P. *de La Chaize* une de ses meilleures pièces, son *Epître chagrine*, où se sont trouvées, au sujet de l'hypocrisie, les mêmes pensées que dans le *Tartuffe*, dont les trois premiers actes ne parurent qu'en 1664. J'ajouterai que Molière se souvenait de cette pièce quand il a fait dire à Cleante : « Ces gens (les hypocrites) — *Couvrent* » insolemment *de l'intérêt du ciel* leur » fier ressentiment (acte 1, sc. 6). » Madame Deshoulières avait dit dans son Epître, de ces mêmes gens : « Ces scélérats » — *De l'intérêt du ciel couvrent* leurs atten- » tats. » — Peut-être est-ce Mme Deshoulières qui a soufflé à Molière l'idée du dénouement de son *Tartuffe* quand elle a dit : « Louis, éclairé comme il est, — » Quoi que vous osiez me promettre, — » Connoîtra ma fourbe ; il pénètre — Au- » delà de ce qu'il paroît..... » — Après avoir cité le joli quatrain de Saint-Evremont sur *Ninon de Lenclos*, M. Monmerqué ajoute : « Un hommage encore plus flatteur pour elle, c'est le cas que Molière faisait de son esprit et de son goût ; il la consultait, dit-on, sur tous ses ouvrages. Comme il lui avait lu un jour son *Tartuffe*, elle lui raconta une aventure qui lui était arrivée avec un *scélérat* de la même espèce. Molière rapporte qu'elle lui avait tracé le portrait de cet homme avec des couleurs si naturelles et si vives, que si sa pièce n'eût pas été faite, il ne l'aurait jamais entreprise, tant il se serait cru incapable de rien mettre sur le théâtre d'aussi parfait que le Tartuffe de Mademoiselle de Lenclos. » *Biogr. univ.*, 2e édit., t. 24, p. 114.

Je terminerai les remarques que l'on vient de lire par ce passage extrait du *Menagiana* de 1693, p. 50 : « La prose de Molière vaut beaucoup mieux que ses vers (1). Je lisois hier le *Tartufe* (sic) ; je luy en avois autrefois entendu lire trois actes chez M. de Monmor, où se trouvèrent aussi M. Chapelain, M. l'abbé de Marolles et quelques autres personnes. Je dis à M. le premier président de Lamoignon, lorsqu'il empêcha qu'on ne le jouât, que c'estoit une pièce dont la

(1) L'enseigne du *Soleil* existe encore au-dessus de la porte de la librairie de M. *Pélagaud*, successeur de M. *Rusand*. — Briasson a été l'éditeur des ouvrages du médecin Nicolas de Blegny.

(2) Je ne crois pas que cette pièce ait été citée dans le *Molière musicien* de M. Castil-Blase.

(3) Ce Martin-là aurait-il appartenu à la famille de *Martin de Laubardemont* ?

(1) Tel n'était pas l'avis de Boileau ; on lit au commencement de sa 2e Satire adressée à Molière : « Rare » et fameux esprit ..., Pour qui tient Apollon tous les » trésors ouverts, — Et qui sais à quel coin se mar- » quent les *bons vers*.... »

morale estoit excellente, et qu'il n'y avoit rien qui ne pût être avantageux au public. »

Observations sur le Pétrone trouvé à Belgrade. Paris, et se vend à Lyon, chez *Joseph Posuel*, marchand libraire, rue Tupin, 1694, in-12. — Le privilége du roi est accordé à George Pelissier, masque de Brugières de Barante (1). — Dans un opuscule ayant pour titre : *Pétrarque et Pétrone* (Lyon, 1862, in 8°), j'ai attribué à l'avocat Chalvet, de Marseille, une traduction abrégée et très bien écrite du *Satiricon* de Pétrone, publiée en 1689 et dont je possède un exemplaire; depuis, et en 1865, un grand in-octavo de 50 pages, intitulé : « *De la Guerre civile*, *Poème de* » *Pétrone, traduit en vers par Marc-Antoine* » *Chalvet*, avocat et assesseur de Mar- » seille au XVIIe siècle, suivi d'une Etude » sur le Traducteur et de l'Examen d'une » autre Version de Pétrone, composée » vers 1670, par François Galaup de » Chasteuil, d'Aix. Edité par M. Her- » bert (2), professeur au Lycée de Napo- » léon-Vendée. Marseille, Victor Boy. » En comparant les vers de la traduction du Poème de Pétrone, par M. A. Chalvet, avec ceux que l'on trouve dans le Pétrone français de 1689, l'on ne peut se dispenser d'y reconnaître la même touche, la même facilité. J'aurais voulu en dire davantage, mais j'y reviendrai ailleurs; aujourd'hui je ne citerai que ce vers, heureuse imitation du *Quærit se Natura*, *nec invenitur* :

La Nature se cherche et ne se trouve pas.

Je l'avais rapproché de celui que Racine met dans la bouche d'Hippolyte (acte 2, scène 3 de la *Phèdre*, représentée en 1677) :

Maintenant je me cherche et ne me trouve plus.

Un magistrat de Marseille, M. Tollon, m'a fourni un rapprochement plus ancien ; il est de Chapelain qui, dans le premier chant de son Poème (publié en 1656), a dit de Jeanne d'Arc :

Elle se cherche en elle et ne s'y trouve plus.

Nodot, qui a dû connaître le vers de Racine et celui de Chapelain, s'est rencontré avec Chalvet :

La Nature se cherche et ne se trouve pas.

Son vers a passé depuis dans presque toutes les traductions de la *Guerre civile* avec la finale de *pas* ou de *plus*, suivant que la rime du vers précédent l'exigeait.

Ordonnance de Mgr l'archevêque de Paris, portant condamnation de trois livres, le premier latin : *Orationis mentalis Analysis*, etc., per *Patrem Dom. Franciscum Lacombe*, imprimé à Verceil en 1686 ; les deux autres françois et anonymes, un intitulé : *Moyen court et très-facile de faire oraison*, et un autre qui a pour titre : *Cantique des cantiques de Salomon*, interprété selon le sens mystique, imprimé à Lyon en 1688. Paris, F. Muguet, 1694, in-4°. — L'évêque de Châlons condamna aussi ces trois ouvrages par une ordonnance imprimée en 1695. V. le J. des sç. du 6 déc. 1694, et ci-dessus, P. de 1686 et 1688.

Parochus, sive *Curator animarum*....., auctore *Carolo Andrea Basso*.... Accesserunt antiqua Statuta ecclesiæ Lugdunensis à *Francisco* cardinali *Turnone*, anno 1560 promulgata. Editio nova, mendis expurgata. Lugd., *J. Thioly* et *A. Boudet*, 1694, in-4°. — J. des sçav. du 19 juillet.

La Philosophie des images énigmatiques....., par le P. Menestrier.... Lyon, *Jacq. Guerrier*, 1694, in-12.

— Dédicace à la mémoire du P. *de Bussières* contenant quelques particularités sur la vie de cet illustre Jésuite.

— « C'est la Religion, dit le P. Menestrier, qui a consacré les énigmes par l'obscurité des mystères. Toutes nos connoissances ne sont en cette vie que des *nuits* obscures et des énigmes difficiles à développer. Aulu-Gelle n'est pas le seul qui ait pu donner le nom de Nuits à ses ouvrages (1). Toutes nos sciences devroient porter le même nom. *Caligo* n'est

(1) On a encore de Brugières de Barante un livre qui a échappé à Barbier ; c'est une *Lettre critique* au traducteur d'Apulée (Compain de Saint-Martin). Paris, *Grégoire du Puis*, 1707, in-12.

(2) M. Herbert a publié à Vitry, en 1834, les premières feuilles d'une version en prose de l'Anthologie de Planude ; l'année suivante, il était professeur de 3e au collége de Saint-Etienne. Ce jeune humaniste a eu des relations avec M. Breghot du Lut, qui lui a fourni un très-grand nombre d'imitations des Epigrammes de l'Anthologie de divers auteurs, et dont quelques-unes avaient été traduites par lui.

(1) Voyez Barbier, *Anonymes*, au mot *Nuits*.

pas seulement l'anagramme du nom de la *logique ;* il est la définition de notre philosophie bien mieux de celle qu'on lui attribue de connoissance des choses divines et humaines, dans lesquelles on peut dire qu'elle est aveugle. » — J'extrairai encore de ce livre le passage qu'on y lit (p. 392) : « Un médecin, dit le P. Menestrier, m'ayant vu dans une maladie dangereuse, où, après une fièvre ardente et maligne de plusieurs jours, je lui racontai un songe qui m'avoit beaucoup fatigué durant la nuit, et durant lequel il me sembloit que l'on me perçoit de tous côtés avec des épées, et que je perdois tout mon sang, me dit que, sur les principes d'Hippocrate, c'étoit un pronostic d'une hémmoragie, qui, en effet, arriva deux heures après, et me mit à l'extrémité. » V. le J. des sçav. du 14 nov. 1695.

Les Portes du Sanctuaire de l'Eglise de Lyon ouvertes à Messire *Claude de Saint-Georges*, archevêque, comte de Lyon, primat des Gaules. Lyon, *J.-B.* et *Nic. Deville*, 1694, in-4° (Catal. Coste, n. 6043). — Cet opuscule est du P. *Menestrier*, qui le fit à l'occasion de la réception solennelle du nouveau prélat par son Clergé, le jour de la prise de possession de son siége. Voyez ma Notice sur cet archevêque, Lyon, 1864, in-8°.

Rhabdomancie, ou la Manière de deviner avec une baguette fourchée, par P. V. I. (*Pierre Viollet*, jésuite). Lyon, *Hilaire Baritel*, 1694, in-12. — L'abbé Renaud, après avoir fait l'éloge de ce livre, ajoute : « A l'égard du merveilleux qu'on attribue à la baguette, il n'y a nulle *diablerie*, mais il y a beaucoup de *hâblerie*. » Voyez *la Manière de parler*, etc., p. 383.

Portrait de l'honnête homme (par l'abbé *Goussault*). Lyon, *Th. Amaulry*, 1694, in-12. Voyez le Mercure galant, juin 1693, p. 242, et la Biogr. Didot.

Regulæ Societatis Jesu.... Lugduni, *Joan. Courtavoz*, 1694, in-12.

J.-B. Santolii Opera poetica. Paris, 1694, in-12. — Santeul, dans une lettre écrite au grand Arnault, qui lui avait reproché d'avoir donné une réimpression de ses vers sur des matières profanes, se justifie en disant que ses vers étaient, il y a longtemps, dans les mains de l'Université par feuilles volantes, et qu'on les avait livrés aux *imprimeurs de Lyon* à son insçu ; qu'il avait été forcé de les revoir, etc., etc. Santeul eut pour Mécène *Pierre de Bellièvre* (1), abbé de Saint-Vincent de Metz et conseiller au parlement de Paris ; il lui dédia, en 1670, le premier recueil de ses poésies ; sa dédicace a été reproduite dans l'édition de 1729, où se trouvent plusieurs pièces adressées à cet illustre magistrat. Il lui avait aussi adressé, en 1669, l'Epître dans laquelle il prend la défense des fables dans la poésie, pièce que l'aîné des Corneille traduisit en vers français. Voyez Goujet, t. 3, p. 36 ; le *Santoliana*, p. 276, 342, 371 et 379 ; Saint-Simon, ch. xxx, t. 1, p. 299 ; ci-dessus 16 septembre 1623, 26 janvier 1683, et les P. de 1698.

Sorberiana..... Tolosæ, 1694, in-12 de 28 f. non chiffrés et de 386 p. y compris l'errata. — Cette édition est la seule où se trouvent les 6 dissertations de Graverol. — On lit, p. 21 : « Il y a au portail de Saint-Jean, à Lyon, une plaisante naïveté où la conception de saint Jean est représentée en relief par le bon Zacharie et Elisabeth dans un lit qui couchent ensemble..... » Ce relief n'existe plus ; il a disparu sous le ciseau d'un maçon pendant l'administration de Mgr d'Amasie, et l'on attribua cette mutilation à l'abbé D., alors supérieur du petit-séminaire de Saint-Jean. — Quelques années plus tard, une autre mutilation avait été commise dans le monastère de Brou. « Depuis trois cents ans, dit M. Beyle, les nudités de Brou ne choquaient personne ; mais en 1832, les séminaristes de Brou se sont scandalisés, et le marteau a fait justice de tout ce qui offensait leurs regards » (*Mémoires d'un touriste*, t. 2, p. 249). — Samuel Sorbière, né à Saint-Ambroix (Gard), en 1615, mourut à Nancy, le 9 avril 1670. Il séjourna plusieurs fois à

(1) Les ancêtres de cet abbé, mort le 26 janvier 1683, avaient leur tombeau dans l'église Saint-Pierre-le-Vieux. Vendue nationalement vers 1790, cette église, convertie en maison d'habitation, a été démolie en 1866. La villa que possédaient les Bellièvre sur le coteau de Saint-Irénée, avait son entrée rue des Machabées ; au-dessus de la porte, on voit les armes sculptées de cette ancienne famille ; on y remarque aussi une tourelle d'escalier, aujourd'hui seul vestige de cette villa. Voyez l'*Echo de Fourvière* du 28 avril 1866.

Lyon et y contracta des liaisons avec plusieurs lettrés de cette ville, notamment avec Pierre et Balthazar de Monconis, l'avocat François Henry et le jésuite Jean Bertet. La lettre à une dame qu'il ne nomme pas, et qui pourrait bien être la femme du conseiller Pierre de Monconis, contient la description d'une villa voisine de Lyon ; voici un extrait de cette lettre datée du 19 octobre 1657 (1) : «.... Je crois, dit Sorbière à cette dame, que vous n'avez pas écrit la lettre *que vous m'avez adressée*, sans vous représenter les beautés de MONTCORIN (2). Je n'en serois peut-être pas encore de retour, si la petite compagnie que je mène ne m'avoit obligé de hâter mon voyage.... Comme j'avois peu de séjour à y faire, je n'ai pas mal employé vingt-quatre heures pendant lesquelles je n'ai cessé d'admirer les charmantes vues de ce lieu incomparable ; je les ai considérées de tous les endroits, et il n'y a point d'allée où je n'aye été plus d'une fois, ni de fontaine où je ne sois retourné après lui avoir dit adieu..... La ménagerie m'a occupé plus d'une grosse heure ; j'en ai visité soigneusement toutes les pièces, les cuves, le pressoir, le four.... Au château, je n'ai trouvé à faire que deux cabinets à côté de la face qui regarde Lyon.... Par-dessus tout, Madame, je me suis attaché à la tour où j'ai demeuré enchanté, ne sachant à quelle fenêtre m'arrêter. Tantôt je regardois, vers le Midi, l'étang qui est sur la colline, où la Nature a pris plaisir de lui creuser un bassin d'émeraude.... Au Septentrion, je ne pouvois m'empêcher de dire que la vue de votre maison n'avoit rien de pareil à ce que l'œil découvre depuis S. Geniés (Saint-Genis-Laval) et le Perron, tout le long du Rhône, sur cette côte toute semée de maisons de plaisance, qui continuent, jusques chez vous, les faux-bourgs de Lyon, le pont de la Guillotière, toute la Croix-Rousse.... Enfin, vers l'Orient, ma vue se perdoit insensiblement dans cette vaste plaine, au bout de laquelle on voit des montagnes qui paroissent assez près de là, en comparaison de quelques autres plus éloignées mises les unes derrière les autres à plusieurs rangs, qui s'élèvent jusques à ce que les Alpes couvertes de neige, en touchant le Ciel, nous font douter si ce ne sont point des nues qui commencent à se former ; c'est là, Madame, où il y a bien à rêver, et d'où je pense tout de bon que je ne me serois point retiré de tout le jour si Monsieur *** ne m'en eût arraché pour me faire goûter de vos muscats et les autres fruits de la saison, qui, nonobstant les pluies et le déréglement de cette automne, n'ont pas laissé de me paroître fort excellents. Je ne souhaite pourtant pas, Madame, que vous en veniez manger sur les lieux, ni que vous ayez le loisir de quitter Paris, où les affaires du Roy rendent M. *** fort nécessaire.... L'utilité publique qui naît de ses importantes occupations, fait que je me réjouis de ses nouveaux emplois, mais je regarde aussi le particulier avantage de ses amis, dont il a cent occasions d'avancer la fortune ; je ne doute point qu'il se soit proposé cela même en second lieu, lorsqu'il a voulu de rechef prendre soin des affaires, puisque, Dieu merci, il n'a pas besoin de travailler pour d'autres intérêts que pour celui du Roy et pour celui des honnêtes gens.... Il sçait assez qu'après qu'on n'a rien négligé pour l'établissement de sa famille par des voies honorables et qu'on y a bien réussi, il n'y a plus à se mettre en peine de la gloire et de la réputation..... Vous savez cela mieux que moi.... ; je ne vous en ai touché un mot en passant que pour vous déclarer mes sentiments sur cette matière, et par un mouvement de zèle fort désintéressé que j'ai pour tout ce qui regarde l'honneur de votre maison. Je n'ai pu m'empêcher de le faire paroître toutes les fois que j'ai pris la plume pour écrire à Monsieur votre fils, ou à Madame la marquise de ***, qui ont bien voulu que je leur fisse part de ma morale.... De Lyon, le 19 octobre 1657, SORBIÈRE. »

(1) P. 354 des *Lettres et Discours de M. de Sorbière*; Paris, 1660, in-4°. Je signalerai encore, dans ce recueil, une lettre adressée au P. Bertet, sur la mort de Gassendi, et celle écrite au médecin Formi, p. 705, laquelle se termine ainsi : «.... Après tout, me réfugiant dans la Sceptique, je dirai avec un bel esprit de ma connoissance :

Que parmy les travaux de la plus longue estude,
Il n'est rien de certain que nostre incertitude. »

(2) On lit, dans le livre du baron Raverat (*Autour de Lyon*) : « Entre Irigny et Saint-Genis-Laval, se trouve le manoir de *Montcorin* (*Mons corvorum* (?), bâti, il y a deux siècles, par un marchand lyonnais. Sous l'Empire, il appartenait à M. *Guille*, fournisseur des armées françaises en Espagne. Depuis, on l'a divisé, subdivisé, et dans les pauvres allées que l'on y voit aujourd'hui, personne ne reconnaît ces superbes avenues et ces salles d'ombrages, qui en faisaient les principales beautés (p. 185). »

Outre le Recueil de Lettres et de Discours que j'ai cité plus haut, Sorbière en publia un second sous ce titre : *Relations, lettres et discours* sur diverses matières. Paris, Robert de Ninville, 1660, in-8° ; je n'en extrais que le passage suivant (p. 241) : « Les Grecs furent plus amateurs de la *Peinture* que les Romains, qui n'en firent pas beaucoup d'estime, et à laquelle peu de personnes considérables s'appliquèrent : *Quæ non est spectata honestis manibus,* dit Pline, car on ne trouve guère dans l'Histoire que l'empereur Marc-Antonin le Philosophe et Hadrien, qui se divertirent à peindre avant leur exaltation, qu'un chevalier Turpilius, qui *peignoit de la main gauche*, comme je l'ai vu pratiquer à l'aîné des Mignard (1), qu'un Quintus Pedius, homme consulaire, qui étoit muet, et un C. Fabius, à l'occasion duquel Cicéron a dit que si cela eût été digne d'un homme de sa naissance, on n'eût pas manqué de voir à Rome des Parrhasius et des Polyclètes. » — Je terminerai ces extraits par une maxime qu'on lit à la p. 334 : « Il y a » cette différence entre le faux dévot et le » véritable, que celui-ci est l'ami de » Dieu, et que l'autre en est le flatteur. »

1695.

Prévot des marchands : *Matthieu de Sève*, baron de *Fléchères*, seigneur de Saint-André-du-Coing, Limonest, etc.

Echevins : *Annet Ranvier*, — *Jean Giraud*, seigneur de Saint-Oyen, conseiller du roi en la sénéchaussée et siège présidial de Lyon, — *Matthieu Pécoil* (2), sieur de la Tenaudière et de Chouled, ancien conseiller au présidial, — et *Corneille Vialis* (3).

(1) Pierre Mignard, mort à Paris, le 20 mars 1668, exerça son art à Lyon ; il avait suivi à Rome, en 1644, le Cardinal-Archevêque de Lyon. B. Didot. V. Clapasson, p. 86, et ci-dessus, fin 1659 ; ci-après, octobre 1696.

(2) Matth. Pécoil fut condamné comme usurpateur de la noblesse par un jugement de l'Intendant du 7 août 1697. V. de Valous.

(3) Corneille Vialis se fit délivrer un certificat de son échevinage pour pouvoir jouir du privilége de noblesse. Sa famille s'était établie à Saint-Chamond, où elle a exercé le commerce de la soie et l'industrie du moulinage jusqu'à la fin du 17e siècle (Arch. de la Loire, registre des maîtres mouliniers). V. de V.

Janvier.... — Le maréchal de Villeroy est nommé capitaine des gardes du corps, en remplacement du maréchal de Luxembourg, mort le 4 de ce mois. Quelques mois après, il est déclaré général de l'armée du roi en Flandres. — Parmi les pièces de vers qui circulaient alors dans toute la France, est un madrigal de Mlle de Scudéry que je crois devoir reproduire (1) :

La Nymphe de la Seine, au Fleuve du Rhin :

Superbe Rhin, que vous avez de gloire
De vous être élevé contre nos ennemis,
Et d'avoir suivi la Victoire
Qui suit partout les armes de Louis !
Quand vous arriverez au séjour d'Amphitrite,
Où l'on a déjà su leur défaite et leur fuite,
On vous y recevra d'un air plus gracieux,
Car on y hait cet Insulaire
De qui l'audace téméraire
Vient couvrir nos deux mers de bombes et de feux,
Quoique ce grand fracas inutile et honteux
Lui soit toujours contraire.
Soyez, soyez François, et ne changez jamais
Si vous voulez jouir d'une éternelle paix.

Avril 13. — Mort de *Jean de Rhodes*, médecin, né à Lyon vers 1635, auteur de plusieurs ouvrages dont j'ai parlé sous leurs dates ; il était fils d'Henry, qui mourut doyen du collége de médecine de cette ville vers 1656. Thomas Bartholin, qui lui a donné place dans sa Dissertation *de medicis poetis*, cite ce quatrain qu'il avait fait sur un squelette d'ivoire qui appartenait à Frédéric III :

Corporis humani sunt hæc sine carnibus ossa
Æmula naturæ dextera vicit opus.
Adde simul nervos ; compages nexa movetur,
Et supplex regis procidit ante genu.

V. la B. de M. Barjavel, G. Patin, *passim* ; le J. des Sçav. de 1692, p. 224 ; celui de 1738, p. 274 ; Garinet, *Hist. de la Magie*, p. 275 ; M. Pétrequin, *Hist. médico-chirurg.* de l'Hôtel-Dieu de Lyon, p. 288 ; les Mss de la B. de L., t. 2, p. 282 ; ci-dessus, P. de 1688, 90, 91, etc.

Même jour 13 avril. — *Jean de La Fontaine*, si connu par ses fables et ses autres poésies, meurt à Paris. Voyez sur son séjour à Lyon, fin 1678, page 45. Voyez aussi *infra* P. 1696 et 1698.

(1) Voyez le *J. des Sçavans* du 15 nov. 1694, et *Trois chansons françaises*, par *Aimé Vingtrinier*. Lyon, 1866, in-8.

Mai 31. — Mort, à Paris, de *Pierre Mignard*, dit *le Romain*, « illustre par son pinceau. » Né à Troyes en 1610, il se trouvait à Rome vers 1646 lorsque Nicolas, son frère aîné, quitta cette ville pour revenir en France. Déjà Pierre s'était acquis l'affection du cardinal de Lyon, qui le choisit pour lui faire copier la galerie du palais Farnèse où logeait ce prélat, qui lui donna, pour y habiter, la chambre même qu'Annibal Carrache avait jadis occupée. En 1657, il revint dans sa patrie, et vers la fin de 1659, il se trouvait à Lyon. Voyez mes Documents à cette dernière année, Saint-Simon, *Mémoires*, t. 1, p. 159, et, ci-après, octobre 1696.

Septembre 2. — *George Cretenet*, prêtre, bourgeois de Lyon, et auparavant chanoine de N.-D. des Marêts, à Montluel, arrête, par un acte daté de ce jour, les bases de l'établissement d'un Séminaire pour les missions du diocèse de Vienne. — Il était fils de *Jacques*, instituteur des Missionnaires de Saint-Joseph établis à Lyon. Voyez l'Alm. de Lyon de 1813 (article de Cochard), le Catal. Coste, n. 3211, et ci-dessus, les P. de 1680.

Octobre 9. — Mort de *Jean Chapelon*, curé de Saint-Etienne en Forez, auteur de poésies en patois forézien. Voyez le *Dict. patois forézien*, par L. P. Gras, et l'*Essai d'un glossaire des patois Lyonnais, Forez et Beaujolais*, par J.-B. Onofrio, p. 70.

Novembre 9. — *Claude d'Albon* est reçu chanoine-comte de Saint-Jean. — Il fut archidiacre et mourut le 16 mars 1724 ; il était fils de Jean-Pierre, et de Charlotte, fille de Claude de Namy, écuyer, seigneur de la Forest, la Rousselière, etc.

Même mois 13. — Le Chapitre de Saint-Jean autorise l'archevêque de Lyon (Mgr de Saint-Georges) à faire construire une *terrasse* qui doit lui servir de promenoir. Ms Lescoët.

Décembre 21. — Me *Bertrand Chardon de Varennes*, avocat en parlement, prononce l'oraison doctorale, et reçoit une gratification de 140 livres.

Même année. — Le Prieuré de Chandieu en Forez est uni au Séminaire de Saint-Irénée. Voyez la Notice sur ce prieuré par M. de Soultrait, t. 18, p. 420 de la Revue de Lyon.

— Le Consulat alloue une somme de cent livres à *Pierre Bouillet*, receveur des deniers des *Petites Ecoles* de cette ville, pour l'entretien de l'école publique de la paroisse de Saint-Pierre dont faisait partie l'Hôtel-de-Ville ; « ce qui, dit M. Rolle, explique cette libéralité. » A. M. BB., p. 161.

— *Guillaume Simon*, sculpteur, et *Claude Panthot*, peintre, sont chargés de la restauration de la chapelle de l'Hôtel-de-Ville incendiée en 1674.

— On lit, p. 21 de la *Dissertation des lotteries*, par le P. Menestrier (Lyon, 1700) : « La première *lotterie* faite en faveur des pauvres, est celle qui se fit à Amsterdam pour la diaconie Walone, composée pour la plus grande partie de François réfugiez. Ce fut un Lyonnois qui en fit la première proposition, le sieur *Tronchin du Brueil* (1), et celui qui fut chargé d'en dresser le plan, un autre Lyonnois, le sieur *Jean Tourton*, marchand banquier.

— Une ordonnance royale approuve les statuts de l'Académie de belles-lettres et arts fondée à Villefranche, en 1680. V. ci-dessus, à cette date.

— Cette même année, une procédure fut commencée contre Jean-Jacques D..., comte du B..., Pierre Romanet, son valet de chambre, Claude Barberet, Antoine Brun, graveur à Saint-Etienne, et plusieurs autres, prévenus de se livrer au *billonage* et à la refonte frauduleuse des louis d'or. Des perquisitions furent faites au domicile des accusés, et, par ordre du

(1) Parmi les protestants qui furent sauvés par des prêtres lors du massacre de la Saint-Barthélemy, fut un sieur *Tronchin*, qui resta plusieurs jours caché à Troyes dans un tonneau, et qui s'étant retiré à Genève, y a été la tige de la famille de ce nom. J'ai cité, en 1635, un Tronchin, marchand de Lyon, qui fit, à Genève, une remise d'un million sept cent mille livres provenant de collectes faites pour les Vaudois. Un banquier lyonnais du même nom fit inhumer, dans l'église de Saint-Jean, Benjamin Priolo, en 1667. Voyez les *Mém.* de Grosley *sur les Troyens célèbres*, et la Table des Œuvr. de Voltaire, au mot TRONCHIN. Voyez aussi les notes sur le 2e chant de la *Henriade*.

roi, le comte du B.... fut emprisonné dans le château de *Pierre-Scise*. Il résulta des pièces saisies qu'il avait affermé un clos situé à Chaponost, où se trouvait le balancier servant à la réforme des louis. Un arrêt du Conseil d'état évoqua l'affaire et la renvoya devant l'intendant de Lyon (*Lambert* d'Herbigny) qui, en 1696, condamna le comte de B. aux galères à perpétuité, à 8 mille livres de restitution envers le roi, et à la confiscation de ses biens. Pierre Romanet ainsi que les accusés contumaces furent condamnés aux galères perpétuelles. D'autres condamnations en assez grand nombre d'individus pour le même fait furent prononcées de 1697 à 1705. Voy. l'Inventaire sommaire des archives du dép. du Rhône, par M. Gauthier, archiviste, t. 1, p. 115 et suiv.

— La Campagne que fit, cette année, le maréchal de *Villeroy* contre le Prince d'Orange, ne fut pas heureuse; on lui attribua tous les revers que ce Prince lui fit éprouver. Les vaudevilles dont il fut le sujet, lui furent plus sensibles que ses défaites; le couplet suivant sur l'air de *Joconde*, a, je crois, échappé à M. Gustave Brunet, auteur du *Nouveau siècle de Louis XIV* (Paris, 1857) :

Quand Charles Sept contre l'Anglois
N'avoit plus d'espérance,
De Jeanne d'Arc Dieu fit le choix
Pour délivrer la France.
Ne t'embarasse pas, grand roy,
Cent fois plus sûre qu'elle,
Dans fourreau de Villeroy,
Il est une pucelle.

Même année. — Mort, dans l'exercice de ses fonctions, de *Matthieu Sève*, baron de Fléchères, seigneur de Saint-André-du-Coing, Limonest, etc., etc., prévôt des marchands de Lyon, premier président au siège présidial de cette ville. — Ses funérailles furent célébrées en l'église de l'Hôtel-Dieu. *Inventaire* de M. Rolle, BB., p. 160.

Même année. — Mort de *Françoise II de Nérestang*, abbesse de la *Bénissons-Dieu*; — elle était nièce de Françoise I, morte le 16 mars 1652, et d'Adhemare-Catherine, décédée le 22 dudit mois (1). — On doit à un recollet, *Chérubin de Marcigny*, une *Vie de Françoise I*. Lyon, *Chancel*, 1653, in-8. On a encore de ce religieux : 1° *Discours funèbre sur Barthélemy de Villars*, Lyon, 1627, in-8 ; — 2° *La Vierge souffrante* pour un Dieu mourant, Lyon, 1647, in-4. — Voyez encore sur Françoise I l'*Histoire populaire* de *Marie Alacoque*, par M. l'abbé *Cucherat*; Autun, 1865, in-18. On lit, p. 313 de ce livre : « Lyon, dont nous avons déjà loué la piété envers le Sacré-Cœur, est le seul diocèse qui n'ait pas attendu les évènements de Marseille pour célébrer la fête du Sacré-Cœur; elle y a été instituée par Mgr *François-Paul de Neufville de Villeroy*. »

(1) Madame de Nérestang fut remplacée par Madame *Houel de Mérainville*. Voyez du Tems, Clergé de Fr., t. 4, p. 416, et Cf. la lettre de Bussy-Rabutin du 18 juin 1675.

Même année. — Mort, à Lyon, d'Adrien-Vander Kabel, peintre et graveur, célèbre par ses marines et par ses animaux; — il était né à Ryswich en 1631.

PUBLICATIONS DE 1695.

Annus sacer poeticus......, à *Petro Justo Sautel*, è Soc. Jesu. Lugduni, sumptibus *Fratrum Anissoniorum* et *Joan. Posuel*, 1695, in-8. — Réimpression de l'édition donnée par les mêmes libraires en 1679, 2 vol. in-12. — C'est par erreur que la *Biogr. du Dauphiné* a donné les prénoms de *Pierre-Louis* au P. Sautel, qui, suivant Guy Allard, naquit à Romans, et non à Valence, comme l'a dit M. Rochas, vers 1613. Ce religieux mourut à Tournon, le 8 juillet 1662, sans doute dans le collége de sa Société. Son *Annus sacer* ne contient que six saints lyonnais, savoir : Epipodius, Blandine, Sidonius Apollinaris, Justus et François de Salés. Voyez les P. de 1656 et celles de 1667.

Apologie pour Monsieur Despréaux, ou Nouvelle Satire contre les femmes (par *François Gacon*). 1695, in-4, s. n. de v. — Gacon publia, vers le même temps, deux autres apologies de Despréaux et quelques pièces de vers qui ont été reproduites dans l'édition de 1698 de son *Poëte sans fard*; il fit tous ses efforts pour obtenir l'affection de Boileau qui ne paraît pas avoir répondu à ses avances. Voyez le Boileau de Berriat-Saint-Prix, t. 1, p. CCXXXVI.

Baluzii (Steph.) Vitæ Paparum avenien-

sium. Parisiis, 1695, 2 vol. in-4. — Il y a beaucoup à prendre dans cet ouvrage pour l'histoire ecclésiastique de Lyon au XIVe siècle. Ceux qui ont écrit depuis Baluze sur les papes d'Avignon, auraient bien mieux fait de traduire son livre en français au lieu de nous donner des compositions qui fourmillent d'erreurs, et dans lesquelles les faits sont le plus souvent défigurés. En attachant leur nom à celui du savant prieur de Taluyers, ils se seraient acquis des droits incontestables à l'estime et à la reconnaissance des amis des bonnes lettres.

Du Bel esprit (par *François de Callières*). Paris et Lyon, *Jean Anisson*, 1695, in-12. — Il y a beaucoup de rapports entre cet ouvrage et celui que l'auteur a publié en 1717 sous ce titre : *De la Science du monde*, etc. (1), Paris, in-12. On y reconnaît un disciple de Labruyère, un homme de goût, et surtout un profond moraliste. On remarque dans le livre *du Bel esprit* un parallèle de *Corneille* et de *Racine*. « Ce qu'il y a de vrai, dit-il en le terminant, c'est que si on juge sainement, on trouvera que le tendre et le touchant n'a pas manqué à Corneille en beaucoup d'occasions, non plus que le grand et le sublime à Racine, et que ce sont deux hommes excellens dans leur genre d'écrire (p. 183). » — Dans *la Science du monde*, on trouve à la fin du volume un *Eloge* en vers *de quelques poëtes françois des derniers temps*; les strophes qui suivent sont extraites de la *Première pléiade* :

Héros du Théâtre françois,
Tu peignis les héros de Rome
Plus grands qu'ils n'étaient autrefois,
Et les mis au-dessus de l'homme.
Tu fus quelques fois inégal,
Mais, dans la manière de peindre,
CORNEILLE, nul ne peut atteindre
A ton génie original.

RACINE, par des traits nouveaux,
Du public partagea l'estime.
Dans ses industrieux tableaux
Il est plus correct, moins sublime ;
Il fut heureux imitateur
Des grands poëtes de la Grèce,
Et par des traits pleins de tendresse,
Il enchanta son auditeur.

L'esprit fécond de LA FONTAINE
Fit couler de sa riche veine
Un nombre infini de beaux vers ;
On voit des traits inimitables
Dans ses Contes et dans ses Fables,
Dans tous ses ouvrages divers,
Qui rendront leurs beautés durables
Aussi longtemps que l'Univers.

Voyez les P. de 1693.

L'Estat politique du Dauphiné avec les Généalogies des familles nobles de cette Province (par *Nicolas Chorier*). Grenoble, 1695, 3 vol. in-12. — Cet ouvrage n'est autre que celui qui a été imprimé en 1671, et pour lequel il a été fait deux nouveaux frontispices, l'un en 1695, l'autre en 1697. Voyez la B. du Dauphiné, par M. Rochas, tome 1, p. 246.

La Foire d'Ausbourg, ou *La France* mise à l'encan, Ballet allégorique orné de machines et de changemens de théâtre pour servir d'intermède à la Tragédie de *Germanicus* (par le P. de Colonia). Lyon, *Jacq. Guerrier*, 1695, in-12. — Cette pièce fut représentée chez les Jésuites de cette ville en présence des échevins, « qui sont les » fondateurs de leur collége et qui leur » donnent une pension annuelle de 6 » mille livres pour l'instruction de la » jeunesse. » Les aventures de Germanicus, dit le journal des Sçavans du 15 août, ont paru si propres pour le théâtre, qu'on est surpris que nos excellens auteurs ne se soient pas encore avisés de l'y représenter. Je ferai observer qu'avant le P. de Colonia, Boursault et Pradon l'avaient mis en scène. La pièce du premier fut louée par le grand Corneille, et quand fut jouée celle de Pradon, elle lui valut une épigramme que tout le monde sait. Un 4e *Germanicus*, celui de Paul-Emile Arnault, ne fut pas mieux accueilli, et donna même lieu à des voies de fait entre les amis et les ennemis de l'auteur, ce qui obligea l'autorité à en interdire la représentation.

Histoire de l'admirable don Quichotte de La Manche (traduite par *Filleau de Saint-Martin*). Lyon, *Thomas Amaulry*, 1695, 7 vol. in-12. — Le même libraire en a donné deux autres éditions, l'une en 1702, l'autre en 1711.

Les Hymnes et les Proses de l'Office divin traduites en vers françois, pour les chan-

(1) Un anonyme a publié, en 1661, la traduction d'un traité de Cardan, sous ce titre : *La Science du monde*, ou *La Sagesse civile*, quatrième édition, Paris, in-12. Voyez Niceron, t. 14, p. 243. Ce livre a échappé à Barbier.

ter sur le chant de l'Eglise et autres airs, par *Louys Chassain*, chanoine D. M. (de Montluel), avec cette épigraphe : *Hymnum novum cantemus*. JUDITH, c. 16. A Lyon, chez *Jean-Antoine Delayat*, proche les Pénitens blancs, 1695, in-12 de 243 pp., non compris la table et les pièces liminaires (B. Randin). — Dédicace de l'auteur à M. *de Valorges*, abbé de l'Isle-Barbe. L'approbation de *C. Basset*, obéancier de *Saint-Just*, docteur de Sorbonne, est datée du 18 nov. 1689, et celle de M. Vaginay, procureur du roi, du 2 mars 1694. — Voici quelques échantillons des pièces contenues dans ce volume :

HYMNE pour la Nativité de S. Jean-Baptiste, *Ut queant laxis*, etc. :

ANGE et précurseur du Maître des Anges,
Pour pouvoir chanter vos hautes louanges,
Epurez nos sens et remplissez nos cœurs
De vives ardeurs......

PROSE pour le temps de Pasques. *O filii et filiæ*, etc. :

ENFANS de Dieu, d'un cœur joyeux
Louez le monarque des Cieux,
Qui du tombeau sort glorieux. *Alleluia*....

Le reste ne vaut pas l'honneur d'être cité.

PROSE pour les morts. *Dies iræ, dies illa* (1).....

JOUR qui doit mettre avec effroy
Le monde en feu, jour dont fait foy
La Sibylle avec le saint Roy (2).
QUELLE épouvante, quelle horreur,
Quand ce juge plein de terreur
Jugera l'homme avec rigueur, etc.

Notre *Françoise Pascal* faisait mieux (voyez ci-dessus les P. de 1655, p. 86); elle avait de la naïveté, du naturel ; elle faisait parler son cœur. L'abbé Chassain n'était qu'un froid rimeur. On lit dans sa préface, p. 4, que ses vers ont cela de particulier qu'on peut les chanter non seulement « sur les chants de presque toutes les églises du monde, mais encore sur quantité de beaux airs que les plus excellens musiciens ont composés depuis peu, et dont se servent divers Ordres et Communautés. Quant à l'usage, ajoute-t-il, de ceux que l'on a pratiqués dans le monde et pour la vanité, un Père dit fort bien à propos, que les employer à des paroles saintes et propres à détruire le vice, *c'est se servir du coutelas d'Holopherne pour lui couper la tête*, et pour donner la mort à son ennemy..... » — Feu Delandine, qui était forésien, trompé par les initiales D. M. du titre de ce livre, a cru que l'abbé Chassain était de *Montbrison*. Voyez son Catalogue de la B. de Lyon (Belles-Lettres), n. 3388.

Juba, Tragédie (en vers) par le P. *de Colonia*. Lyon, *Jacq. Guerrier*, 1695, in-12. V. le J. des Sçav. du 5 déc. et les P. de 1693, *Laudatio*.....

Lucrèce, *De la Nature des choses*...., Traduction nouvelle par le baron *des Coutures*. Lyon, *Horace Molin*, 1695, 2 vol. in-12. — Un des vers les plus cités est celui-ci : *Tantum relligio potuit*, etc. (1, 102). Catherinot, p. 43 de son *Prest gratuit*, en a rapporté cette parodie sans dire de qui elle est :

Tantum nugarum potuit suadere clienti
Vana superstitio pietatis dira noverca.

Il applique ces deux vers (qui pourraient bien être de Palingène) aux *Juifs*, qui, le jour du repos, font scrupule de se moucher, de prendre une puce (1), de peler un ail, de cuire une rave.

Le Maître italien..., par le sieur *de Veneroni*, interprète du roi, en langue italienne. Septième édition. Lyon, *André Laurens*, 1695, in-12. — Cette grammaire est terminée par un choix de proverbes et d'anecdotes. L'auteur a une notice dans le Feller de Besançon, dans la B. Didot.

Nouvelles remarques et Réflexions critiques, morales et historiques (par l'abbé *Bordelon*). Lyon, *Ant. Briasson*, 1695, in-12.

(1) Il y a environ cent ans qu'un novateur scrupuleux s'est permis de substituer au troisième vers de cette antique prose *Teste David cum Sibylla*, celui-ci : *Crucis expandens vexilla*. Ce novateur n'avait pas lu Lactance.

(2) On lit, dans la Paraphrase que La Fontaine a faite du *Dies iræ* :

David et la Sibylle
Ont prévu ce grand jour et nous l'ont annoncé.

La Sibylle a disparu, dans plusieurs liturgies, du texte de la sublime prose, et cependant on croyait encore, au XIIIe siècle, à l'authenticité des livres sibyllins. SALGUES, *Littérature des Offices divins*, p. 214.

(1) Cela fait souvenir de *Tartufe*, « qui se vint » accuser d'avoir pris une puce en faisant sa prière, » — Et de l'avoir tuée avec trop de colère. » Acte 1, sc. 6.

— L'approbation est signée de l'abbé *Cohade*. — Ce volume, omis dans Barbier, contient la 2e partie du tome 1 publié en 1693. On y trouve la traduction du Dialogue d'Erasme, *le Point du jour* (*Diluculum*). A la p. 36 de la 2e partie, Bordelon donne comme d'Apulée cet apophthegme : *Dissidium conjugii, initium adulterii ;* en voici une traduction que je crois inédite :

Lorsqu'entre deux époux la discorde se met,
Un sage nous l'a dit : L'adultère est tout prêt.

Voyez les P. de 1693 et celles de 1698.

Octave des morts preschée par *D. F. le Tellier de Bellefons*, de l'Ordre de S. Benoît. Lyon, *Léonard Plaignard*, 1695, in-8. — Dédicace de l'auteur à *Antoinette d'Albert de Chaulnes*, abbesse de Saint-Pierre. « Où trouvera-t-on, lui dit-il, une Maison plus ancienne et plus noble que la vôtre, qui s'est distinguée dès le commencement de la monarchie françoise ? » Puis il ajoute en note : « ..... Un grand seigneur de la Maison d'Albert, qui commandoit les armées de Mérouée, IIIe roi de France, gagna la bataille qu'on donna contre Attila, roi des Goths, dans laquelle ce prince tailla en pièces quatre-vingt-dix mille hommes. »

Paroles (*Les*) *remarquables*, les Bons mots et les Maximes des Orientaux (traduits par A. Galland). Lyon, *Hilaire Baritel*, 1695, in-12.

Recueil de diverses Oraisons funèbres, *Harangues*, *Discours*, etc. L'Isle, 1695, 4 vol. in-12. — Le tome 4 contient un Discours adressé par M. *Mignot de Bussy*, de l'Académie de Villefranche, à *Camille de Neufville*, en 1674, au nom des officiers du bailliage du Beaujolais.

Réflexions sur l'état présent des maladies qui règnent dans la ville de Lyon, dans ce royaume et en diverses parties de l'Europe depuis l'année 1693 jusqu'à présent, par M. *Panthot*..... Lyon, 1695, in-4. V. le J. des Sç. du 28 février.

Sujets d'oraison pour les pécheurs, tirés des Epîtres et des Evangiles, par un Pécheur (le P. *de Clugny*, de l'Oratoire). Lyon, *Briasson*, 1695, 2 vol. in-12. Biblioth. janséniste de 1731, et Barbier, n. 17315-16.

Théâtre italien, ou Recueil de toutes les scènes françoises qui ont été jouées sur le théâtre italien de l'hôtel de Bourgogne. Genève, *Jacq. Dantand*, 1695, in-12 de 544 pp. non compris 4 ff. de pièces liminaires. — Ce livre paraît avoir été imprimé à Lyon, car, en tête de la 1re page, est une vignette sur laquelle on voit un *lion rampant* avec 3 fleurs de lis en chef. — La dédicace d'Evariste Cherardi à S. A. R. Madame, est suivie d'un Avertissement sorti de la même main, et tout semble annoncer que ce personnage était le directeur d'une troupe de comédiens. L'exemplaire de ce livre que j'ai eu sous les yeux, portait sur le titre : « A l'usage du Cou» vent de Saint-André de Lyon, » c'est-à-dire des Capucins du Petit Foret. — En 1757, ces religieux jouèrent, trois jours de suite, pendant le carnaval, *les Fourberies de Scapin* sur un théâtre dressé au fond de leur bibliothèque. Cette représentation fit grand bruit, et leur valut ce couplet cité par l'abbé *de la Tour*, t. 1, p. 31 de ses *Réflexions morales*, *politiques et littéraires* sur le Théâtre françois (Paris, 1763) :

Nous jouons la comédie
Dans l'enclos de nos maisons,
Et même la tragédie
Mieux que Molière et Baron.
Je brille dans le tragique,
Frère Luc dans le comique.
Veut-on de bons arlequins ?
Que l'on vienne aux.....

Voyez les *Nouveaux mélanges* de C. Breghot, p. 408.

Vie de..... Camille de Neufville (par *Germain Guichenon*, augustin). Imprimé à Trévoux. A Lyon, chez *Ant. Molin*, libraire de Mgr le duc du Maine, prince souverain de Dombes, ruë Bourchanin (*sic*), qui traverse dans la ruë Belle-Cordière (1). 1695, in-12. — Dédicace de l'auteur au maréchal de Villeroy, suivie d'une préface et de deux approbations, la première de l'abbé *Cohade*, et la seconde de l'abbé *Terrasson*, qui l'un et l'autre se qualifient de *custode de Sainte-Croix*. Il est à regretter que Germain Guichenon n'ait fait qu'un abrégé ; il avait matière à nous donner deux volumes au moins. En face du titre se trouve le portrait de Camille. Voyez ma *Notice* sur ce prélat, Lyon, 1829,

(1) En 1860, cette rue a pris le nom de rue de *la Belle-Cordière*, et celle qui portait ce dernier nom fait partie de la rue *Impériale*.

in-8, et ci-après, P. de 1709, *Histoire.....*

La Vie de Jean-Baptiste Colbert (par Sandras de Courtilz). Cologne (Trévoux ou Lyon), 1695, in-12. — Né à Reims en 1625, Colbert mourut à Paris, le 6 septembre 1683 (1). La haine du peuple était si grande contre lui qu'on n'osa le faire enterrer que de nuit. On fit plusieurs pièces de vers sur sa mort, celle-ci entre autres, qui convient assez, dit son biographe, au *petit-fils* d'un marchand de vin

J'ay vu Colbert sur son lit de parade,
Et pour le contempler avec plus de loisir,
D'un pas léger, j'ay traversé l'estrade
Et je me suis donné fort longtemps ce plaisir;
Mais étonné de voir chambres, sallon, portique,
D'un lugubre appareil étaler tant de draps,
J'entendis un badaud qui me disoit tout bas:
Cesse de t'étonner, ce fameux politique
Etait le fils d'un courtaud de boutique (2).

Pourtant il faut en convenir, grâce à cet habile ministre, nous avons vu

Nos artisans grossiers rendus industrieux,
Et nos voisins frustrés de ces tributs serviles
Que payoit à leur art le luxe de nos villes.
BOILEAU, Epître I, au Roi.

Et lui aussi, l'auteur de *la Défense du Mondain*, l'a dignement loué quand il a dit:

Oh! que Colbert était un esprit sage!
Certain butor conseillait par ménage
Qu'on abolît ces travaux précieux,
Des Lyonnais ouvrage industrieux.
Du conseiller l'absurde prud'homie
Eût tout perdu par pure économie;
Mais le ministre, utile avec éclat,
Sut par le luxe enrichir notre Etat (3).

Un versificateur lyonnais, le président *de Silvecane*, peu de temps avant la mort de l'illustre ministre, publia un opuscule ayant pour titre: *Cinquante devises pour Monseigneur Colbert*, à Lyon, de l'imprimerie de *Jacques Canier*, 1683, in-4 (4). L'auteur a mis son esprit à la torture pour varier les éloges qu'il donne au grand homme qui paraît avoir été son Mécène.

(1) Voyez ci-dessus, à cette date.

(2) On lit dans les *Mémoires* de l'abbé de Choisy, p. 120: Colbert se piquoit d'une grande naissance, et avoit, là-dessus, un furieux foible; il fit enlever, la nuit, dans l'église des Cordeliers de Reims, une tombe de pierre où étoit l'épitaphe de son grand-père, marchand de laine, et en fit mettre une autre où l'on avoit gravé en vieux langage les hauts faits du preux chevalier Colbert, originaire d'Ecosse.

(3) Voyez *Lyon sous Henri IV*, au 18 avril 1607.

(4) Ce livre, qui ne porte pas le nom de l'auteur, a été attribué au P. Menestrier par un biographe mal avisé. La B. de Lyon en possède un exemplaire.

La Vie de Scaramouche, par le Sieur *Angelo Constantini*, comédien du roi sous le nom de Mezetin. Lyon, *Thomas Amaulry*, 1695, in-12. — Le portrait de ce comédien a été gravé par Vermeulen, et ce qui lui donne surtout du prix, a dit M. *de Manne* (1), c'est le sixain de La Fontaine placé au-dessous, et que voici:

Icy de Mezetin, rare et nouveau Protée,
La figure est représentée.
La Nature l'ayant pourvu
Des dons de la métamorphose,
Qui ne le voit pas n'a rien vu,
Qui le voit a vu toute chose.

Gacon, après avoir rapporté ce sixain, p. 160 de son *Poète sans fard* (édition de 1696), ajoute: « Mezetin est bon comédien à la vérité, mais l'expression dont on se sert pour le louer me paroit si forte que j'envoyay ces vers à une persomme qui s'en étonnoit comme moy:

Sous le portrait de Mezetin,
Un homme d'un goût assez fin
Lisant l'éloge qu'on luy donne,
D'être si grand comédien
Que qui ne le voit, ne voit rien,
Et qu'on voit tout en sa personne,
Disoit: « Je ne vois pas qu'il soit si bon acteur,
» Il ne fait rien qui nous surprenne. »
Monsieur, luy dis-je alors, pour le tirer de peine,
Ne voyez-vous pas bien qu'un discours si flateur
Est un *conte* de La Fontaine? »

M. Walckenaer, qui, dans ses notes sur les *OEuvres de La Fontaine*, t. 2, p. 302 de l'édition de 1823, a cru voir dans les vers qu'on vient de lire, une épigramme contre l'inimitable fabuliste, paraît s'être rétracté dans l'édition de 1838, où l'on ne retrouve pas sa note contre Gacon. — A la page 162 du *Poète sans fard*, le satirique lyonnais nous apprend que Molière allait souvent voir le fameux *Scaramouche* (sans doute *Dominique*), « pour se perfectionner en l'art des Pantomimes que cet italien possédoit au souverain degré; » puis il propose pour son portrait, le quatrain qui suit:

Cet excellent comédien
Atteignit de son art l'agréable manière:
Il fut le maître de Molière,
Et la Nature fut le sien.

(1) Biogr. Didot, article CONTARINI.

FIN DE LA QUATRIÈME PARTIE.

ADDITIONS ET CORRECTIONS

P. 53 de la 3e partie, col. 1, ligne pénultième, au lieu de : *Laboudrie*, lisez : *Labouderie*.

P. 24 de la 4e partie, ligne antépénultième, ajoutez à la 2e note : Voyez, p. 36 de l'*Almanach des Muses de* 1800, le fragment d'une lettre de Voltaire, adressée le 3 auguste 1771 au cardinal de Bernis, pour le remercier d'avoir obtenu du Pape un Bref permettant au P. Adam de porter perruque.

P. 38, col. 1, ligne 34, le Clergé de Campagne, lisez : le Clergé de Champagne.

P. 74, col. 1, ligne 6 : « une dame qu'il ne nomme point.... » Cette dame, qui s'appelait *Esther Wimar*, était fille d'un marchand apothicaire, citoyen de Lyon ; elle avait épousé *Barthélemy Hervart*, banquier du cardinal Mazarin. C'est dans l'hôtel que ce banquier avait fait bâtir que *La Fontaine* vint loger, après la mort de Madame de La Sablière, et qu'il y termina sa vie. Il est à croire que le volume publié à Paris, en 1696, sous le titre d'*Œuvres posthumes de Monsieur de La Fontaine*, et dont la dédicace est signée Ulric, a eu pour éditeur la femme de Jean-Antoine Hervart, fils de Barthélemy. Voyez, sur la *Villa de Moncorin*, le tome 3, p. 148 de la 3e série de la *Revue du Lyonnais*, février 1867.

BIBLIOTHÈQUE IMPÉRIALE
IMPR.

www.ingramcontent.com/pod-product-compliance
Ingram Content Group UK Ltd.
Pitfield, Milton Keynes, MK11 3LW, UK
UKHW020940180726
13838UKWH00003B/1040

9 782329 023717